정치인과 홍보이미지

정치인과 홍보이미지

이 제 영

시간의 물레

Contents

1. 들어가면서 ·· 5
2. 스마트미디어 시대 한국 정치인의 이미지 ············· 8
3. 정치, 이미지, 그리고 홍보 ························· 13
   1) 지역 시, 도의원 정치인 이미지 ··············· 13
   2) 정치인 여론조사의 신뢰도 인식 유형 ·········· 33
   3) 국회의원의 정치이미지에 관한 유형화 ········· 54
   4) 국회 수행 보좌관의 인성 이미지 유형 ········· 74
   5) 디지털 시대 정치후보자의 온라인 홍보 ······· 101
   6) 정치 후보자 DM홍보 ························ 117
   7) 2012 정치인 이미지 ························ 144
   8) 2012 여성 대선후보 정치인 이미지 ·········· 170
   9) 소통의 시대 대통령의 이미지 ··············· 200
4. 나오면서 : 정치문화와 이미지 ····················· 223
5. 참고문헌 / 226

1. 들어가면서

21C 지식 정보화, 세계화, 개방화의 물결은 우리의 생활환경을 급속히 바꾸고 있다. 이 같은 변혁의 물결은 우리에게 시련과 좌절을 줄 수도 있고, 도전과 도약의 계기가 될 수도 있을 것이다. 상황이 급변하고 어느 것 하나도 확실한 것이 없는 불확실성의 시대에 적응하기 위해서 자기 자신을 끊임없이 개발해야 하며 양적·질적인 자기 성장을 이룩하도록 노력해야 할 것이다.

요즘같이 바쁜 현대사회에서는 사람과 처음 만나는 일이 짧은 시간으로 이루어지게 된다. 그래서 첫인상 혹은 상대방에 대한 처음 느낌이 바로 그 사람의 인격의 척도로 결정되어진다. 따라서 아무리 마음이 따뜻한 사람이라 할지라도 첫인상이 냉정하고 무표정한 모습이라면 그 사람을 냉정한 사람이라고 판단할 것이다.

우리나라에서 정치인 이미지 중요성에 본격적인 관심을 보인 것은 1987년 13대 대통령 선거부터라고 볼 수 있다. 일례로 노태우 후보는 '평범한 보통사람'의 이미지로 만들어졌으며, 어린 소녀를 안고 귀에 속삭이는 포스터 등을 통해 부드러운 인간적인 이미지를 부각시킴으로써 군 출신에 대한 딱딱함과 거부감을 불식시키며 성공적인 이미지 정치를 한 사례가 되었다. 14대 대통령 선거에서 김영삼 후보는 '정직한 사람'의 이미지를 사용하면서 젊고 활기찬 분위기를 위해서 흰 반백의 머리를 검정색 염색을 하여 좀더 젊은 듯한 이미지로 부각시켰다. 15대 대통령선거에서는 대규모의 유세활동이 금지되고 TV토론이 본격화되기 시작한다. 이에 따라 미디어를 통한 이미지 창출이 선거의 결과를 지배하게 되었다. 김대중 후보 또한 젊은 이미지를 만들기 위해 자연스러운 메이크업과 머리에는 염색을 하였고, 언제나 입을 조금 벌리고 웃는 얼굴로 밝고 부드러운 이미지를 연출했으며, 양복에 멜빵을 착용하고 화사한 넥타이 컬러가 있는 와이셔츠 착용으로 이미지 메이킹에 노력을 기울였다. 16대 대통령선거에서도 이회창, 노무현 후보의 정당과 정책, 선거공약보다는 개인적인 이미지를 중시하는 유권자들의 영향으로 지지후보자를 결정한 것으로 나타났다.

기술에 발달에 따른 매체의 다양화와 현대사회의 복잡성이 심화될 수록 현대인은 정보를 습득에 있어 미디어에 의존하는 경향이 강해지고 있다. 이는 사회, 문화, 정치 등의 모든 정보영역에서 이루어지고 있는 보편적인 현상이라고 할 수 있을 것이다. 이러한 과정에서 현대인은 직접적인 경험에 따른 인식의 구성보다는 미디어를 통해서 얻은 정보를 재구성함으로써 인식을 만들어가고 있다.

특히 정치적인 영역에 있어서 민주주의라는 권력의 분산은 일반대중에게 정치적인 정보획득의 동기를 주었다. 그리고 현대사회에서 대중은 정치적 정보를 획득하는 방법으로 주로 매스미디어를 이용하고 있다. 다시 말해서, 민주주의와 매스미디어가 발전하는 과정에서 대중은 자신에게 부여된 정치적 권력을 매스미디어에서 얻은 정보를 기반으로 행사해 나가고 있으며, 때문에 그 정보의 내용은 정치권력의 분배에 막강한 영향력을 미치기도 한다.

최근 들어 영상위주의 미디어 발달은 정보의 형태를 논리적이고 서술적인 형태가 아니라 함축적이고 상징적인 형태로 바꾸어 놓았다. 이러한 형태의 정보는 수용자에게 '이미지'를 형성하게 하고, 나아가 정치적 사고와 판단을 그 이미지를 통해 하는 현상이 나타나고 있다.

따라서 정치집단은 대중의 지지 특히 선거기간 중 대중의 표를 얻기 위해서 매스미디어를 통해 비춰지는 자신들의 이미지에 초점을 맞출 수밖에 없고, 그것을 통제하고 자신들에게 유리한 방향으로 이끌어 가기 위해서 갖은 노력을 다 하고 있다. 이른바 '이미지 정치'의 시대가 도래 한 것이다.

문제는 이 과정에서 보이는 정보의 성격과 그 본질에 있다. 현대의 매스미디어의 정보는 상품성을 지니고 있는 시각적 효과에 초점을 맞추고 있다. 자연스럽게 정치적인 정보의 영역에 있어서도 수용자의 관심을 끌 수 있는 단편적인 정보를 주로 취급하게 된다. 이로 인해 이미지정치가 정치집단과 언론들의 왜곡된 이미지를 생산하여 수용자인 대중을 속이는 기만행위라는 비판의 목소리가 높아지고 있다.

본 저서에서는 4년 혹은 5년마다 치러지는 국회의원, 대통령선거에서 보여지는 정치인(후보자)에 대한 다양한 이미지의 모습과 그 흐름에 대해서 9가지 측면에서 실증적 연구(Q방법론적 접근)로 그 의미를 찾고자 한다.

성경말씀에 "새포주는 새부대에"라는 중간 구절이 있다. 정치인도 이와 별반 다르지 않을 것이다. 특히, 하루하루가 다르게 변화되는 스마트미디어 시대에 있어서는 더욱 더 그렇게 되어가고 있다.

또한 과거와는 차원이 다른 '상호교감(interaction)'을 중요시하는 시대에 살고 있다는 점에서 자신을 표현하는 방법은 좀 더 다르게 접근해야 할 것이다.

2. 스마트미디어 시대 한국 정치인의 이미지

1960년대 케네디가 스팟 광고나 TV토론 등을 통해 젊고 자신감에 찬 이미지를 보여 주며 자신보다 정치적 신망이 높던 닉슨을 누르고 대통령 선거에 당선되면서 이미지 재고가 주요 선거전략으로 등장 하게 되었고 국내에서는 87년 대선 부터 '인물 이미지 메이킹'이라는 용어가 나타났다. 이 선거에서 노태우 후보는 '보통 사람', '부드러운 지도자'를 자처하며 군부 계승의 이미지를 희석 시켰다. 이후로 고송, TV토론, 정치광고 등을 활용한 감성적인 정치 접근이 점차 확대되었다. 다양한 매체와 변화되어 가는 환경 속에서 정치인들의 이미지의 변화는 이제 '필수적인 사항'으로 이해되어 지고 있다.

이미지정치란 고도 정보화사회의 중심축인 미디어의 산물로, 정책비전이나 능력보다 미디어로 전달되는 정치인의 성격, 용모, 말씨나 정당의 이미지를 통해 유권자에 어필하는 것을 말한다.

우리나라 이미지정치의 시작은 1987년 대선에서 '보통 사람'이라는 이미지를 통해 집권에 성공한 노태우를 꼽는데, 이 '보통 사람'의 이미지는 다양한 여론조사를 바탕으로 한 철저한 선거기획의 산물이라고 한다.

2002년 새로 도입된 대통령 후보경선과 '노무현을 사랑하는 모임(노사모)'과 같은 정치 팬클럽의 등장은 미디어중심의 선거행태를 만들었고, 17대 총선의 합동연설회 폐지와 현수막 사용제한 등 많은 규제는 후보자와 유권자의 직접적 접촉을 차단함으로써 언론이 후보자와 유권자를 연결하는 미디어중심선거의 촉매제로 작용하였다. 또한 대선자금수사와 탄핵 등으로 인해 기존 정치권에 대한 혐오가 극에 달하면서 새로운 이미지 제공의 중요성이 커져서 이미지정치가 선거운동의 핵심으로 등장하게 된다. 한 정치인이나 정당의 이미지는 기업의 '브랜드'와 같은 것으로 브랜드가치를 높이기 위한 이미지정치는 그만큼 더 중요해지고 강화될 것이다.

정치인이 국정의 최고 자리에 오른다는 것은 비정하고 치열한 권력에서 승리한 결과이다. 이러한 승리의 결과를 이끌어 내기 위해 정치 지도자들은 자신만의 전략으로 승부해야한다. 언제나 가변적이고 역동적인 상황에 어떻게 대처하느냐에 따라 대권싸움의 성패가 갈리기 마련이다. 비록 자질이 출중하고 상황이 유리하더라도 전략이 치졸하면 승리의 여신은 등을 돌리는 법이다. 여기서 전략이란 승부수와 쇼맨십, 권모술수와 선동, 정치조작과 대중조작, 네거티브 전략 슬로건과 유세 등 여러 가지를 말한다. 그중 가장 효과적이고 중요한 전략은 이미지 전략이다.

오늘날 선거에서는 매스미디어의 영향력이 커짐에 따라 정당 충성도나 정책대안이 선거결과에 미치는 영향력이 감소하고 대신 후보의 이미지 요인이 부각되는 변화가 나타나고 있다. 특히 TV는 정치커뮤니케이션 매체로서 중요한 위치를 차지하기 때문에 유권자에게 호소할 수 있는 독특한 이미지를 창조하는데 많은 노력을 기울이고 있는 것이다. 이와 같이 선거에서 정치지도자의 이미지는 유권자들이 지도자에 대해 같은 주관적인 느낌을 말하며 지도자의 성향은 다양하기 때문에 이미지에 대한 통일된 기준은 말하기 어렵고 유권자가 지도자의 어느 측면을 강조하느냐에 따라서 후보자의 이미지도 달라진다.

"나는 다른 사람에게 어떻게 보일까" 하는 것은 사람들의 가장 큰 관심거리 중의 하나였다. 전 인류의 역사를 통해 사람들은 항상 타인의 눈에 비치는 자신의 모습을 알아내고, 그것을 향상시키는 일에 매혹되어 왔다. 지위가 높고, 유명한 사람뿐 만이 아니었다. 보통사람들에게도 이미지를 생각하는 것은 삶 그 자체를 생각하는 것이었다. '나'라는 사람은 하나지만, '나'에 대한 이미지는 수없이 많을 수 있다는 것을 생각하면 더욱 그렇다. 즉 사람에 따라 이미지는 긍정적이거나 혹은 부정적일 수도 있고 또 실제의 인물보다 과장된 모습일 수도 비하된 모습일 수 있다는 것이다. 이처럼 지극히 주관적인 개개인의 생각 속에 존재하는 모습, 어쩌면 허상에 불과할지도 모를 이미지라는 것이 현실, 나아가서는 그 사람의 인생을 좌우할 수도 있다는 점에서 이미지는 중요한 의미를 갖는다. 이러한 이미지의 중요성은 자신과 직접적인 관계를 맺고 있는 사람들뿐만 아니라 스타, 운동선수, 정치인, 사업가, 사회활동가, 종교인등 사회의 각 분야에서 활동하는 사람들에게도 그대로 적용된다. 정직성이 결여된 이미지는 조만간 폭로될 것이며 그때는 그 사람이 갖고 있던 이미지가 거짓이었다는 사실이 드러나 뼈아픈 결과를 갖게 될 것이다. 그렇기에 사람들은 자신 본래의 모습과는 다른 것이 되지 않는 반면, 자신이 원하는 방향으로 나갈 수 있는 좋은 이미지 형성을 원하게 된다. 이제 우리는 우리가 전달하고픈 이미지를 선택하고 그것을 적절히 연출하는 법을 알아야 하는 시대에 살고 있다. 우리 모두가 스스로 선택한 자신에게 가장 적합한 배역을 훌륭하게 연기하는 배우가 되어야 하는 것이다. 자신의 이미지를 좀더 나은 쪽으로 끌어 올리는, 원하는 방향으로 이끌어 나가게 해주는 '이미지 메이킹'의 중요성이 강조되는 지금이다.

정치란 사람(人, 仁)이 하는 것이다. 어진사람(仁)이 정사를 펴야 뭇 사람이 순응하는 것이기 때문에 사람(人)을 잘서야 한다. 또한 정치란 만인이 함께 하는 것이 아니고 몇 사람의 정치기능인(정치인)이 이를 맡아서 하게 되어있다.

어차피 파당(派黨)을 이루어서 하는 것이 정치이기 때문에. 이때 파당의 구성원을 어떤 사람으로 하느냐가 중요한 관건으로 떠오른다. 따라서 정치란 정치하는 사람 개개인의 성정(性情)이 문제가 된다. 어질어야 함(仁)은 물론이고 지성적 헌신의 의지가 있어야 하며 진실에 근거해야 한다.

포악하고 파당의 이익에 투철하며 근거 없는 주관주의에 집착하는 사람은 정치를 많은 사람들의 의견(여론)과는 반대의 방향으로 이끌어가기 쉽다.

현대에 있어서, 대통령과 정치 지도자 노릇을 한다는 것은 힘든 노동커뮤니케이션이다. 언제나 웃는 얼굴을 하고 있어야 하는 것이다. 민주국가의 정치인이라고 하면 언제나 웃고 있어야 하는 것쯤으로 알고 있다. 사람 좋은 이웃집 아저씨 같다는 이미지를 심어야하고 그래야만 신뢰를 얻어낼 수 있다고 믿기 때문이다.

따라서 정치인들은 다음과 같은 요소들을 갖추어야 한다고 생각한다.

용기와 인내심. 아주 작은 일에서부터 아주 큰일을 보고, 극히 사소한 세부 문제를 포괄적인 전체와 연결시키는 능력. 확고한 분별력. 사람들의 마음속에 결단력을 심어주는 능력이 그것이다. 물론 그 밖에 더 중요한 요소들은 얼마든지 많이 있다. 그렇지만, 위와 같은 요인들이 환영받는 이유는 아마도 일반 시민(대중)들을 대신하는 '대표자' 신분이기 때문에 더욱 더 그러힐 것으로 보이야 할 것이다.

역대 우리나라 대통령이나 정치인들은 누가 가장 잘 웃어 보였는지를 알 길이 없다. 웃는 사진이 신문에 보도된 경우가 그만큼 드물었기 때문일 것이다. 미국의 1980년대 대통령선거에서 보여준 '로널드 레이건' 후보의 웃음 만연한 모습은 그 당시 미국의 시민들에게 많은 의미를 부여하였다. 그 당시 현직 대통령이었던 '지미 카터' 후보의 모습에서는 볼 수 없었던, 아니 그 때까지 보여준 대통령의 이미지에서 보기 힘들었던 의미를 보여준 것이다.

모범적이고, 엄숙한 근엄 일변도의 정치인의 모습이 '정답'인 시적은 이젠 사라졌다. 새롭게 대통령, 혹은 정치인이 되겠다는 사람들은 그래서 좀 더 웃어 보여야 할 필요성이 더 중요해졌다.

♣ 생각해 봅시다

▶ 향후 한국의 바람직한 정치인의 모습은 어떠한 이미지가 좋을까요?
▶ 글로벌한 정치인 이미지의 조건은 무엇일까요?

3. 정치, 이미지, 그리고 홍보

1) 지역 시, 도의원 정치인 이미지

(1) 개관

1991년 지방의회가 부활된 후, 약 20년이 넘어가면서, 각 지역의 시, 도의원을 중심으로 이루어지는 지방의회는 지역 현안이나 민원문제, 지방행정에 대한 감시·통제활동, 일방적인 행정 독주의 시정, 공무원의 대민 봉사자세를 진작시키는 등 지방행정의 민주화에 기여하여 왔다. 그러나 지역현안들에 대한 정책결정과정에 중요한 역할을 담당해야 할 지방의회가 집행부서가 제출한 정책안에 대해 통과의례의 역할밖에는 못하고 있다는 비판이 계속되고 있는 것은 지방의회의 부활이후 제도적 한계와 다양한 문제점이 보이고, 많은 좌절을 경험하였기 때문이다.

특히, 지역 의회의 제도적 한계 측면에서 볼 때, 집행기구는 민선자치 이전부터 전문적인 관료집단으로 이루어져 있고, 지역 단체장의 우월적인 권한에 비하여 이를 견제하고 감시하는 지방의회의 권한은 상대적으로 미약할 뿐만 아니라, 전문성도 턱없이 부족한 형편이다.

더구나, 디지털시대이고, 글로벌한 세계화시대에 있어서, 한국에서의 지역자치시대를 맞아 집행기관의 업무가 중대하고, 지역의 시의원 및 도의원들의 역할이 더욱더 강화되어야 하지만 지역의 의회가 정책적인 의회로 변신하고 있지는 못하다는 점은 고려해야 할 사항이다. 또한, 현재 지역의 시의원 및 도의원들이 책임지고 있는 지역에서의 다양한 사안에 대한 다각적인 보완과 소신 있는 정치인의 이미지를 보여주지 못하고 있다는 점은 매우 심각한 문제이다. 최근, 2014년 6월 4일 지방선거에서 다양한 정치인들에 대한 정보와 정책 사안에 대한 충분한 이해 없이 선거(투표)하였다는 의견은 어제 오늘의 이야기 아닌지 오래이다. 이제는 좀 더 의미있는 지역자치제를 책임질 수 있는 시의원, 도의원이 절실히 필요한 시점이다.

이에 본 연구에서는 이러한 지역의 시, 도의원들(정치인)의 이미지[1]를 지역대학의 광고홍보학 전공(3학년) 학생들을 중심으로 주관적 의견 유형을 살펴보고, 여기에서 도출된 유형의 가설생성 내용을 논의하고, 향후 유관 연구에 시사점을 제시하는데 연구목적이 있다. 다시 말해서, 광고홍보학 전공 대학생들을 중심으로 지역 시, 도의원 정치인 이미지에 관하여 이미 사용되어 온 기능적 수량분석에서 한 걸음 나아가 보다 심층적이고 본질적인 의미에 접근할 수 있는 질적 분석방법의 하나가 되는 Q연구방법을 활용하여 연구하고자 한다.

본 연구는 기존 대학생들의 지역 시, 도의원 정치인 이미지에 대한 이해와 정치(홍보) 전략 수립에 도움을 줄 수 있으며, 본 주제와 관련하여 대학생들과의 인터뷰와 문헌연구를 통한 Q방법론적 유형화를 중심으로 인지 성향에 영향을 미칠 수 있는 요인들 및 이에 대한 쟁점요소들을 살펴보는 좋은 계기를 마련하고자 한다.

(2) 논의 및 연구문제

여야가 사실상 무승부를 기록했던 지난 6·4 지방선거에서 60대의 투표율이 74.4%로 가장 높았고, 30대가 47.5%로 가장 낮았던 것으로 나타났다. 중앙선관위는 2일 전국 구·시·군 선관위가 지난 7월부터 8월 중순까지 선거인명부를 근거로 무작위 추출방식에 따라 전체 선거인 4천129만 6천228

---

[1] 본 논문에서 '시, 도의원'은 현재까지 한국에 도입된 지방자치제도가 20여 년이 지나면서 지역시민들에게 책임과 역할이 요구된다는 전제하에 선정되었다.

명 중 429만 2천888명(10.4%)에 대한 성별·연령별·지역별 투표율을 분석한 결과를 발표했다.

[그림 1] 6.4 지방선거 연령대별 투표율(2014년)

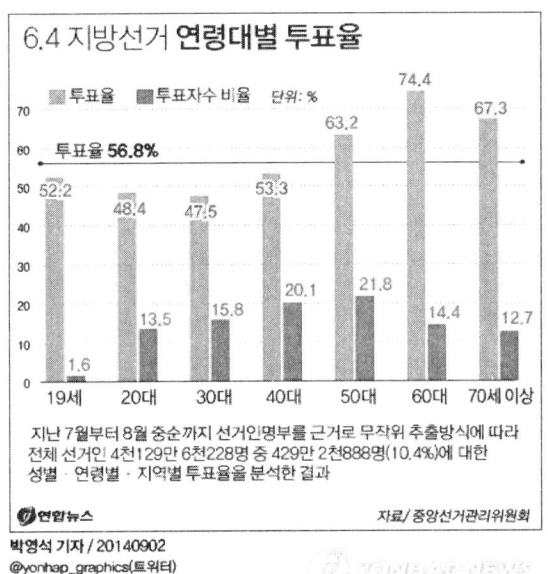

선관위에 따르면 분석 결과 성별로는 남성과 여성의 투표율이 각각 57.2%로 동일하게 나타났다. 지난 2002년 제16대 대선 이후 남성의 투표율이 여성보다 다소 높은 경향을 보여 왔으나, 지난 2012년 제18대 대선에서는 여성의 투표율이 남성보다 1.6% 포인트 높았으며, 이번 제6회 지방선거에서는 남·여 투표율이 동일하게 나타났다. 연령대별 투표율은 60대가 74.4%로 가장 높고 이어서 70세 이상이 67.3%, 50대가 63.2%를 기록했다. 20대(48.4%), 30대(47.5%), 40대(53.3%)의 투표율은 전체 평균 투표율보다 낮은 것으로 나타났다. 연령대별 투표자수 비율을 보면 50대가 21.8%로 가장 높고, 이어서 40대(20.1%), 30대(15.8%), 60대(14.4%), 20대(13.5%), 70세 이상(12.7%), 19세(1.6%) 순으로 집계됐다. 연령대별 선거인수 비율은 40대가

21.6%로 가장 높고, 50대(19.7%), 30대(19.1%), 20대(16.0%), 60대(11.1%), 70세 이상(10.8%), 19세(1.7%) 순이었다. 지난 2010년 제5회 지방선거 대비 연령대별 투표율 증감상황을 보면, 19세부터 30대 전반까지의 경우 다른 연령대에 비해 높은 증가세(19세 47.4%→52.2%, 20대 전반 45.8%→51.4%, 20대 후반 37.1%→45.1%, 30대 전반 41.9%→45.1%)를 보였다. 반면, 30대 후반부터 50대까지의 투표율은 1%포인트 안팎으로 다소 감소(30대 후반 50.0%→49.9%, 40대 55.0%→53.3%, 50대 64.1%→63.2%)했고, 60대 이상의 투표율은 1.6% 증가(69.3%→70.9%)한 것으로 나타났다. 성별·연령대별 투표율을 보면, 60대(77.0%) 및 70세 이상(77.8%) 남성의 투표율이 높게 나온 반면, 30대 남성(44.6%)의 투표율이 가장 낮았다. 여성의 투표율은 20대가 48.7%로 가장 낮은 투표율을 보인 가운데 연령이 높아질수록 투표율이 상승하다 70세 이상에서 다소 감소하는 경향을 보였다. 특히 제5회 지방선거 투표율과 비교하면, 이번 선거에서 남자(0.4%포인트~7.4%포인트씩 상승)와 여자(3.1%포인트~9.5%포인트씩 상승) 모두 30대 전반 이하 젊은 층의 투표율이 상승한 가운데 특히 여성의 상승폭이 두드러졌다고 선관위는 밝혔다. 나아가 성별·연령대별·시도별 투표율을 분석한 결과를 보면, 전남 지역의 40대 이상 남성이 가장 높은 투표율(73.1%)을 보인 반면, 대구광역시 30대 남자의 투표율(36.9%)이 가장 저조한 것으로 드러났다. 남성의 경우 19세와 20대는 (58.0%, 53.7%), 30대는 세종특별자치시(55.5%), 40대 이상은 전라남도(73.1%)에서 투표율이 가장 높았고, 여성의 경우에는 19세는 세종특별자치시(61.1%), 20대는 서울특별시(55.6%), 30대는 세종특별자치시(62.6%), 40대 이상은 전라남도(71.6%)에서 가장 높은 투표율을 보였다.

 6·4 지방선거에서 처음으로 전국 단위로 실시된 사전투표제의 투표율이 역대 최고인 11.5%를 기록한 가운데 전체 투표자의 20.2%가 사전투표제를 통해 지방선거에 참여한 것으로 나타났다. 국내거소신고인 사전투표율은

3.2%, 외국인 거주자 사전투표율은 2.6%로 저조했다. 성별 사전투표율은 남자(13.8%)가 여자(9.2%)보다 4.6%포인트 높았으며, 연령대별 사전투표율은 20대 전반이 20.2%로 가장 높고 다음은 19세(17.4%)였으며 그 외 연령층은 10% 안팎에 그쳤다. 특히 30대 후반(9.3%) 및 30대 전반(9.5%)은 상대적으로 저조했다. 성별·연령대별 사전투표율은 20대 전반 남자(28.6%)가 특히 높은 반면, 30대 후반 여자(8.5%)가 가장 낮았다. 남자의 사전투표율은 군 복무자가 많은 19세(23.4%) 및 20대 전반(28.6%)이 특히 높았고, 사회활동이 왕성한 30대 전반(9.9%)의 사전투표율이 가장 낮으나 그 후로는 연령이 높을수록 사전투표를 비교적 많이 하는 경향성을 띠었다. 여성의 사전투표율은 전반적으로 남성보다 저조한 특징을 보였고, 20대 이하는 10%대를 기록했으나 30대 이상의 경우 8~9%로 비교적 낮은 것으로 나타났다.[2]

한편, 소순창(2000)은 Paige가 제시한 "정치효능·신뢰 결합모델"을 통해서 지방의원의 정치적 행태를 연구하고, 한국의 지방의원은 "정치적 신뢰감"과 "정치적 효능감"이 모두 낮으며, 시기적인 차이가 있기는 하지만, 광역의원은 1993년의 기초의원에 비해서 정치적인 신뢰감과 효능감이 모두 낮게 나타났다. 따라서 이를 "정치효능·신뢰 결합모델"에 적용해 보면, 광역의회 의원은 정치적 태도가 "이의(dissident)의 정치정향"을 띠고 있다. 이는 정부나 정책에 영향력을 미칠 수 있다는 능력감이 강한 반면에, 이들에 대한 신뢰감이 낮기 때문이다. 특히, 지방의원에 출마할 당시, '정치인 출신의 의원들'과 '30대의 젊은 연령층'이 대체로 정치적 신뢰감과 효능감이 낮아 "소외의 정치정향"을 나타내고 있다. 이는 정치적인 역량이 있는 정치인 출신의원들과 젊은 지방의원들이 충분한 의정활동을 하고 있지 못하고 있다는 것을 반증해 주는 것이다. 따라서 앞으로 지역 시, 도의원들의 역량들이 충분히 발휘될 수 있는 안정적인 제도적인 장치가 필요할 것으로 보인다.

---

[2] 지방선거서 '60대의 힘', 투표율 74%로 최고. 연합뉴스 2014.09.02.

이에 본 연구에서는 과거와 다르게 지역의 시, 도의원들에 대한 인식이 변화되고 있음을 확인하는 차원에서, 대학생들의 지역 시, 도의원 정치인 이미지에 대한 이전의 연구 및 문헌분석을 통하여 정리하고 고찰하고자 한다. 아울러 본 연구는 실증적이고 심층적 Q 분석을 통해 다각적인 규명을 실시하고자 하며, 이러한 연구는 결국 보다 실질적인 대학생들의 지역 시, 도의원 정치인 이미지에 대한 인식제고에 도움이 될 것으로 기대한다. 이에 본 연구에서는 위에서 제기된 사항들의 해답을 얻기 위하여 주관성연구 분석방법을 활용하며, 이에 따른 연구문제는 아래와 같다.

연구문제 1 : 지역 시, 도의원 정치인 이미지에 대한 광고홍보 전공 대학생들의 수용 유형은 어떠한가?

이 연구문제에서는 지역 시, 도의원 정치인 이미지에 관한 수용 유형들은 어떠한 유형으로 분류되고 있으며, 이러한 각 유형들은 과연 어떠한 특성들을 지니고 있으며, 이 특성들이 함유하는 의미들은 각 유형간 어떠한 연관성을 지니고 있는지를 알아보고자 한다.

연구문제 2 : 이들 각 유형들 간의 동질적인 특성과 그 함의는 무엇인가?

다음으로, 두 번째 연구문제에서는 위에서 살펴본 각 유형별 특성과 달리 모든 진술문들이 각 유형들 속에서 일치하는(동질적) 특성은 무엇으로 분류되고 있는지에 대해서 살펴봄으로써 각 유형별로 분석된 의미들 간 어떠한 특성이 있는지 살펴봄으로써 각 유형들 간의 동질성을 중심으로 확인하고자 한다. 이를 통해 Q방법론의 특성인 소수의 응답자들이 생각하는 의향과 내면적인 주관적 이미지는 어떻게 보이고 있는지 알아보고자 한다.

위와 같은 연구 문제를 통해 이 연구는 광고홍보학과 전공대학생들을 중심으로 지역 시, 도의원 정치인 이미지에 관한 수용행태 특성을 찾고자 한다. 그리고 유형별 특성에 따라 어떠한 차이점이 있는지를 분석하여, 향후 지역 시, 도의원 정치인 이미지에 관한 대학생들의 인식 변화를 가늠하고자 한다.

(3) 연구방법론
가. 연구설계

지역 시, 도의원 정치인 이미지에 대한 문헌분석은 객관적인 가치 분석이 가능하여, 최근 대학생들의 지역 시, 도의원 정치인 이미지에 대한 효율적인 이해와 평가를 하는 데 기여할 수 있다. 또한 지역 시, 도의원 정치인 이미지에 대한 평가는 객관적인 가치규명뿐만 아니라, 정보 이용 경험의 효과적인 활용 유형을 제시하는 차원에서 유도할 수 있다. 조사범위는 현재 국내에서 가능한 모든 문헌을 대상으로 실시하였다. 조사 기간은 모든 관련 자료들을 중심으로 이루어졌다.

또한, 본 연구에서는 광고홍보학과 전공 대학생들[3]을 대상으로 Q심층조사를 실시하였다. 지역 시, 도의원 정치인 이미지와 관련된 관점을 심층적으로 이해하기 위해 대학생들 대상으로 인터뷰를 수행하였다. 질적 연구의 한 분야로서 Q 심층조사 분석은 Grand Tour Technique[4] 방식을 채용해 실시할 예정이므로 공통의 분야와 개별 분야로 나뉘어 연구주제들이 제기될 필요가 있다. 다음의 연구 주제들은 현재 연구 수행 전의 단계에서 확정된 것들이며, 인터뷰를 진행해 나가면서 질적 연구방법의 특성을 살린 진화적 설계(Evolving Design) 방식에 따라 추가적인 연구문제가 포함되었다.

전술한 바와 같이 Q 심층조사에서는 지역 시, 도의원 정치인 이미지에 관한 대학생들의 의견을 청취하게 될 것이므로 초기 인터뷰의 결과가 그

---

[3] 본 연구에서는 광고홍보학과 전공 대학생들이 정치인 여론조사의 신뢰도에 대해서 어떠한 인지성향을 지니고 있는가와 관련하여 Q대상자들로 선정하였다.

[4] 소수의 구체적인 사항에 대해서 테마를 찾아가는 방식인 Laddering과 달리 가장 근본적인 사항에서부터 점진적으로 구체적인 부분까지 파악하는 방식으로써 대상자의 경험과 생각에 따라 전혀 다른 인터뷰 진행이 실시되는 비구조적 인터뷰임

이후의 인터뷰 내용에 영향을 미치는 구조를 띠게 된다. 때문에, 위에 열거한 인터뷰의 항목들이 현재 제안서 단계에서 확정적인 것은 아니며, 최초 3-4회 정도의 인터뷰를 거치면서 보다 집중적인 이슈들로 진술문 정리가 되는 과정을 거쳤다. 인터뷰의 과정은 리쿠르팅에서부터 코딩 분석까지 설계되었으며, 실제 리쿠르팅은 본 연구팀에서 대행하였다. 본 연구에서는 지역 시, 도의원 정치인 이미지에 관한 대학생들에 대한 인터뷰, 분석의 두 가지 일을 맡았다.

나. 연구방법

본 논문에서는 R방법론에서 도출된 다양한 의견과 각각의 유형을 구조화하고 유형별 특성을 파악, 기술하고 설명하는데 좀 더 발견적이고 가설생성적인 Q방법론[5] 분석결과를 토대로 좀 더 다각적인 평가와 전망을 제시하고자 한다.

무엇보다도, 지역 시, 도의원 정치인 이미지에 관한 연구에 대해서는 기존의 계량적 방법론(R방법론)으로 객관적 통계분석이 주로 이용되어 왔으나, Q방법론[6]적 분석논문은 커뮤니케이션, 미디어, 기타 학문 분야와 관련된 자아구조(schema) 속에 있는 요인들까지 파악할 수 있다는 점에서 통찰력 있는 분석이 도출될 수 있다고 본다. 즉, 이 연구는 기존의 이론에서 연역적인 가설을 도출하는 종래의 연구방법과는 달리, 사람들이 일상적으로 갖게 되는 주관적 이미지에 의하여 새로운 가설을 발견(hypothesis abduction)하

---

[5] 김홍규(1992). "주관성 연구를 위한 Q방법론의 이해". 『간호학 논문집』. 6(1). pp.1-11. ; Stephenson, W.(1953). The Study of Behavior: Q Technique and Its Methodology. Chicago: University of Chicago Press. ; Dryzek, John S.(1990), Discursive Democracy: Politics, Policy, and Political Science, Cambridge, UK; Canbridge University Press.

[6] Brown, S.(1980). Political Subjectivity: Applications of Q Methodology. New Haven: Yale University Press. ; Brown, S., D. During and S. Selden.(1999). Q Methodology. In G. Miller and M. Whicker, eds., Handbook of Research Methods in Public Administration. New York: Marcel Dekker.

려는 목적을 가지고 있다.7) 이는 Q방법론이 행위자의 관점에서 출발하며 인간 개개인마다 다른 주관성 구조에 따른 서로 다른 유형에 대한 이해와 설명이 가능하기 때문이다. 연구자는 지역 시, 도의원 정치인 이미지에 관한 사항을 심도있게 측정하기 위해서는 기존의 방법으로는 어느 정도 한계성이 있다고 생각하여, Q방법론적 접근을 시도하였다. 이를 위해 분석작업은 진술문 형태의 카드를 분류하는 방법으로 행해졌다. 이 진술문 작성을 위하여 연구자는 본 논문과 관련된 국내문헌, 그리고 대학생들의 인터뷰를 통하여 Q모집단(concourse)을 구성하고, 이를 통하여 진술문(Q-statement)을 작성한 후, P샘플을 선정, 분류작업(sorting) 과정을 거쳐 얻게 되는 Q-sort를 PC QUANL 프로그램을 이용, Q요인분석(Q-factor analysis)을 통해 분석하였다.

가) Q표본(Q-sample)과 P표본(P-sample)

이 연구를 위한 Q표본은 지역 시, 도의원 정치인 이미지에 관한 수용행태 유형에 관한 가치체계로 구성된 진술문으로 구성될 것이다. 이 연구는 응답자들이 지니고 있는 전반적인 관념들과 느낌, 의견, 가치관 등을 종합적으로 얻기 위해 이 연구와 관련된 전문서적, 학술서적, 저널 등의 관련문헌 연구를 포함하여 지역 대중들을 대상으로 심층인터뷰를 통하여 약 22개의 Q-population(concourse)을 추출하였다. 또한 Q-population에 포함된 진술문 중 주제에 관한 대표성이 가장 크다고 여겨지는 진술문을 임의로 선택하는 방법을 사용하여, 최종적으로 16개의 진술문 표본을 선정하였다. 여기에서 선택된 16개의 진술문은 전체적으로 모든 의견들을 포괄하고, 긍정, 중립, 부정의 균형을 이룰 수 있도록 구성하였다([표 1]).

Q방법론은 개인 간의 차이(inter-individual differences)가 아니라 개인 내의 중요성의 차이(intra-individual difference in significance)를 다루는 것이므로, P샘

---

7) 선우동훈(1991). "Q방법론에 의한 소비자행동 연구". 『광고연구』 여름호(제11호). 한국방송광고공사. p.7.

플의 수에 아무런 제한을 받지 않는다.[8] 또한 Q연구의 목적은 표본의 특성으로부터 모집단의 특성을 추론하는 것이 아니기 때문에 P표본의 선정도 확률적 표집방법을 따르지 않는다. 따라서 이 연구에서는 위에서 제시한 기준에 의거하여 성별, 연령, 직업 등 인구학적 특성을 적절히 고려하는 R방법과 달리, 본 연구와 관련하여 사전 공지를 통해 조사작업에 동의를 구한 P표본(대학생)들을 중심으로 최종 12명의 전공대학생들(광고홍보학과)을 P샘플로 선정하였으며, 대학 강의실에서 조사되었다.

[그림 2] 각 진술문의 긍정 및 부정의견 점수 분포방식

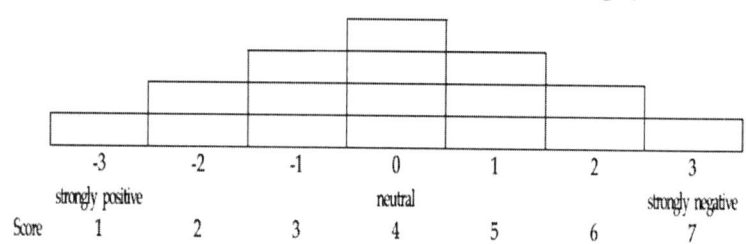

이러한 Q분류작업은 개인이 복잡한 주제나 이슈 또는 상황에 관한 자신의 마음의 태도를 스스로 모형화하는 것으로서 각 응답자는 진술문을 읽은 후, 그것들을 일정한 분포 속에 강제적으로 분류하였다.

[표 1] 분포별 점수 및 진술문 수

분포	-3	-2	-1	0	1	2	3
점수	1	2	3	4	5	6	7
진술문 수	1	2	3	4	3	2	1

---

8) 김홍규(1990). 『Q방법론의 이해와 적용』. 서강대 언론문화연구소. p.45.

[표 2] Q진술문의 유형별 표준점수

Q진술문(Q-Statements)	유형별 표준점수				
	I (N=4)	II (N=2)	III (N=4)	IV (N=1)	V (N=1)
1. 지역 시, 도의원들을 싫어한다.	0.5	-0.5	0.4	0.0	-1.3
2. 지역 시, 도의원 이미지가 개선된다는 것은 불가능하다.	1.1	-0.3	0.8	0.6	-1.9
3. 지역 시, 도의원들의 이미지는 외국의 벤치마킹이 필요하다.	0.3	1.0	-1.9	1.3	1.9
4. 지역 시, 도의원들이 싸우는 모습은 국가적으로 도움이 안 된다.	0.9	0.5	0.5	0.6	0.6
5. 지역 시, 도의원이라는 정치인을 선호하는 사람들은 가족들뿐이다.	1.2	-0.3	1.4	-0.6	-1.3
6. 지역 시, 도의원을 위한 후원제도는 정치, 사회적으로 문제의 소지가 많다.	0.4	0.3	-0.2	0.0	0.6
7. 최근까지 보아왔던 지역 시, 도의원들의 정치적 행태는 매우 비관적이다.	1.6	-0.5	-0.6	-0.6	1.3
8. 지역 시, 도의원들의 정치에 관심이 없다.	1.2	0.5	-1.3	-1.3	-0.6
9. 외국과 달리 한국 지역 시, 도의원의 정치이미지는 부정적이다.	-0.7	-0.0	-1.0	0.6	0.6
10. 디지털시대의 지역 시, 도의원의 정치적 역할은 어느 정도 인정해야 한다.	-1.4	0.8	1.5	-0.6	-0.6
11. 야당 지역 시, 도의원의 정치적 행위는 여당 정치인에 비해 좀 더 친근하게 다가온다.	-1.7	0.0	1.2	0.0	0.0
12. 좀 더 능력있는 지역 시, 도의원의 추진정책에 관심이 있다.	-0.8	-0.8	1.2	0.0	0.0
13. 태만한 지역 시, 도의원 모습을 보면 믿음이 안 간다.	-0.9	1.3	-0.7	-1.9	0.0
14. 책임있는 지역 시, 도의원 이미지는 지역경제발전에 도움을 준다.	-0.8	1.8	-0.4	-1.3	1.3
15. 한국의 지역 시, 도의원 정치문화는 수준이 낮다.	-0.3	-2.1	-0.8	1.9	0.0
16. 지역 시, 도의원의 정치이미지 선호는 성별에 따라 다르다.	-0.6	-1.8	0.2	1.3	-0.6

[그림 1]에서 보듯이, 이 연구에서의 Q분류의 절차는 Q표본으로 선정된 각각의 진술문이 적힌 카드를 응답자가 읽은 후 긍정(+), 중립(0), 부정(-)으로 크게 3개의 그룹으로 분류한 다음 긍정 진술문 중에서 가장 긍정하는 것을 차례로 골라서 바깥에서부터(+3) 안쪽으로 분류를 진행하여 중립부분

에서 정리하였다. 마찬가지의 방법으로 부정 진술문들을 분류하고, 이때 양 끝에 놓여진 1개의 진술문에 대해서는 각각의 코멘트(심층인터뷰)를 받아 두도록 한다. 이것은 Q-factor 해석에 유용한 정보를 제공해 주기 때문이다.

이어서 P표본에 대한 조사가 완료된 후 수집된 자료를 점수화하기 위하여 Q표본 분포도에서 가장 부정적인 경우 (-3)을 1점으로 시작하여 2점(-2), 3점(-1), 4점(0), 5점(+1), 6점(+2), 그리고 가장 긍정적인 경우 7점(+3)을 부여하여 점수화 하도록 한다([표 1]). 이 부여된 점수를 진술문 번호순으로 코딩하고, 이러한 자료를 PC용 QUANL 프로그램으로 처리하여 그 결과를 얻는다.

[표 3] 조사대상의 인구학적 특성 및 유형별 인자가중치

유형	ID	성별	연령	직업	인자가중치
I (n=4) 4	1	남	25	대학 3년	3.9249
	2	남	25	대학 3년	1.8557
	5	남	26	대학 3년	1.2318
	10	여	22	대학 3년	1.4720
II (n=2) 2	7	여	22	대학 3년	2.4042
	8	남	24	대학 3년	1.1665
III (n=4) 0	3	남	24	대학 3년	0.7027
	4	남	25	대학 3년	0.4505
	11	남	25	대학 3년	0.3889
	12	남	25	대학 3년	0.8588
IV (n=1) 1	6	남	22	대학 3년	1.9405
V (n=1) 1	9	여	22	대학 3년	2.6192

[표 3]의 내용은 각 유형에 속한 사람들의 인구사회학적 특성과 인자가중치(factor weight)를 제시한 것이다. 각 유형 내에서 인자가중치(factor weight)가 높은 사람일수록 그가 속한 유형에 있어서 그 유형을 대표할 수 있는 전형적인 사람임을 나타내고 있다. 각 유형별로 살펴보면, 높은 인자가중치 1이상을 보이는 응답자는, 제1유형은 1번 남 25세 대학 3년(3.9249), 제2유

형은 7번 여 22세 대학 3년(2.4042), 제3유형은 없으며, 제4유형은 6번 남 22세 대학 3년(1.9405), 제5유형은 9번 여 22세 대학 3년(2.6192) 등으로 나타났다.

(4) 연구결과 및 논의

12명의 광고홍보학과 전공 대학생들을 대상으로 지역 시, 도의원 정치인 이미지에 관한 주관성 유형을 알아보기 위해서, Q요인분석(factor analysis)을 하였는데, 총 5개의 유형이 나타났다.

강제분류 방법을 활용하는 'QUANL 프로그램'을 통하여 실시해 본 결과, 전체변량의 약 58(0.5817)%를 설명하고 있으며, 논문의 분석과 결과가 30~70% 안에 속해 있다는 점에서 매우 유의미한 해석이 가능하다. 특히, 5개의 유형에는 각각 4명, 2명, 4명, 1명, 1명이 속하였는데, 여기서 인원수의 의미는 없다. 또한 인자가중치가 1.0이상인 사람이 각각 4명, 2명, 0명, 1명, 1명이 속해 있는 것으로 보아 제1유형이 다른 유형에 비해 가장 높은 설명력을 지니고 있다는 것을 확인할 수 있다.

아래의 [표 4]에서 보듯이, 각 유형의 변량 크기를 나타내는 대표적 아이겐 값(eigen value)은 각각 2.8175, 2.3870, 1.7755 등으로 나타났다. 이 프로그램은 주인자분석(principal components factor matrix)을 행하고, 회전은 직각회전(varimax rotation)을 시행하였다.

[표 4] 대표적 유형별 아이겐 값(eigen value)과 변량의 백분율

	제1유형	제2유형	제3유형
아이겐 값	2.8175	2.3870	1.7755
전체변량 백분율	0.2348	0.1989	0.1480
누적빈도	0.2348	0.4337	0.5817

[표 5] 전체 유형간의 상관관계

유형(Type)	1	2	3	4	5
1	1.000	-	-	-	-
2	-0.121	1.000	-	-	-
3	-0.183	-0.182	1.000	-	-
4	0.018	-0.632	-0.090	1.000	-
5	-0.126	0.365	-0.577	0.050	1.000

위 [표 5]는 전체 유형간의 상관계수를 나타내 주는데, 이는 각 유형간의 관계정도를 보여주는 것으로, 제2유형과 제5유형간의 상관계수는 0.365로서 가장 높았고(定績關係), 그 밖의 제2유형과 제4유형간의 상관계수는 -0.632이었으며, 가장 부정적 상관관계를 보였다. 이로써 위 표에서 보듯이, 각 유형들 간의 관계는 상당히 긍정적으로 독립적이라고 할 수 있다.

가. 각 유형별 분석

이상의 각 유형별 특성들을 분석하면 다음과 같다.[9] 이 유형별 특성 논의에서는 각 5개의 유형별로 분석하며, 해당 진술문별 ±1.00이상의 표준점수를 보인 진술문들을 중심으로 각 유형의 네이밍(naming)과 그 의미를 제시하고자 한다. 여기에서의 각 유형별 네이밍 작업은 각 해당 유형에 제시된 진술문들의 내용과 긍정/부정 및 표준점수 정도를 종합하여 연구팀의 브레인스토밍(Brainstorming) 작업으로 이루어진다.

---

[9] 각 유형별 논의에서는 각 유형에서 ±1.00 이상의 표준점수를 보인 진술문들을 긍정과 부정으로 분류하여 〈표〉로 제시하고, 이 내용에서 높은 표준점수(±)들을 중심으로 해당유형의 네이밍(naming)이 작성된다. 표준점수가 높은 진술문은 해당유형에 가장 적합하게 이해하고, 가장 낮은 부정 부분의 진술문은 '반대'로 해석함으로써 해당유형을 이해한다.

가) 제1유형(N=4) : 정치적 무관심 유형(Political Apathy Type)

[표 6] 제1유형에서 표준점수 ±1.00 이상을 보인 진술문

	Q 진 술 문	표준점수
긍정	7. 최근까지 보아왔던 지역 시, 도의원들의 정치적 행태는 매우 비관적이다. 5. 지역 시, 도의원이라는 정치인을 선호하는 사람들은 가족들뿐이다. 8. 지역 시, 도의원들의 정치에 관심이 없다. 2. 지역 시, 도의원 이미지가 개선된다는 것은 불가능하다.	1.63 1.23 1.16 1.13
부정	10. 디지털시대의 지역 시, 도의원의 정치적 역할은 어느 정도 인정해야 한다. 11. 야당 지역 시, 도의원의 정치적 행위는 여당 정치인에 비해 좀 더 친근하게 다가온다.	-1.44 -1.68

위의 〈표 6〉을 보면, 제1유형에 속한 4명은 위 [표 3]에서 분석된 바와 같이 인자가중치가 1을 넘은 응답자의 수가 4명으로, 7번[최근까지 보아왔던 지역 시, 도의원들의 정치적 행태는 매우 비관적이다(Z-score=1.63).] Q진술문에 가장 긍정적 일치를 보이고 있고, 11번[야당 지역 시, 도의원의 정치적 행위는 여당 정치인에 비해 좀 더 친근하게 다가온다(Z-score=-1.68)] Q진술문에 가장 부정적 일치를 보였다. 제1유형 '정치적 무관심 유형'에서는 응답자들이 기본적으로 정치인들에 대한 불신과 냉소적 의식이 있으며, 현재에도 기대에 많이 못 미치고 있다는 점에 의견의 일치를 보였다.

나) 제2유형(N=2) : 경제발전 및 신뢰 유형(Economy Development & Faith Type)

〈표 7〉을 보면, 제2유형에 속한 2명은 위 [표 3]에서 분석된 바와 같이 인자가중치가 1을 넘은 응답자의 수가 2명으로, 14번[책임있는 지역 시, 도의원 이미지는 지역경제발전에 도움을 준다(Z-score=1.81)] Q진술문에 가장 긍정적 일치를 보이고 있고, 4번[한국의 지역 시, 도의원 정치문화는 수준이 낮다(Z-score=-2.07)] Q진술문에 가장 부정적 일치를 보였다. 두 번째 '경제발전 및 신뢰 유형'은 과거에 비해 지역 시, 도의원들의 정치문화와 이미지는

높아졌으며, 이들의 역할은 지역의 경제발전에 호의적 측면에서 도움이 되고 있다는 데에 의견의 일치를 보였다.

[표 7] 제2유형에서 표준점수 ±1.00 이상을 보인 진술문

	Q 진 술 문	표준점수
긍정	14. 책임있는 지역 시, 도의원 이미지는 지역경제발전에 도움을 준다.	1.81
	13. 태만한 지역 시, 도의원 모습을 보면 믿음이 안 간다.	1.28
	3. 지역 시, 도의원들의 이미지는 외국의 벤치마킹이 필요하다.	1.04
부정	16. 지역 시, 도의원의 정치이미지 선호는 성별에 따라 다르다.	-1.80
	15. 한국의 지역 시, 도의원 정치문화는 수준이 낮다.	-2.07

다) 제3유형(N=4) : 역할 및 선호 유형(Role & Preference Type)

[표 8] 제3유형에서 표준점수 ±1.00 이상을 보인 진술문

	Q 진 술 문	표준점수
긍정	10. 디지털시대의 지역 시, 도의원의 정치적 역할은 어느 정도 인정해야 한다.	1.46
	5. 지역 시, 도의원이라는 정치인을 선호하는 사람들은 가족들뿐이다.	1.38
	12. 좀 더 능력있는 지역 시, 도의원의 추진정책에 관심이 있다.	1.18
	11. 야당 지역 시, 도의원의 정치적 행위는 여당 정치인에 비해 좀 더 친근하게 다가온다.	1.15
부정	9. 외국과 달리 한국 지역 시, 도의원의 정치이미지는 부정적이다.	-1.02
	8. 지역 시, 도의원들의 정치에 관심이 없다.	-1.34
	3. 지역 시, 도의원들의 이미지는 외국의 벤치마킹이 필요하다.	-1.89

〈표 8〉을 보면, 제3유형에 속한 4명은 위 [표 3]에서 분석된 바와 같이 인자가중치가 1을 넘은 응답자의 수가 0명으로, 10번[디지털시대의 지역 시, 도의원의 정치적 역할은 어느 정도 인정해야 한다(Z-score=1.46).] Q진술문에 가장 긍정적 일치를 보이고 있고, 3번[지역 시, 도의원들의 이미지는 외국의 벤치마킹이 필요하다(Z-score=-1.89)] Q진술문에 가장 부정적 일치를 보였다. '역할 및 선호 유형'은 현재 지역 시, 도의원들의 정치적 행보와 역할에 있

어서 관망하는 측면에서 협조적으로 바라보아야 한다는 점에 응답자들이 의견의 일치를 보였다.

라) 제4유형(N=1) : 정치문화 및 연구 유형(Politics Culture & Research Type)

[표 9] 제4유형에서 표준점수 ±1.00 이상을 보인 진술문

	Q 진 술 문	표준점수
긍정	15. 한국의 지역 시, 도의원 정치문화는 수준이 낮다. 3. 지역 시, 도의원들의 이미지는 외국의 벤치마킹이 필요하다. 16. 지역 시, 도의원의 정치이미지 선호는 성별에 따라 다르다.	1.90 1.26 1.26
부정	14. 책임있는 지역 시, 도의원 이미지는 지역경제발전에 도움을 준다. 8. 지역 시, 도의원들의 정치에 관심이 없다. 13. 태만한 지역 시, 도의원 모습을 보면 믿음이 안 간다.	-1.26 -1.26 -1.90

〈표 9〉를 보면, 제4유형에 속한 1명은 위 [표 3]에서 분석된 바와 같이 인자가중치가 1을 넘은 응답자의 수가 1명으로, 15번[한국의 지역 시, 도의원 정치문화는 수준이 낮다(Z-score=1.90).] Q진술문에 가장 긍정적 일치를 보이고 있고, 13번[태만한 지역 시, 도의원 모습을 보면 믿음이 안 간다(Z-score=-1.90)] Q진술문에 가장 부정적 일치를 보였다. '정치문화 및 연구 유형'은 지역 시, 도의원들의 성숙한 정치문화의식이 필요하며, 좀 더 신뢰할 수 있는 이미지 쇄신이 요청된다는 점에 응답자들이 의견의 일치를 보였다.

마) 제5유형(N=1) : 연구개선 유형(Study Improvement Type)

〈표 10〉을 보면, 제5유형에 속한 1명은 위 [표 3]에서 분석된 바와 같이 인자가중치가 1을 넘은 응답자의 수가 1명으로, 3번[지역 시, 도의원들의 이미지는 외국의 벤치마킹이 필요하다(Z-score=1.90).] Q진술문에 가장 긍정적 일치를 보이고 있고, 2번[지역 시, 도의원 이미지가 개선된다는 것은 불가능하다(Z-score=-1.90)] Q진술문에 가장 부정적 일치를 보였다. '연구개선

유형'은 지금까지 보아 왔던 지역 의원들의 이미지를 개선하고 변화시킬 수 있도록 외국의 현재 정치적 이미지의 상황들을 고려하는 것에 대해서 응답자들이 의견의 일치를 보였다.

[표 10] 제5유형에서 표준점수 ±1.00 이상을 보인 진술문

	Q 진 술 문	표준점수
긍정	3. 지역 시, 도의원들의 이미지는 외국의 벤치마킹이 필요하다.	1.90
	7. 최근까지 보아왔던 지역 시, 도의원들의 정치적 행태는 매우 비관적이다.	1.26
	14. 책임있는 지역 시, 도의원 이미지는 지역경제발전에 도움을 준다.	1.26
부정	1. 지역 시, 도의원들을 싫어한다.	-1.26
	5. 지역 시, 도의원이라는 정치인을 선호하는 사람들은 가족들뿐이다.	-1.26
	2. 지역 시, 도의원 이미지가 개선된다는 것은 불가능하다.	-1.90

나. 일치하는 항목별 분석

[표 11] 일치하는 항목과 평균 표준점수(Consensus Items And Average Z-Scores)

Item Description	Average Z-Score
4. 지역 시, 도의원들이 싸우는 모습은 국가적으로 도움이 안 된다.	0.63
6. 지역 시, 도의원을 위한 후원제도는 정치, 사회적으로 문제의 소지가 많다.	0.21

(* CRITERION = ±1.000)

이 연구에서 도출된 5개의 유형 제1유형[(N=4) : 정치적 무관심 유형 (Political Apathy Type)], 제2유형[(N=2) : 경제발전 및 신뢰 유형(Economy Development & Faith Type)], 제3유형[(N=4) : 역할 및 선호 유형(Role & Preference Type)], 제4유형 [(N=1) : 정치문화 및 연구 유형(Politics Culture & Research Type)], 제5유형[(N=1) : 연구개선 유형(Study Improvement Type)]이 비슷하게 동의한 Q진술문은 총 2개

항목으로 긍정적 항목 2개로 나타났다. 특히, 위 [표 11]에서 보는 바와 같이, 전체적으로 피응답자들은 4번과 5번의 진술문에 대체적으로 긍정적인 의견 동의를 하고 있음을 확인할 수 있다. 이를 통해, 지역의 정치인에 대한 지역 대학생들의 축적된 의견과 그동안 보아왔던 정치인들의 다투고, 격앙된 모습들에 대한 변화가 필요하다는 공감대가 보이고 있음을 확인할 수 있겠다.

(5) 결론 및 논의

본 연구에서는 지역 시, 도의원 정치인 이미지에 관한 주관적 성향을 살펴보기 위해서 Q방법론을 이용하였다. 이 논문에서 제기한 연구문제는 크게 두 가지였다. 즉, 연구문제 1: 지역 시, 도의원 정치인 이미지에 관한 주관성은 어떻게 유형화되는가? 연구문제 2: 지역 시, 도의원 정치인 이미지에 관한 유형별 동질적 특성과 그 함의는 무엇인가? 하는 점이 그것이다.

이러한 연구문제에 기초하여 유형분석을 한 결과 총 5가지의 유형[[제1유형[(N=4) : 정치적 무관심 유형(Political Apathy Type)], 제2유형[(N=2) : 경제발전 및 신뢰 유형(Economy Development & Faith Type)], 제3유형[(N=4) : 역할 및 선호 유형(Role & Preference Type)], 제4유형[(N=1) : 정치문화 및 연구 유형(Politics Culture & Research Type)], 제5유형[(N=1) : 연구개선 유형(Study Improvement Type)]]이 도출되었다. 구체적으로 살펴보면, 우선 앞의 결과에서 보듯이, 각 유형마다 독특한 특징이 있는 것으로 분석되었다. 이와 같은 5가지 유형별 결과를 분석한 결과, 대부분의 응답자(대학생)들에게 지역 시, 도의원 정치인 이미지에 관한 내용은 생소한 개념은 아니었으나, 본 연구는 지역적으로 시의원, 도의원들의 행적과 역할에 대한 장점과 특징을 잘 살려서 지역사회에 도움이 될 수 있도록, 새로운 시대에 걸맞은 타깃형 지역 정치인으로 다가서야 되는 점에 의미를 두어야 한다.

결론적으로, 지금까지 지역 시, 도의원 정치인 이미지에 관한 연구들이 주로 사회적, 심리적 특성이나 라이프스타일 유형화 등을 중심의 연구가 이루어져 왔고, 다각적인 문화 수용과 평가에 따른 타깃별 대중의 유형화 작업은 다양하게 연구되지 못했다는 점에서 앞으로 많은 개선책이 제시되어야 할 것이다. 이에 추후 발전된 연구방향은 다방면의 다양한 이용자들의 인식 특성과 행태를 연결하여 분석하는 것이 요청된다. 또한 앞으로, 지방선거 때마다 다양한 매체들로부터 쏟아져 나오는 여론조사를 통하여 보이는 정치인의 이미지 결과들은 국민들을 위한 좀 더 정확하고 올바른 신뢰할 수 있는 사항으로 처리되어야 할 것이다.

♣ 생각해 봅시다

▶ 지역의 시, 도 의원들의 적합한 홍보이미지는 어떠해야 할까요?
▶ 정치인에 대한 냉소주의적 의식에 대해서 토론합시다.

2) 정치인 여론조사의 신뢰도 인식 유형

(1) 개관

현대 사회에서 가장 큰 영향력을 가지고 있는 것은 무엇인가? 매스미디어, 법, 정치권력도 아닌 여론이 가장 큰 영향력을 가진 주체로 대두되고 있다. 누가 누구를 얼마나 지지하고 있는가. 얼마나 많은 국민들이 특정 정부 대책에 대해서 지지하는가에 따라서 정치권 판도가 달라지고, 사회, 경제 정책 수립과정이 영향 받고 있다.

한국사회에서 여론조사가 국민들의 의사결정에 영향을 끼친 대표적인 사례로는 정치권에 끼치는 영향을 들 수 있다. 특히 지난 대선의 경우 각 정당의 후보 경선 과정에서부터 여론조사에 따라서 후보의 당락이 결정되었으며, 높은 지지율을 보이는 여론조사 결과에 따라서 출사표를 던지거나 도중 사퇴하는 경우가 빈번하게 일어나고 있다. 특히, 우리나라 선거는 여론조사의, 여론조사에 의한, 여론조사를 위한 선거라 할 만큼 여론조사의 영향력이 커졌다.[10]

얼마 전, 6.4 지방선거에서도 여론조사와 관련된 다양한 논의가 있었지만, 이번만의 일은 아니었다. 4년 전, 2010년 6월 2일 실시된 지방선거에서 선거 1주일 전 발표한 여론조사와 실제 득표율의 차이가 너무 크게 나타났다. 방송3사가 선거 1주일 전에 조사한 바에 의하면 서울시장의 경우 오세훈 후보가 50.4%, 한명숙 후보가 32.6%로 17.8%의 차이가 났다. 실제 득표율에서는 47.4%: 46.8%로 단지 0.6%의 근소한 차이를 보여줬다. 인천과 강원도, 충청도 등의 경우도 비슷한 현상을 보였다. 투표 마감시간인 저녁 6시에 발표되는 출구조사도 방송사별로 크게 차이가 났다. 지상파 방송 3사는 '오세훈 후보 : 한명숙 후보'의 득표율을 '47.4% : 47.2%', YTN은 '52.1% :

---

[10] 이택수(2012). "선거 여론조사의 문제점과 대응방안". 『관훈저널』 가을호 통권 124호. p.170.

41.6%', MBN은 '57.4% : 36.4%'로 나타났다. 도대체 어느 조사가 맞는지 전혀 예측할 수 없는 상황이 됐다. 국민들은 새벽까지 박빙 승부를 펼치는 선거구에 끝까지 관심을 가질 수밖에 없었다.[11] 이에 여론조사가 가진 근본적 결함에 대해 문제제기가 많아졌고, 이에 따라 좀 더 바람직한 여론조사의 방안에 대한 논의가 매우 활발해지고 있다.

이제 디지털시대의 선거여론조사는 단순히 어떤 후보가 앞서고 있는 가만을 탐색하는 것이 아니라 후보 이미지, 후보가 제시한 정책에 대한 평가, 주요 선거 이슈에 대한 유권자의 평가, 투표의도 등과 같은 다양한 주제에 대해 조사해야 한다. 따라서 정치후보자가 여론조사를 이용해서 유권자에게 그 정보를 제공한다면, 유권자는 정치적 선택을 내릴 때 이를 바탕으로 최종적인 결정을 내릴 수 있게 된다. 이러한 관점에서 본다면, 정치인의 선거여론조사는 좀 더 신중하게 이루어져야 하며, 이는 또한 유권자의 후보선택을 도와줌으로써 민주적 선거과정을 돕는다고 볼 수 있다.

이에 본 논문에서는 최근 6.4 지방선거를 통해 보였던 갈수록 다양다각해지고 있는 국내 정치인의 여론조사 신뢰도에 관하여 인식되는 일반 대학생들의 주관적 수용모습은 어떠한 지에 대해서 Q방법론적 분석으로 진단하고, 향후 시사점을 제공하고자 한다. 다시 말해서, 광고홍보학 전공 대학생들을 중심으로 정치인 여론조사의 신뢰도 인식에 관하여 이미 사용되어 온 기능적 수량분석에서 한 걸음 나아가 보다 심층적이고 본질적인 의미에 접근할 수 있는 질적 분석방법의 하나가 되는 Q연구방법을 활용하여 연구하고자 한다.

본 연구는 기존 대학생들의 정치인 여론조사의 신뢰도에 대한 이해에서 변화하고 있는 전략에의 제언 수립에 도움을 줄 수 있으며, 본 주제와 관련하여 대학생들과의 인터뷰와 문헌연구를 통한 Q방법론적 유형화를 중심

---

[11] 조선일보. [시사 이슈로 본 논술] 2010. 6.2지방선거: 여론조사의 문제점. 조선일보 2010.07.07.

으로 인지 성향12)에 영향을 미칠 수 있는 요인들 및 이에 대한 쟁점요소들을 살펴보는 좋은 계기를 마련하고자 한다.

(2) 이론 논의 및 연구문제

1980년대 후반 이후 우리나라에서도 여론조사에 대한 관심은 매우 높아졌으며, 그 필요성과 효용성에 대한 인식도 크게 늘어났다. 이를 반영하듯 신문이나 방송에서도 여론조사 결과를 토대로 한 기사나 보도가 늘어나면서 이 부분은 나름대로의 중요한 보도영역으로 자리잡게 되었다. 이는 정밀보도의 한 유형으로 특히 선거철의 여론조사 결과보도는 국민들에게 전반적인 추이를 가늠하고 판단에 도움을 주는 중요한 잣대가 되었다. 그러나 각 언론사간의 경쟁 속에서 무분별하게 여론조사가 남용되었다는 점도 지적하지 않을 수 없다. 결국 이러한 현상은 여론조사 결과뿐만 아니라 그 결과의 보도에 대한 신뢰성을 저해하는 중요한 요인이 될 수 있다. 여론조사의 급속한 확산으로 인해 정치여론조사는 정치과정에 적지 않은 영향을 미치고 있다. 정치여론조사는 권력자들에게 대항할 수 있는 강력한 도구로 사용될 수 있고, 공중들에게는 그들의 호기심을 충족시켜 주는 동시에 힘없는 국민의 개인적 의견을 여론이라는 형태를 통해 취합 제시함으로써 그들에게 정치적 힘을 부여해 주고 있다.13) 이러한 선거여론조사는 1824년 미국의 〈해리스버그 펜실베이니아(Harrisburg Pennsylvanian)〉 신문이 당시 대통령 선거캠페인에서 앤드루 잭슨(Andrew Jackson)이 앞서고 있다는 여론조사 결과를 발표한 것이 최초로 기록되고 있다.14)

---

12) 전규식·제석동(1984). 발달심리학. 학문사. : 인지란 일반적으로 외부세계 및 내부세계에서 오는 정보를 탐지하고, 체계화시키고, 해석하는 지각(perception), 지각된 정보를 저장하거나 인출하는 기억(memory), 그리고 추론하고 결론을 끌어내는 반성(reflection), 지식들 간의 새로운 관계에 대해 인식하는 통찰 등의 여러 과정을 내포하는 개념으로 사용되고 있다.

13) 권혁남(1997). 『한국언론과 선거보도』. 나남출판사. pp.125~126.

14) Crespi, I.(1980). "Polls as Journalism". POQ, 44. pp.462~476.

여론조사는 이제 우리에게 일상적인 행사가 되었고 우리 사회에 내재해 있는 중요한 정보를 제공해 준다. 여론조사의 애당초 목적과는 달리 유권자를 오도할 수도 있는 위험성도 동시에 지니고 있는 셈이다. 어떤 점에서 본다면 이러한 문제점은 비단 우리 사회에서만 생겨나는 것이라고 보기는 어려우며 대중매체의 성장, 발전에 따라 생겨나는 자연스러운 현상일 지도 모른다. 그러나 정확한 정보의 제공을 위해 실시되는 여론조사가 의도하지 않은 부정적인 영향을 미칠 수도 있다는 사실을 언론기관 스스로 인식하는 일이 무엇보다 중요하다. 이러한 위험성을 인식하는 경우에만 언론 스스로 편의주의적(expediency) 태도에서 벗어나 보다 민주적 원칙에 충실하려고 하는 노력이 이뤄질 수 있을 것이기 때문이다. 선거 과정에서 가장 중요한 원칙은 유권자들이 외부적 영향에서 자유롭게 스스로의 판단에 의해 선택하도록 하는 일이다. 그동안 우리 사회에서 이러한 선거의 공정성을 훼손하는 것은 권위주의 체제 하에서 공권력의 직접적인 개입이었다. 그리고 투명하지 못한 선거 자금의 출납 역시 공정한 선거를 위한 환경을 저해하는 요소였다. 그러나 공권력이나 금권처럼 그 동안 많은 이들에 의해 자주 지적되지 않았지만 앞에서 살펴본 대로 선거에서의 언론의 보도 역시 유권자의 자유로운 판단을 해칠 수 있는 셈이다. 더욱이 절차적 민주주의가 제도적으로 확립되어 가면 갈수록 언론의 역할에 의한 영향과 같은 비제도적 요인에 의한 개입의 효과는 더욱 커질 수 있을 것으로 보인다.

한국과 같은 짧은 선거 역사에도 불구하고 선거여론조사의 정확성에 대한 시비가 많아 왔다. 그 만큼 우리 사회에 관행처럼 뿌리내리고 있는 기존 조사방식에 방법론적 개선의 여지가 많다고 볼 수 있다.[15] 여론조사의 신뢰도를 제고하기 위해서는 여론조사기관에게만 한정된 것이 아니라, 조사 이해 당사자 모두에게 관련된 것이다.[16]

---

15) 이남영(2000). "빗나간 예측보도 무엇이 문제인가". 『관훈저널』. 여름 통권 75호.

일반적으로 선거 여론조사는 유권자의 행태와 후보자 경쟁 구도 형성에 두 가지 측면에서 중요한 영향력을 행사 할 수 있다. 하나는 정치 커뮤니케이션 차원의 심리적 효과에 따른 영향력이다.17) 여론의 형성과 확산을 연구하는 학자들에 의하면 사회적 존재로서 인간은 대개 소외를 두려워하기 때문에 다른 사람의 태도나 행동을 관찰하여 여론의 흐름을 파악하는 경향이 있다고 주장한다. 즉, 자신이 지배적 여론과 같은 생각을 공유하고 있을 때는 의견을 적극적으로 개진하는 반면, 그렇지 않을 경우에는 침묵하는 경향이 나타난다는 것이다. 이 때문에 여론의 흐름을 지배하는 의견은 '우세자 편승효과(bandwagon effect)'에 따라 더 강화되고 소수 의견은 이른바 침묵의 소용돌이 속으로 더욱 잦아들게 된다는 것이다.18)

선거철에는 특히 여론조사 결과가 선거보도의 많은 부분을 차지하게 된다. 선거의 흐름과 판도를 계량적이고 객관적으로 알려줄 수 있기 때문이다. 특히 최근에 와서 선거철의 여론조사는 유행처럼 번지고 있다. 그리고 그 수치의 등락에 따라 후보자들은 일희일비 한다. 정치에 조금이라도 관심이 있는 시청자나 독자에게 승자와 패자를 예측하는 지지율 조사결과는 관심을 끌기에 충분한 사안이기 때문이다.

또한, 이러한 여론조사 결과는 선거기간 중에 빼놓을 수 없는 근거 자료로서 큰 위력을 발휘하지만, 그 밖에도 여론조사 결과가 활용되는 영역은 매우 광범위하다. 특히 마케팅 분야에서의 각종 시장조사는 오늘날 여론조사 분야 가운데 가장 중요한 부문으로 자리잡고 있다. 이러한 사회적 분위기 속에서 이제는 통계 수치가 제시되지 않은 주장이나 기사는 마치 객관성과 정확성이 결여된 것처럼 보이기도 한다.

하지만 다수의 여론조사 전문가들과 관련학자들은 여전히 선거여론조사

---

16) 신창운(1995). "여론조사 신뢰도 제고 방안". 『신문과 방송』(95/3). p.115.
17) 선우영·이선주(1998). 『선거와 여론조사』. 서울: 지식공작소. p.67.
18) 선우동훈·윤석홍(1999). 『여론조사』. 서울: 커뮤니케이션북스. pp.76~77.

는 '무용(無用)'한 것이 아니라고 한다. 선거기간 중 유권자의 태도변화를 측정할 수 있는 유일한 수단이며, 앞으로도 수많은 선거에서 활용될 것이기 때문이다. 다만 여론조사의 유용성이 지속되기 위해선 정치권을 비롯해 언론과 여론조사 업계 및 학계가 여론조사의 정확성을 높이는 기술적 방안과 방법론 개발에 끊임없이 노력을 기울여야 한다.[19]

이에 본 연구에서는 먼저 대학생들의 정치인 여론조사의 신뢰도에 대한 이전의 연구 및 문헌분석을 통하여 정리하고 고찰하고자 한다. 아울러 본 연구는 실증적이고 심층적 Q분석을 통해 다각적인 규명을 실시하고자 하며, 이러한 연구는 결국 보다 실질적인 대학생들의 정치인 여론조사의 신뢰도에 대한 인식제고에 도움이 될 것으로 기대한다. 이에 본 연구에서는 위에서 제기된 사항들의 해답을 얻기 위하여 주관성연구 분석방법을 활용하며, 이에 따른 연구문제를 아래와 같다.

연구문제 1 : 정치인 여론조사의 신뢰도에 대한 광고홍보 전공 대학생들의 수용 유형은 어떠한가?

이 연구문제에서는 정치인 여론조사의 신뢰도에 관한 수용 유형들은 어떠한 유형으로 분류되고 있으며, 이러한 각 유형들은 과연 어떠한 특성들을 지니고 있으며, 이 특성들이 함유하는 의미들은 각 유형간 어떠한 연관성을 지니고 있는지를 알아보고자 한다.

연구문제 2 : 이들 각 유형들 간의 동질적인 특성과 그 함의는 무엇인가?

다음으로, 두 번째 연구문제에서는 위에서 살펴본 각 유형별 특성과 달리 모든 진술문들이 각 유형들 속에서 일치하는(동질적) 특성은 무엇으로 분류되고 있는지에 대해서 살펴봄으로써 각 유형별로 분석된 의미들 간 어떠한 특성이 있는지 살펴봄으로써 각 유형들 간의 동질성을 중심으로 확인하

---

19) 홍영림(2012). "선거여론조사의 함정". 『관훈저널』 봄호. 통권 122호. p.31.

고자 한다. 이를 통해 Q방법론의 특성인 소수의 응답자들이 생각하는 의향과 내면적인 주관적 이미지는 어떻게 보이고 있는지 알아보고자 한다.

위와 같은 연구 문제를 통해 이 연구는 광고홍보학과 전공대학생들을 중심으로 정치인 여론조사의 신뢰도에 관한 수용행태 특성을 찾고자 한다. 그리고 유형별 특성에 따라 어떠한 차이점이 있는지를 분석하여, 향후 정치인 여론조사의 신뢰도에 관한 대학생들의 인식 변화를 가늠하고자 한다.

(3) 연구방법론
가. 연구설계

정치인 여론조사의 신뢰도 인식에 대한 문헌분석은 객관적인 가치 분석이 가능하여, 최근 대학생들의 정치인 여론조사의 신뢰도에 대한 효율적인 이해와 평가를 하는 데 기여할 수 있다. 또한 정치인 여론조사의 신뢰도 인식에 대한 평가는 객관적인 가치규명뿐만 아니라, 정보 이용 경험의 효과적인 활용 유형을 제시하는 차원에서 유도할 수 있다. 조사범위는 현재 국내에서 가능한 모든 문헌을 대상으로 실시하였다. 조사 기간은 모든 관련 자료들을 중심으로 이루어졌다.

또한, 본 연구에서는 광고홍보학과 전공 대학생들[20]을 대상으로 Q심층조사를 실시하였다. 정치인 여론조사의 신뢰도와 관련된 관점을 심층적으로 이해하기 위해 대학생들 대상으로 인터뷰를 수행하였다. 질적 연구의 한 분야로서 Q 심층조사 분석은 Grand Tour Technique[21] 방식을 채용해 실시할 예정이므로 공통의 분야와 개별 분야로 나뉘어 연구주제들이 제기될 필요가 있다. 다음의 연구 주제들은 현재 연구 수행 전의 단계에서 확정된

---

[20] 본 연구에서는 광고홍보학과 전공 대학생들이 정치인 여론조사의 신뢰도에 대해서 어떠한 인지성향을 지니고 있는가와 관련하여 Q대상자들로 선정하였다.

[21] 소수의 구체적인 사항에 대해서 테마를 찾아가는 방식인 Laddering과 달리 가장 근본적인 사항에서부터 점진적으로 구체적인 부분까지 파악하는 방식으로써 대상자의 경험과 생각에 따라 전혀 다른 인터뷰 진행이 실시되는 비구조적 인터뷰이다.

것들이며, 인터뷰를 진행해 나가면서 질적 연구방법의 특성을 살린 진화적 설계(Evolving Design) 방식에 따라 추가적인 연구문제가 포함되었다.

전술한 바와 같이 Q 심층조사에서는 정치인 여론조사의 신뢰도 인식에 관한 대학생들의 의견을 청취하게 될 것이므로 초기 인터뷰의 결과가 그 이후의 인터뷰 내용에 영향을 미치는 구조를 띠게 된다. 때문에, 위에 열거한 인터뷰의 항목들이 현재 제안서 단계에서 확정적인 것은 아니며, 최초 3-4회 정도의 인터뷰를 거치면서 보다 집중적인 이슈들로 진술문 정리가 되는 과정을 거쳤다. 인터뷰의 과정은 리쿠르팅에서부터 코딩 분석까지 설계되었으며, 실제 리쿠르팅은 본 연구팀에서 대행하였다. 본 연구에서는 정치인 여론조사의 신뢰도 인식에 관한 대학생들에 대한 인터뷰, 분석의 두 가지 일을 맡았다.

나. 연구방법

본 논문에서는 R방법론에서 도출된 다양한 의견과 각각의 유형을 구조화하고 유형별 특성을 파악, 기술하고 설명하는데 좀 더 발견적이고 가설생성적인 Q방법론[22] 분석결과를 토대로 좀 더 다각적인 평가와 전망을 제시하고자 한다.

무엇보다도, 정치인 여론조사의 신뢰도 인식에 관한 연구에 대해서는 기존의 계량적 방법론(R방법론)으로 객관적 통계분석이 주로 이용되어 왔으나, Q방법론[23]적 분석논문은 커뮤니케이션, 미디어, 기타 학문 분야와 관련된

---

[22] 김흥규(1992). "주관성 연구를 위한 Q방법론의 이해". 『간호학 논문집』. 6(1). pp.1-11. ; Stephenson, W.(1953). *The Study of Behavior: Q Technique and Its Methodology*. Chicago: University of Chicago Press. ; Dryzek, John S.(1990), *Discursive Democracy: Politics, Policy, and Political Science*, Cambridge, UK; Canbridge University Press.

[23] Brown, S.(1980). *Political Subjectivity: Applications of Q Methodology*. New Haven: Yale University Press. ; Brown, S., D. During and S. Selden.(1999). *Q Methodology*. In G. Miller and M. Whicker, eds., Handbook of Research Methods in Public Administration. New York: Marcel Dekker.

자아구조(schema) 속에 있는 요인들까지 파악할 수 있다는 점에서 통찰력 있는 분석이 도출될 수 있다고 본다. 즉, 이 연구는 기존의 이론에서 연역적인 가설을 도출하는 종래의 연구방법과는 달리, 사람들이 일상적으로 갖게 되는 주관적 이미지에 의하여 새로운 가설을 발견(hypothesis abduction)하려는 목적을 가지고 있다.[24] 이는 Q방법론이 행위자의 관점에서 출발하며 인간 개개인마다 다른 주관성 구조에 따른 서로 다른 유형에 대한 이해와 설명이 가능하기 때문이다. 연구자는 정치인 여론조사의 신뢰도 인식에 관한 사항을 심도있게 측정하기 위해서는 기존의 방법으로는 어느 정도 한계성이 있다고 생각하여, Q방법론적 접근을 시도하였다. 이를 위해 분석작업은 진술문 형태의 카드를 분류하는 방법으로 행해졌다. 이 진술문 작성을 위하여 연구자는 본 논문과 관련된 국내문헌, 그리고 대학생들의 인터뷰를 통하여 Q모집단(concourse)을 구성하고, 이를 통하여 진술문(Q-statement)을 작성한 후, P샘플을 선정, 분류작업(sorting) 과정을 거쳐 얻게 되는 Q-sort를 PC QUANL 프로그램을 이용, Q요인분석(Q-factor analysis)을 통해 분석하였다.

가) Q표본(Q-sample)과 P표본(P-sample)

이 연구를 위한 Q표본은 정치인 여론조사의 신뢰도 인식에 관한 수용행태 유형에 관한 가치체계로 구성된 진술문으로 구성될 것이다. 이 연구는 응답자들이 지니고 있는 전반적인 관념들과 느낌, 의견, 가치관 등을 종합적으로 얻기 위해 이 연구와 관련된 전문서적, 학술서적, 저널 등의 관련문헌 연구를 포함하여 지역 대중들을 대상으로 심층인터뷰를 통하여 약 45개의 Q-population(concourse)을 추출하였다. 또한 Q-population에 포함된 진술문 중 주제에 관한 대표성이 가장 크다고 여겨지는 진술문을 임의로 선택하는 방법을 사용하여, 최종적으로 23개의 진술문 표본을 선정하였다. 여

---

[24] 선우동훈(1991). "Q방법론에 의한 소비자행동 연구". 『광고연구』 여름호(제11호). 한국방송광고공사. p.7.

기에서 선택된 25개의 진술문은 전체적으로 모든 의견들을 포괄하고, 긍정, 중립, 부정의 균형을 이룰 수 있도록 구성하였다([표 1]).

Q방법론은 개인 간의 차이(inter-individual differences)가 아니라 개인 내의 중요성의 차이(intra-individual difference in significance)를 다루는 것이므로 P샘플의 수에 아무런 제한을 받지 않는다.[25] 또한 Q연구의 목적은 표본의 특성으로부터 모집단의 특성을 추론하는 것이 아니기 때문에 P표본의 선정도 확률적 표집방법을 따르지 않는다. 따라서 이 연구에서는 위에서 제시한 기준에 의거하여 성별, 연령, 직업 등 인구학적 특성을 적절히 고려하는 R방법과 달리, 본 연구와 관련하여 사전 공지를 통해 조사작업에 동의를 구한 P표본(대학생)들을 중심으로 최종 16명의 전공대학생들(광고홍보학과)을 P샘플로 선정하였으며, 대학 강의실에서 조사되었다.

[그림 1] 각 진술문의 긍정 및 부정의견 점수 분포방식

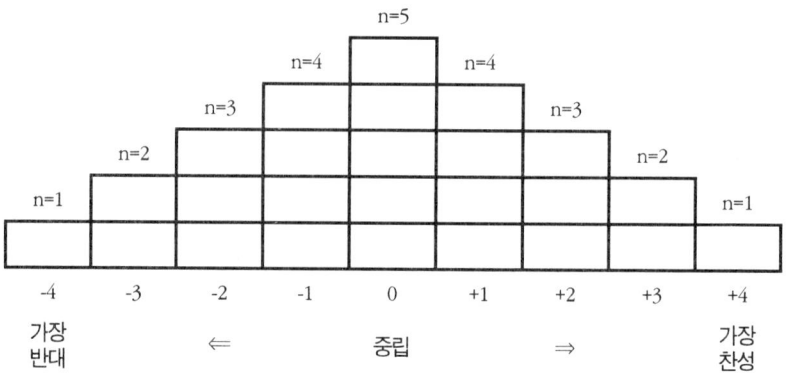

이러한 Q분류작업은 개인이 복잡한 주제나 이슈 또는 상황에 관한 자신의 마음의 태도를 스스로 모형화하는 것으로서 각 응답자는 진술문을 읽은 후, 그것들을 일정한 분포 속에 강제적으로 분류하였다.

---

25) 김홍규(1990). 『Q방법론의 이해와 적용』. 서강대 언론문화연구소. p.45.

[표 1] 분포별 점수 및 진술문 수

분포	-4	-3	-2	-1	0	1	2	3	4
점수	1	2	3	4	5	6	7	8	9
진술문 수	1	2	3	4	5	4	3	2	1

[그림 1]에서 보듯이, 이 연구에서의 Q분류의 절차는 Q표본으로 선정된 각각의 진술문이 적힌 카드를 응답자가 읽은 후 긍정(+), 중립(0), 부정(-)으로 크게 3개의 그룹으로 분류한 다음 긍정 진술문 중에서 가장 긍정하는 것을 차례로 골라서 바깥에서부터(+4) 안쪽으로 분류를 진행하여 중립부분에서 정리하였다. 마찬가지의 방법으로 부정 진술문들을 분류하고, 이때 양 끝에 놓여진 1개의 진술문에 대해서는 각각의 코멘트(심층인터뷰)를 받아 두도록 한다. 이것은 Q-factor 해석에 유용한 정보를 제공해 주기 때문이다.

이어서 P표본에 대한 조사가 완료된 후 수집된 자료를 점수화하기 위하여 Q표본 분포도에서 가장 부정적인 경우 (-4)를 1점으로 시작하여 2점(-3), 3점(-2), 4점(-1), 5점(0), 6점(+1), 7점(+2), 8점(+3), 그리고 가장 긍정적인 경우 9점(+4)을 부여하여 점수화 하도록 한다([표 1]). 이 부여된 점수를 진술문 번호순으로 코딩하고, 이러한 자료를 PC용 QUANL 프로그램으로 처리하여 그 결과를 얻는다.

[표 2] Q진술문의 유형별 표준점수

Q진술문(Q-Statements)	유형별 표준점수		
	I (N=5)	II (N=6)	III (N=5)
1. 정치인에 대한 여론조사는 심리적 거부감이 없다.	1.4	-0.5	0.1
2. 정치인에 대한 여론조사는 지역별로 이루어져야한다.	1.4	-1.4	-0.4
3. 정치인에 대한 여론조사는 저렴한 전화로 수행되어야 한다.	-0.4	1.0	-1.7
4. 정치인에 대한 여론조사는 조사원이 동반되어 직접 설명되어야 의미있다.	0.4	-1.8	1.0

5. 정치인에 대한 여론조사는 응답률이 저조하기 때문에 믿을 수 없다.	-0.6	1.1	-0.7
6. 정치인에 대한 여론조사는 통계학적으로 객관적이지 못하다.	-0.0	-0.1	0.1
7. 정치인에 대한 여론조사는 유사기관들 간의 협조체제가 필요하다.	-0.1	1.5	1.4
8. 정치인에 대한 여론조사는 보다 발전적인 조사를 위한 데이터 체제가 요구된다.	0.1	0.4	0.5
9. 정치인에 대한 여론조사는 국내 정치풍토에 적합한 조사방법으로 행해져야 한다.	-1.6	-1.0	-0.8
10. 정치인에 대한 여론조사는 전문적인 조사원 양성이 시급하다.	1.1	0.5	-0.1
11. 정치인에 대한 여론조사는 성숙한 국민의 인식이 동반되어야 한다.	0.7	1.2	1.7
12. 정치인에 대한 여론조사는 정확성을 담보할 수 있는 법규가 제정되어야 한다.	-0.6	1.3	-0.7
13. 정치인에 대한 여론조사는 조작의 가능성이 높다.	-0.7	0.7	-0.3
14. 정치인에 대한 여론조사는 질문의 의도에 따라 다양한 결과를 초래할 수 있다.	-1.4	-0.8	-1.4
15. 정치인에 대한 여론조사는 이미지를 중심으로 이루어져야 한다.	-1.8	-1.7	-1.4
16. 정치인에 대한 여론조사는 정책적 사안과 연관되어야 한다.	-1.6	-1.6	-0.7
17. 정치인에 대한 여론조사는 인물소개가 주가 되어야 한다.	0.2	0.2	0.0
18. 정치인에 대한 여론조사는 조사문항의 객관성이 확보되어야 한다.	-0.1	-0.3	1.4
19. 정치인에 대한 여론조사는 충분한 조사기간을 확보해야 한다.	-1.0	-1.2	-1.7
20. 정치인에 대한 여론조사는 사회문화적 요인을 고려해야 한다.	0.5	0.1	1.6
21. 정치인에 대한 여론조사는 언론보도의 공정성과 밀접해야 한다.	1.5	0.5	-0.2
22. 정치인에 대한 여론조사는 응답자의 심리적 상태와는 무관하다.	0.1	0.9	0.2
23. 정치인에 대한 여론조사는 조사하는 시기가 중요하다.	-0.3	-0.5	0.0
24. 정치인에 대한 여론조사는 조사의뢰기관에 따라 결과가 달라진다.	1.3	0.9	0.6
25. 정치인에 대한 여론조사는 적절한 조사범위를 통해서 수행되어야 한다.	1.5	0.7	1.4

[표 3] 조사대상의 인구학적 특성 및 유형별 인자가중치

유형	ID	성별	연령	직업	인자가중치
TYPE I (N=5)	6	여	22	대학 3년	4.9426
	7	남	20	대학 1년	3.7250
	8	여	22	대학 3년	0.4495
	9	남	22	대학 2년	0.8488
	10	남	20	대학 1년	4.7428
TYPE II (N=6)	1	여	20	대학 1년	1.1012
	2	남	23	대학 2년	1.4136
	11	여	20	대학 1년	4.4975
	12	여	22	대학 3년	2.8140
	14	남	23	대학 2년	1.0235
	16	여	20	대학 1년	1.8664
TYPE III (N=5)	3	여	22	대학 3년	2.3603
	4	남	26	대학 3년	2.8952
	5	남	22	대학 3년	0.9209
	13	남	21	대학 2년	0.9420
	15	여	22	대학 3년	0.7645

[표 3]의 내용은 각 유형에 속한 사람들의 인구사회학적 특성과 인자가중치(factor weight)를 제시한 것이다. 각 유형 내에서 인자가중치(factor weight)가 높은 사람일수록 그가 속한 유형에 있어서 그 유형을 대표할 수 있는 전형적인 사람임을 나타내고 있다. 각 유형별로 살펴보면, 인자가중치가 높은 응답자는, 제1유형은 6번 여 22세 대학 3년(4.9426), 제2유형은 11번 여 20세 대학 1년(4.4975), 제3유형은 4번 남 26세 대학 3년(2.8952) 등으로 나타났다.

(4) 연구결과 및 논의

16명의 광고홍보학과 전공 대학생들을 대상으로 정치인 여론조사의 신뢰도에 관한 주관성 유형을 알아보기 위해서, Q요인분석(factor analysis)을 하였는데, 총 3개의 유형이 나타났다.

강제분류 방법을 활용하는 'QUANL 프로그램'을 통하여 실시해 본 결과, 전체변량의 약 69(0.6895)%를 설명하고 있으며, 논문의 분석과 결과가 30~70% 안에 속해 있다는 점에서 매우 유의미한 해석이 가능하다. 특히, 3개의 유형에는 각각 5명, 6명, 5명이 속하였는데, 여기서 인원수의 의미는 없다. 또한 인자가중치가 1.0 이상인 사람이 각각 3명, 6명, 2명이 속해 있는 것으로 보아 제2유형이 다른 유형에 비해 가장 높은 설명력을 지니고 있다는 것을 확인할 수 있다.

아래의 [표 4]에서 보듯이, 각 유형의 변량 크기를 나타내는 대표적 아이겐 값(eigen value)은 각각 7.2490, 2.3801, 1.4038 등으로 나타났다. 이 프로그램은 주인자분석(principal components factor matrix)을 행하고, 회전은 직각회전(varimax rotation)을 시행하였다.

[표 4] 대표적 유형별 아이겐 값(eigen value)과 변량의 백분율

	제1유형	제2유형	제3유형
아이겐 값	7.2490	2.3801	1.4038
전체변량 백분율	0.4531	0.1488	0.0877
누적 빈도	0.4531	0.6018	0.6895

[표 5] 전체 유형간의 상관관계

	제1유형	제2유형	제3유형
제1유형	1.000	-	-
제2유형	0.324	1.000	-
제3유형	0.580	0.332	1.000

위 [표 5]은 전체 유형간의 상관계수를 나타내 주는데, 이는 각 유형간의 관계정도를 보여주는 것으로, 제1유형과 제3유형간의 상관계수는 0.580로서 가장 높았고(긍정적 관계), 그 밖의 제1유형과 제2유형간의 상관계수는 0.324, 제2유형과 제3유형 간의 상관계수는 0.332등이었다. 이로써 위 표에서 보듯

이, 3개의 유형들 간의 관계는 상당히 긍정적으로 독립적이라고 할 수 있다.

가. 각 유형별 분석

이상의 각 유형별 특성들을 분석하면 다음과 같다.[26] 이 유형별 특성 논의에서는 각 3개의 유형별로 분석하며, 해당 진술문별 ±1.00 이상의 표준점수를 보인 진술문들을 중심으로 각 유형의 네이밍과 그 의미를 제시하고자 한다. 여기에서의 각 유형별 네이밍 작업은 각 해당 유형에 제시된 진술문들의 내용과 긍정/부정 및 표준점수 정도를 종합하여 연구팀의 브레인스토밍(Brainstorming) 작업으로 이루어진다.

가) 제1유형(N=5) : 조사범위 및 공정성 유형(Investigation limit & Fairness Type)

[표 6] 제1유형에서 표준점수 ±1.00 이상을 보인 진술문

	Q 진 술 문	표준점수
긍정	25. 정치인에 대한 여론조사는 적절한 조사범위를 통해서 수행되어야 한다.	1.53
	21. 정치인에 대한 여론조사는 언론보도의 공정성과 밀접해야 한다.	1.52
	1. 정치인에 대한 여론조사는 심리적 거부감이 없다.	1.40
	2. 정치인에 대한 여론조사는 지역별로 이루어져야 한다.	1.40
	24. 정치인에 대한 여론조사는 조사의뢰기관에 따라 결과가 달라진다.	1.29
	10. 정치인에 대한 여론조사는 전문적인 조사원 양성이 시급하다.	1.05
부정	14. 정치인에 대한 여론조사는 질문의 의도에 따라 다양한 결과를 초래할 수 있다.	-1.44
	16. 정치인에 대한 여론조사는 정책적 사안과 연관되어야 한다.	-1.55
	9. 정치인에 대한 여론조사는 국내 정치풍토에 적합한 조사방법으로 행해져야 한다.	-1.63
	15. 정치인에 대한 여론조사는 이미지를 중심으로 이루어져야 한다.	-1.76

---

26) 각 유형별 논의에서는 각 유형에서 ±1.00 이상의 표준점수를 보인 진술문들을 긍정과 부정으로 분류하여 〈표〉로 제시하고, 이 내용에서 높은 표준점수(±)들을 중심으로 해당유형의 네이밍(naming)이 작성된다. 표준점수가 높은 진술문은 해당유형에 가장 적합하게 이해하고, 가장 낮은 부정 부분의 진술문은 '반대'로 해석함으로써 해당유형을 이해한다.

위의 [표 6]을 보면, 제1유형에 속한 5명은 위 [표 3]에서 분석된 바와 같이 인자가중치가 1을 넘은 응답자의 수가 3명으로, 25번[정치인에 대한 여론조사는 적절한 조사범위를 통해서 수행되어야 한다(Z-score=1.53).] Q진술문에 가장 긍정적 일치를 보이고 있고, 15번[정치인에 대한 여론조사는 이미지를 중심으로 이루어져야 한다(Z-score=-1.76)] Q진술문에 가장 부정적 일치를 보였다. 제1유형에서, '정치인에 대한 여론조사'는 조사범위의 적절성과 언론보도의 공정성에 유의해야 하는 것에 의견의 일치를 보였다.

나) 제2유형(N=6) : 협조체제 및 법규정비 유형
(Cooperation-system & Laws- regulations Services Type)

〈표 7〉을 보면, 제2유형에 속한 6명은 위 [표 3]에서 분석된 바와 같이 인자가중치가 1을 넘은 응답자의 수가 6명으로, 7번[정치인에 대한 여론조사는 유사기관들 간의 협조체제가 필요하다(Z-score=1.48)] Q진술문에 가장 긍정적 일치를 보이고 있고, 4번[정치인에 대한 여론조사는 조사원이 동반되어 직접 설명되어야 의 있다(Z-score=-1.76)] Q진술문에 가장 부정적 일치를 보였다. 두 번째 유형에서, '정치인에 대한 여론조사'는 유관기관들과의 협조와 정확성을 확보할 수 있는 법규의 제정에 의견의 일치를 보였다.

[표 7] 제2유형에서 표준점수 ±1.00 이상을 보인 진술문

	Q 진 술 문	표준점수
긍정	7. 정치인에 대한 여론조사는 유사기관들 간의 협조체제가 필요하다.	1.48
	12. 정치인에 대한 여론조사는 정확성을 담보할 수 있는 법규가 제정되어야 한다.	1.28
	11. 정치인에 대한 여론조사는 성숙한 국민의 인식이 동반되어야 한다.	1.18
	5. 정치인에 대한 여론조사는 응답률이 저조하기 때문에 믿을 수 없다.	1.13
부정	19. 정치인에 대한 여론조사는 충분한 조사기간을 확보해야 한다.	-1.18
	2. 정치인에 대한 여론조사는 지역별로 이루어져야한다.	-1.44
	16. 정치인에 대한 여론조사는 정책적 사안과 연관되어야 한다.	-1.63
	15. 정치인에 대한 여론조사는 이미지를 중심으로 이루어져야 한다.	-1.70
	4. 정치인에 대한 여론조사는 조사원이 동반되어 직접 설명되어야 의 있다.	-1.76

다) 제3유형(N=5) : 국민의식과 사회문화적 유형(National rite & Social-cultural Type)

[표 8] 제3유형에서 표준점수 ±1.00 이상을 보인 진술문

	Q 진 술 문	표준점수
긍정	11. 정치인에 대한 여론조사는 성숙한 국민의 인식이 동반되어야 한다.	1.68
	20. 정치인에 대한 여론조사는 사회문화적 요인을 고려해야 한다.	1.61
	25. 정치인에 대한 여론조사는 적절한 조사범위를 통해서 수행되어야 한다.	1.45
	18. 정치인에 대한 여론조사는 조사문항의 객관성이 확보되어야 한다.	1.37
	7. 정치인에 대한 여론조사는 유사기관들 간의 협조체제가 필요하다.	1.36
	4. 정치인에 대한 여론조사는 조사원이 동반되어 직접 설명되어야 의미있다.	1.00
부정	15. 정치인에 대한 여론조사는 이미지를 중심으로 이루어져야 한다.	-1.38
	14. 정치인에 대한 여론조사는 질문의 의도에 따라 다양한 결과를 초래할 수 있다.	-1.39
	3. 정치인에 대한 여론조사는 저렴한 전화로 수행되어야 한다.	-1.71
	19. 정치인에 대한 여론조사는 충분한 조사기간을 확보해야 한다.	-1.72

〈표 8〉을 보면, 제3유형에 속한 5명은 위 [표 3]에서 분석된 바와 같이 인자가중치가 1을 넘은 응답자의 수가 2명으로, 11번[정치인에 대한 여론조사는 성숙한 국민의 인식이 동반되어야 한다(Z-score=1.68).] Q진술문에 가장 긍정적 일치를 보이고 있고, 19번[정치인에 대한 여론조사는 충분한 조사기간을 확보해야 한다(Z-score=-1.72)] Q진술문에 가장 부정적 일치를 보였다. 이 유형에서, '정치인에 대한 여론조사'는 성숙한 국민의식이 동반되어야 하며, 사회문화적 요소들을 고려하는데 응답자들이 의견의 일치를 보였다.

나. 일치하는 항목별 분석

[표 9] 일치하는 항목과 평균 표준점수(Consensus Items And Average Z-Scores)

Item Description	Average Z-Score
25. 정치인에 대한 여론조사는 적절한 조사범위를 통해서 수행되어야한다.	1.23
11. 정치인에 대한 여론조사는 성숙한 국민의 인식이 동반되어야 한다.	1.18
24. 정치인에 대한 여론조사는 조사의뢰기관에 따라 결과가 달라진다.	0.94
22. 정치인에 대한 여론조사는 응답자의 심리적 상태와는 무관하다.	0.39
8. 정치인에 대한 여론조사는 보다 발전적인 조사를 위한 데이터 체제가 요구된다.	0.34
17. 정치인에 대한 여론조사는 인물소개가 주가 되어야 한다.	0.14
6. 정치인에 대한 여론조사는 통계학적으로 객관적이지 못하다.	-0.00
23. 정치인에 대한 여론조사는 조사하는 시기가 중요하다.	-0.26
9. 정치인에 대한 여론조사는 국내 정치풍토에 적합한 조사방법으로 행해져야 한다.	-1.14
14. 정치인에 대한 여론조사는 질문의 의도에 따라 다양한 결과를 초래할 수 있다.	-1.2
16. 정치인에 대한 여론조사는 정책적 사안과 연관되어야 한다.	-1.28
19. 정치인에 대한 여론조사는 충분한 조사기간을 확보해야 한다.	-1.29
15. 정치인에 대한 여론조사는 이미지를 중심으로 이루어져야 한다.	-1.61

(* CRITERION = ±1.000)

이 연구에서 도출된 3개의 유형[제1유형(N=5), 제2유형(N=6), 제3유형(N=5)]이 비슷하게 동의한 Q진술문은 총13개 항목으로 긍정적 항목 6개, 부정적 항목 7개 등으로 나타났다. 특히, 위 [표 9]에서 보는 바와 같이, 전체적으로 피응답자들은 25번(긍정적 일치)과 15번(부정적 일치)의 진술문에 대체적으로 의견 동의를 하고 있음을 확인할 수 있다.

(5) 결론 및 논의

본 연구에서는 정치인 여론조사의 신뢰도 인식에 관한 주관적 성향을 살펴보기 위해서 Q방법론을 이용하였다. 이 논문에서 제기한 연구문제는 크게 두 가지였다. 즉, 연구문제 1: 광고홍보전공 대학생들의 정치인 여론조사의 신뢰도 인식에 관한 주관성은 어떻게 유형화되는가? 연구문제 2: 정치인 여론조사의 신뢰도 인식에 관한 유형별 동질적 특성과 그 함의는 무엇인가? 하는 점이 그것이다.

이러한 연구문제에 기초하여 유형분석을 한 결과 총 3가지의 유형{제1유형[(N=5) : 조사범위 및 공정성(Investigation limit & Fairness Type)], 제2유형[(N=6) : 협조체제 및 법규정비], 제3유형[(N=5) : 국민의식과 사회문화적 요인]}이 도출되었다. 구체적으로 살펴보면, 우선 앞의 결과에서 보듯이, 각 유형마다 독특한 특징이 있는 것으로 분석되었다. 이와 같은 세 가지 유형별 결과를 분석한 결과, 대부분의 응답자(대학생)들에게 정치인 여론조사의 신뢰도 인식에 관한 내용은 생소한 개념은 아니었으나, 개별적으로 좋은 미디어학습이면서 광고지식을 쌓는다는 점, 교육과 예방 차원에서 의미있는 의견 유형 결과를 보여주었다. 따라서 정치인 여론조사의 신뢰도 인식이 대학생들에게 미치는 영향은 좀 더 차별적이고, 이미지 인식을 중점을 두는 것도 중요하지만, 무엇보다도 새로운 시대에 걸맞은 타깃형 인지교육으로 다가서야 되는 점에 의미를 두어야 할 것이다.

얼마 전까지 우리나라 정치인들은 "여론에 따르면 …", "여론은 나를 지지하고 있다" 등의 근거도 없이 매우 모호한 여론이라는 말을 사용하여 자신의 입장을 정당화시키곤 하였다. 그런데 최근 들어 정치인들은 여론이라는 말 대신에 좀 더 객관적인 여론이라는 인상을 주는 여론조사라는 말을 더 즐겨 사용하고 있는데, 특히 각종 선거 입후보자들의 줄마의 변은 모두 한결같이 "여론조사 결과 나의 당선이 거의 확실하다"고 주장하고 있다. 흔히, '민심은 천심'이라는 말이 있듯이 분명 여론을 중시하는 민주주의 국가에서 정치인의 여론조사는 평범한 공중들에게 자신의 의견을 개진할 수 있는 기회를 제공해주는 것임에는 틀림없다. 또한 힘없는 국민의 개인적 의견을 여론의 형태로 발전시켜 국민들에게 정치적 힘을 부여해 주고 있다. 이처럼, 정치인의 여론조사가 민주주의 발전에 긍정적인 기여를 k고 있지만 유감스럽게도 여론조사는 악용되고 오용될 수 있는 위험에 항시 노출되어 있다. 이러한 점에서 본 연구의 시작은 향후 정치인의 여론조사에 관한 좀 더 발전적인 연구와 실행을 제시하는데 의미를 두었다.

특히, 이 연구는 정치인 여론조사의 신뢰도 인식에 관한 다양한 연구참여자의 참여경험을 연구해 나가기 위한 사전 단계로서 보다 심층적이고 특수한 연구를 위한 기초자료를 제시하는 데 의의가 있다. 향후 후속연구에서는 보다 세밀한 Q방법론의 질문항목과 분석방법을 개발하여 응답자들의 다각화와 객관화 분석을 점진적으로 시도하고자 한다. 이 연구에서 행한 지역 광고홍보학 전공대학생들의 인식은 후속 연구를 위한 토대로서 활용하고자 한다.

19세기 후반 미국을 중심으로 발달되었던 선거 관련 여론조사는 언론 및 의사표현의 자유가 전제될 때 신뢰할 말한 결과를 얻어낼 수 있기 때문에 민주주의의 발달과 그 궤적을 같이 한다고 할 수 있다. 민주주의 국가에서 정치는 국민의 의사에 민감하게 반응한다. 따라서 국민들의 의사, 즉 여론은 한나라의 정치와 정책을 이끌어가는 데 꼭 필요한 지침이 되고 있다. 우리나라에서 여론조사가 활발히 이루어지기 시작한 시점은 얼마 되지 않았다. 우리나라의 여론조사 수준은 괄목할 만한 성장을 하였다. 특히 선거에서 지지율에 대한 예측은 상당한 수준에 이르고 있는 것이 사실이다. 여론조사가 선거, 특히 대통령선거를 정확히 예측하게 되자 정치지도자들의 신뢰도가 높아졌으며, 한편 선거 캠페인 동안 유용한 정치정보를 제공함으로써 여론조사가 정치권에서 폭넓게 인정받게 되었다. 정밀보도의 한 유형인 선거철의 여론조사 결과 보도는 국민들에게 전반적인 추이를 가늠하고 판단에 도움을 주는 중요한 잣대가 되었다. 이외에도 여론조사는 다양한 순기능을 수행하고 있다. 여론조사는 정치지도자들에게 보다 정확한 여론의 방향을 알려주고, 그러한 여론의 제공을 통하여 민주주의 과정을 촉진시켜

준다. 또한 국민들에게도 국가와 사회가 당면하고 있는 중요한 문제들에 대한 관심을 환기시켜 주며, 그러한 문제들의 해결에 필요한 올바른 결정을 내릴 수 있도록 국민들을 도와준다.

결론적으로, 지금까지 정치인 여론조사의 신뢰도 인식에 관한 연구들이 주로 사회적, 심리적 특성이나 라이프 스타일 유형화 등을 중심의 연구가 이루어져 왔고, 다각적인 문화 수용과 평가에 따른 타깃별 대중의 유형화 작업은 다양하게 연구되지 못했다는 점에서 앞으로 많은 개선책이 제시되어야 할 것이다. 이에 추후 발전된 연구방향은 다방면의 다양한 이용자들의 인식 특성과 행태를 연결하여 분석하는 것이 요청된다. 또한 선거 때마다 다양한 매체들로부터 쏟아져 나오는 여론조사는 이제 과거와 다른 정치 수요자들, 즉 국민들을 위한 좀 더 정확하고 올바른 신뢰할 수 있는 조사로 거듭나야 할 것이다.

♣ 생각해 봅시다

▶ 미래 정치인에 관한 여론조사의 방향을 이야기해봅시다.
▶ 정치인에 관한 외국의 신뢰성 있는 조사에 대해서 알아봅시다.

3) 국회의원의 정치이미지에 관한 유형화

(1) 개관

한국정치에서 국회의원의 이미지는 여러 총선의 결과에서 중요한 변수로 작용했다. 이는 선거의 판세를 좌우할 만큼 정치인이나 유권자에게 중요한 영향력을 끼치기 시작했다. 몇 년 전 지방선거에서 정치인 이미지의 파급력이 엄청난 속도로 확연하게 나타나 정치인과 유권자 사이에 '이미지 붐(boom)'을 일으켰고 한국정치에 가장 중요한 요소로써, 앞으로의 예측 불가능한 사회 환경변화 속에 중요한 영향력을 주는 변수로써 중요하다는 것이 증명된 바 있다.

특히, 디지털시대에 접어들면서, 국내에서의 어떤 특정의 정치인[27]이 유권자에게 자신의 이미지를 심어 주려면, 또는 자신에 대하여 좋은 이미지를 갖게 하려면, 그 정치인은 적극적인 활동과 접촉을 통하여 유권자들에게 좋은 정보나 자극을 제공하여야 한다. 이와 같은 정보나 자극은 다양하여야 하면서, 동시에 독특하거나 강한 것 일수록 좋다. 그러한 정보나 자극들은 유권자의 마음속에 자리하게 된다고 볼 수 있다. 또 그 정보나 자극의 양이 많아서 더 많은 요소들을 구성하게 된다.[28] 또한 보다 중요한 정보나 자극은 유권자들이 오래 기억하게 하고 또 강력하게 간직되도록 하여야 한다. 이것이 왜 활동이 적은 정치인이나 매체에 잘 노출되지 않은 정치인이 유권자에게 강한 이미지를 심어줄 수 없고, 쉽게 잊혀 지는가 하는 이유일 것이고, 동시에 정치인들이 매체에 매달리는 이유를 설명해준다.[29]

---

[27] 여기에서 '정치인'은 정치적인 모든 행위의 실체자라고 할 수 있다. 그러나 일반적으로 통치권력을 놓고 국가의 크고 작은 문제에 관하여 여, 야간의 입장 대립을 조율하며 궁극적으로 대중의 지지로써 통치권력을 획득하는 사람이다. : http://www.doosan.com/politic 참조

[28] 김영수(2000). "정치인 이미지에 관한 연구 : 정치인 이미지연구를 중심으로". 고려대학교 신문방송학과 대학원 박사논문. p.50.

이처럼 정치이미지라는 것은 유권자와 밀접한 관계를 지니며 시대와 환경에 따라 변화되어 왔으며, 이에 따라 정치인 이미지는 유권자의 주관적인 평가와 후보자 전하는 메시지에 근거한 유권자의 정치인에 대한 지각[30]으로 볼 수 있으며, 선거에 출마한 인물의 지도자로서의 역량, 자질, 신뢰성, 쟁점, 외모, 목소리, 인상에 관해 유권자가 머릿속에 갖는 상이라고 할 수 있겠다.[31]

이에 본 연구에서는 한 국가의 엘리트라고 하는 대학생들의 의견을 가늠하고 이를 유형화함으로써 그 의미를 탐색하고자 한다. 즉, 현재 대학생들은 과연 이와 같은 국회의원의 정치이미지에 대해서 갖고 있는 주관적 의견이 어떠한 지, 이들의 의견은 과연 정치, 경제, 사회, 문화적 이슈에 대한 다각적 논의 차원에서 어떠한 의견의 일치를 보이는 지에 대한 작업은 매우 중요한 연구방향이며, 향후 관련 연구의 발전을 위해서 의미있는 작업이라고 볼 수 있겠다.

이 논문에서는 이러한 국회의원의 정치이미지에 관하여 대학생들의 의견에 관한 주관성 유형을 구조화하고 유형별 특성을 파악, 기술하고 설명하는 데 좀 더 발견적이고 가설생성적인 Q방법론[32]을 활용하고자 한다. 즉, 대

---

29) 최미경(2003). "정치인의 이미지가 미디어상에 나타난 연구". 한성대학교 예술대학원 패션예술학과 분장예술학전공 석사논문. p.13.

30) Nimmo, D.(1974). "Image and voters' decision-making processes". *Advances in Consumer Research*. p.1.

31) Siegel, R. S.(1964). "Effect of partisanship on the perception of political candidates". *Public Opinion Quarterly*. p.28.

32) Q방법론이란 인간의 다양한 주관성을 탐구하는 가설발견의 논리를 갖는 이해의 방법론으로서 다양한 문화집단에서 어떤 현상에 대한 태도, 신념, 관습에 관한 자료를 수집, 분석하는데 독특한 가능성을 제공한다. 여기에서의 주관성은 신비로운 것도 로맨틱한 것도 아니며, 단순히 타인 혹은 자기 자신에게 이야기 할 수 있는 어떤 것이다. 또한 Q방법론은 어떤 주제나 문제점에 대한 다양한 의견들을 진술한 진술문을 이용한 심층적인 의견조사방법이다. 특히 이 방법론은 개인의 지각, 가치, 신념 및 태도 등은 모두 자기중심적이라는 전제하에, 이들을 서열화해서 측정 한다. ; 김흥규(1992). "주관성 연구를 위한 Q방법론의 이해". 『간호학 논문집』 6(1). pp.1~11.

학생들의 심리적 주관성을 유형화하는 것이다.

무엇보다도, 국회의원의 정치이미지에 관한 수용행태 유형에 대해서는 기존의 계량적 방법론(R방법론)으로 객관적 통계분석이 가능하겠으나, Q방법론[33]적 분석논문은 수용자, 즉 일반대중들의 자아구조(schema) 속에 있는 요인들까지 파악할 수 있다는 점에서 통찰력 있는 분석이 도출될 수 있다.

따라서 국회의원의 정치이미지에 관한 수용행태 유형에 대한 대학생들의 일상적인 이미지와 성향들을 토대로 한 이 논문에서는 이들의 주관적인 인식에 대한 유형화 작업을 시도하였다. 즉, 이 연구는 기존의 이론에서 연역적인 가설을 도출하는 종래의 연구방법과는 달리, 사람들이 일상적으로 갖게 되는 주관적 이미지에 의하여 새로운 가설을 발견(hypothesis abduction)하려는 목적을 가지고 있다.[34] 이 논문에서는 국회의원의 정치이미지에 관한 수용행태 유형의 특성과 이에 따른 함의를 알아보고, 이에 따른 함의를 제시하는데 그 목적이 있다.

(2) 이론 논의 및 선행연구 검토

최근까지 있었던 국내에서의 대선에서 두드러진 특징 중 하나는 특정의 이미지를 형성하여 유권자의 감성에 호소하는 이른바 '이미지 선거'가 효과를 거두었다는 사실이다.

이제 이러한 경향은 이른바 '정보 홍수'의 시대에 들어서면서, 각종 텍스트와 영상 정보들이 인터넷과 방송, 종이 매체로부터 쏟아져 나오면서 입력

; Simmon, S. J.(1989). "Health: A Concept Analysis". Int. J. Nurs. Study 26(2). pp.155~161. ; Stephenson, W.(1954). The Study of Behavior : Q-Technique and Its Methodology. Chicago, IL : University of Chicago Press. pp.14~27. ; Stephenson, W.(1968). "Consciousness Out-Subjectivity". In, The Psychological Record. p.18.

33) Q방법론(Q-Methodology)이 가지는 장점중의 하나는 탐사적 연구로서의 후속연구를 위한 길잡이 기능에 있다.

34) 선우동훈(1991). "Q방법론에 의한 소비자행동 연구". 『광고연구』 여름호(제11호). 한국방송광고공사. p.7.

되는 정보가 적정량을 넘어서게 되었고, 사람은 자신도 모르게 대개 더 이상 정보를 받아들이지 않게 되었다. 넘쳐나는 정보가 오히려 사람들의 판단 기준을 혼란스럽게 만들고 있는 것이다. 그 순간부터 정보보다 '이미지'가 더 중요해지며, '실제 내용'이 아닌, '느낌'으로 판단을 내리는 사람이 많아진다는 것이다. 정치도, 마케팅도 이미지가 중요해졌다. 2002년 대통령 선거와 2004년 국회의원 선거 모두 이런 이미지 정치 추세가 더욱 강해졌다. 대통령 후보나 국회의원 후보에 대한 정보가 인터넷이나 인쇄매체에 넘쳐났다. 그들의 생각, 비전, 지식, 열정은 있었지만 많은 사람들은 그런 구체적인 정보보다는 그의 '이미지'에 투표를 하는 것이다.

'이미지의 시대', 분명한 이 시대의 트렌드이다. 이 트렌드를 간과하는 정치인이 있다면, 그는 결코 성공할 수 없다. 하지만 우리가 살아가는 이미지의 시대가 너도 나도 저급한, 싸구려 이미지 조작 경쟁이나 벌이는, 그런 천박한 시대가 되어서는 안 된다. 충실한 내용을 갖춘 정치인이나 제품이 한걸음 더 나아가 유권자나 고객에게 감성적인 만족까지 주는 그런 세련된 시대가 되어야 할 것이다.

여기에서 이미지라는 개념은 1950년대부터 주로 심리학분야에서 연구된 용어이다. 영어에서 'image'란 원래 '모방하다'의 의미를 지닌 라틴어 'image', 'imagin'에서 유래된 것으로 '사람이나 사물의 형태를 재현한 것이나 모방한 것', '실제로 나타나지 않는 것에 관한 정신적 현상', '매스미디어를 통해 투영되는 사람, 기관, 국가 등에 관한 일반적인 개념화' 등의 여러 의미로 정의되고 있다.[35] 한마디로 이미지는 사람과 사물에 대한 합리적인 선택의 기준이라기보다는 사람과 사물과 같은 어떠한 대상에 대하여 느끼는 인상이라 할 수 있다.

또한 이미지는 개인이 특정한 대상에 대해 갖고 있는 믿음, 개념, 인상의

---

[35] 김기도 편(1987). 『정치커뮤니케이션의 실제 : 텔레비전과 이미지 그리고 선전』. 서울: 나남출판사.

총합을 의미하며,36) 실체화된 허구성을 의미하기도 한다. 일단 이미지가 형성되면 그것이 실체와 일치하는 것으로 인식한다. 보울딩(Boulding)은 이미지를 '내가 진실이라고 믿는 것, 즉 나의 주관적인 지식'으로 각각의 이미지는 사물에 대한 사람의 주관적인 이해로 구성되어 있다고 말하고 있다.37) 리프만(Lippmann)은 이미지를 '인간이 어떤 대상에 갖는 머릿속의 그림'이라고 했다. 부르스틴(Boorstin)은 이미지를 특정대상의 외적 형태에 대한 인위적인 모방이나 재현이라고 말하며 특정사건의 외적 형태에 대한 인위적인 모방이나 재현이라고 말하며 특정사건에 대해 참되고 진실된 면보다는 조작되고 단편적인 면만을 강조하는 허구적인 관념이라고 하였다.38)

이처럼 이미지라는 것은 어떠한 대상 혹은 상징에 대한 조작적이고 주관적인 결과물로서의 성격이 농후하다고 볼 수 있다.

현대 정치에서 이미지의 중요성은 더 이상 강조하지 않아도 될 만큼39) 그 영향력은 확대되고 있다. 정치인들은 이제 이미지를 중요한 정치적 자산으로 여기며 관리의 대상으로 삼고 있다.40) 또한 와텐버그(Wattenberg)는 대중매체 중심적인 정치가 도래하면서 미국의 전통적인 정당중심의 정치과정이 후보자의 개인 이미지 중심으로 바뀌었다고 지적하고 있다.41) 이에 따라 정치적 이미지는 유권자가 정치적 문제에 대해 가지는 인지적 재현42)이

---

36) 박병준(1990). 『정치마케팅: 선거운동 관리와 정치광고』. 서울: 나남출판사.
37) Boulding,K.(1956). *The images*. Ann Arbor: University of Michigan Press.
38) Boorstin, D. J.(1961). *The image*. New York: Athbaum.
39) 최영재(2005). "정치인의 비언어적 행위와 이미지 형성". 『한국방송학보』 19-2. 사단법인 한국방송학회. p.311.
40) 최영재(2006). "정치인의 이미지 관리". 『한국언론학보』 50-1. 사단법인 한국언론학회. p.379.
41) Wattenberg, M. P.(1992). *The Rise of Candidate Centered Politics : Presidential Elections of the 1980s*. Cambridge: Harvard Univ. Press. ; Wattenberg, M. P.(1994). *The Decline of American Political Parties, 1952~1992*. Cambridge: Harvard Univ. Press.

라고 볼 수 있다.

이에 따라 한국정치에서 정치인 이미지는 13대 대선에서 중요한 변수로 작용했고, 16대 대선에서 이회창, 노무현 후보를 중심으로 중요성이 부각되면서 선거의 판세를 좌우할 만큼 정치인이나 유권자에게 중요한 영향력을 끼치기 시작했다.[43] 그러나 이러한 현상을 구체적으로 설명할 수 있는 연구는 거의 없었으며 현실적으로 정치인 이미지에 대해서는 시대 유행의 흐름과 시시각각 변화하는 민심의 흐름에 반응하고 의지할 수밖에 없는 불안정한 상황일 뿐이다. 또한 정치인 이미지는 쉽게 조작할 수 있기 때문에 '옳고 그름'에 관한 규범적 논란의 대상이 되기도 한다.[44] 따라서 이러한 정치인의 이미지 변화는 유권자가 정치인에 대한 여러 가지 새로운 정보를 접함에 따라서 다르게 나타나는 현상으로 설명할 수 있다. 다시 말해서, 정치인의 이미지는 시대 흐름에 따라 변화하면서 유권자의 여러 속성에 영향을 미치고 이에 따라 정치인 이미지가 달라지는 상호작용 관계에 있음을 알 수 있다.[45]

정치인이라면, 우선 자신을 소중하게 손을 보고, 그리고 이미지 마케팅에 나서야할 것입니다. 유권자라면, 그들이 보여주는 이미지 뒤에 숨어있는 실력과 내용을 보고 판단하려 노력해야 할 것이다. 정치인의 '쇼맨십 이미지

---

42) Hacker, K. L.(1986). "Political image formulation in non-mediated communication". Ph. D. Dissertation, Department of Speech, Univ. of Oregon. ; 정성호(2006). "정치커뮤니케이션이 후보자 이미지 형성과 태도변화에 미치는 영향에 관한 연구". 〈커뮤니케이션학 연구〉 14-3. 사단법인 한국커뮤니케이션학회. p.68.

43) 정수연(2007). "매스미디어를 통한 정치인 이미지 형성 노력이 유권자에게 미치는 영향에 관한 연구". 호서대학교 벤처전문대학원 정보경영학과 정보경영전공 박사논문. p.11.

44) 최영재(2004). "정치인의 이미지 형성에 관한 실험 연구". 『언론과 사회』 12-4. 사단법인 한국언론학회.

45) Funk, C. L.(1999). "Bringing the Candidate into Models of Candidate Evaluation", *The Journal of Politics, 61(3).*

조작'에 속아 잘못된 선택을 하는 우를 범하지 않도록 눈을 크게 뜨고 있어야 한다.

정치인의 이미지란 억지로 허상을 만들면서 유권자를 속인다는 의미보다는 정치인 이미지의 장단점을 알고 그것을 수정하면서 유권자에게 호감도와 정서의 친밀감을 주는 것이다. 우리나라 정치인들도 마찬가지로 유권자에게 좋은 이미지를 주는 것이 투표율과 연결이 되기에 자신의 이미지를 차별화하여 향상시켜야 하는 것이 현실이다.[46]

결과적으로, 정치인의 좋은 이미지란 근본적으로 당선되고자 하는 정책을 잘 담당할 수 있는 능력과 자질이 있다는 것을 유권자들에게 확신시키는데서 나온다.[47] 또한 유권자들이 바라는 능력과 자질에 대한 욕구를 충족시키고 확산시키는데서 형성된다고 볼 수 있다.

지금까지 정치, 정치인에 관한 이미지와 관련된 국내외 논의를 살펴본 결과, 실제로 국회에서 입법을 책임지고 있는 '국회의원'에 관한 분석을 논한 연구들은 거의 없었던 것으로 파악되었다. 따라서 본 연구에서는 이러한 국회의원들에 대한 이미지 유형을 살펴보고, 이에 따른 대학생들의 의견분포와 이 부분이 의미하는 함의를 규명하는데 의미를 두고자 한다.

(3) 연구문제 및 연구설계

가. 연구문제

본 연구에서는 국회의원의 정치이미지에 대해서 대학생들이 지니고 있는 주관적 경향을 살펴보기 위해 Q방법론을 도입하여 살펴보았다.

앞서 제기한 내용과 선행연구에서 검토된 내용과 관련하여 이 논문에서

---

[46] 정치인이라면 정치적 여건에 따라, 또한 대중의 변화양상에 따라 계속적인 이미지 관리를 해야만 본인이 바라는 정치비전을 실현할 수 있다. 정치인의 이미지 개선은 선거에서 득표력을 높여줄 뿐만 아니라 정치활동의 기반인 평소 여론의 형성에도 도움이 된다. : 박양신(2008). 『정치인 이미지메이킹』. 도서출판 새빛. p.23.

[47] 김영수. 앞의 논문. p.53.

는 다음과 같은 연구문제를 선정하였다.

첫째, 국회의원의 정치이미지 수용 유형은 어떻게 분류되는가?

이 연구문제에서는 국회의원의 정치이미지에 관한 수용 유형들은 어떠한 유형으로 분류되고 있으며, 이러한 각 유형들은 과연 어떠한 특성들을 지니고 있으며, 이 특성들이 함유하는 의미들은 국회의원의 정치이미지와는 어떠한 연관성을 지니고 있는지를 알아보고자 한다.

둘째, 각 유형들 간의 동질적 특성과 이질적 특성은 무엇인가?

다음으로, 두 번째 연구문제에서는 위에서 살펴본 각 유형별 특성과 달리 모든 진술문들이 각 유형들 속에서 일치하는(동질적) 특성은 무엇으로 분류되고 있는지, 또한 각 유형들간 차별적(이질적) 특성은 무엇인지에 대해서 살펴봄으로써 각 유형별로 분석된 의미들간 어떠한 차이점과 유사점이 있는지 등에 대해서 살펴보고자 한다. 이를 통해 Q방법론의 특성인 소수의 응답자들이 생각하는 의향과 내면적인 주관적 이미지는 어떻게 보이고 있는지 알아보고자 한다.

위와 같은 연구 문제를 통해 이 연구는 대학생들을 중심으로 국회의원의 정치이미지에 관한 수용행태 특성을 찾고자 한다. 그리고 유형별 특성에 따라 어떠한 차이점이 있는지를 분석하여, 향후 국회의원의 정치이미지에 관한 대학생들의 인식 변화를 가늠하고자 한다.

앞에서 제기한 연구문제, 즉 국회의원의 정치이미지에 관한 수용행태 유형에 관한 연구는 Q방법론으로 훨씬 잘 연구되어질 수 있다고 생각한다. 이는 Q방법론이 행위자의 관점에서 출발하며 인간 개개인마다 다른 주관성 구조에 따른 서로 다른 유형에 대한 이해와 설명이 가능하기 때문이다. 연구자는 국회의원의 정치이미지가 대학생들에게 미치는 영향 유형에 관한 사항을 심도 있게 측정하기 위해서는 기존의 방법으로는 어느 정도 한계성이 있다고 생각하여, Q방법론적 접근을 시도하였다. 이를 위해 분석 작업은 진술문 형태의 카드를 분류하는 방법으로 행해졌다. 이 진술문 작성을 위하여 연구자는 본 논문과 관련된 국내문헌, 그리고 주변 사람들과의 인터뷰를 통하여 Q모집단(concourse)을 구성하고, 이를 통하여 진술문(Q-statement)을 작성한 후, P샘플을 선정, 분류작업(sorting) 과정을 거쳐 얻게 되는 Q-sort를 PC QUANL 프로그램을 이용, Q요인분석(Q-factor analysis)을 통해 분석하였다.

나. 연구설계

가) Q표본(Q-sample) 및 P표본(P-sample)

이 연구를 위한 Q표본은 국회의원의 정치이미지가 대학생들에게 미치는 영향 유형에 관한 가치체계로 구성된 진술문으로 구성되었다. 이 연구는 국회의원의 정치이미지에 대한 대학생들이 지니고 있는 전반적인 관념들과 느낌, 의견, 가치관 등을 종합적으로 얻기 위해 이 연구와 관련된 전문서적, 학술서적, 저널 등의 관련문헌 연구와 주변의 대학생들을 대상으로 심층 인터뷰를 통하여 55개의 Q-population(concourse)을 추출하였다. 이어 Q-population에 포함된 진술문 중 주제에 관한 대표성이 가장 크다고 여겨지는 진술문을 임의로 선택하는 방법을 사용하여, 최종적으로 29개의 진술문 표본을 선정하였다. 여기에서 선택된 29개의 진술문은 전체적으로 모든 의견들을 포괄하고, 긍정, 중립, 부정의 균형을 이룰 수 있도록 구성하였다([표 1]).

Q방법론은 개인 간의 차이(inter-individual differences)가 아니라 개인 내의 중요성의 차이(intra-individual difference in significance)를 다루는 것이므로 P샘플의 수에 아무런 제한을 받지 않는다.[48] 또한 Q연구의 목적은 표본의 특성으로부터 모집단의 특성을 추론하는 것이 아니기 때문에 P표본의 선정도 확률적 표집방법을 따르지 않는다. 따라서 이 연구에서는 위에서 제시한 기

---

48) 김홍규(1990). 『Q방법론의 이해와 적용』. 서강대학교 언론문화연구소. p.45.

준에 의거하여 15명을 P샘플로 선정하였다.

나) Q분류작업(Q-sorting) 및 자료의 처리

Q표본과 P표본의 선정이 끝나게 되면 P표본으로 선정된 각 응답자(Q-sorter)에게 일정한 방법으로 Q샘플을 분류시키는데 이를 Q분류작업(Q-sorting)이라 부른다. Q분류작업은 개인이 복잡한 주제나 이슈 또는 상황에 관한 자신의 마음의 태도를 스스로 모형화 하는 것으로서 각 응답자는 진술문을 읽은 후 그것들을 일정한 분포 속에 강제적으로 분류하게 된다.

이 연구에서의 Q분류의 절차는 Q표본으로 선정된 각각의 진술문이 적힌 카드를 응답자가 읽은 후 긍정(+), 중립(0), 부정(-)으로 크게 3개의 그룹으로 분류한 다음 긍정 진술문 중에서 가장 긍정하는 것을 차례로 골라서 바깥에서부터(+4) 안쪽으로 분류를 진행하여 중립부분에서 정리하도록 한다. 마찬가지의 방법으로 부정 진술문들을 분류하고, 이때 양끝에 놓여진 1개의 진술문에 대해서는 각각의 코멘트(심층인터뷰)를 받아 두었다. 이것은 Q-factor 해석에 유용한 정보를 제공해 주기 때문이다.

[그림 5] 각 진술문의 긍정 및 부정의견 점수 분포방식

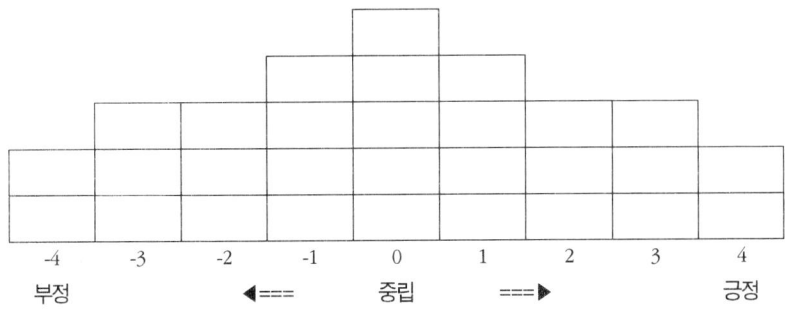

국회의원의 정치이미지가 대학생들에게 미치는 영향 유형을 분석하기 위해 P표본에 대한 조사가 완료된 후 수집된 자료를 점수화하기 위하여 Q표본 분포도에서 가장 부정적인 경우 (-4)를 1점으로 시작하여 2점(-3), 3점(-2),

4점(-1), 5점(0), 6점(+1), 7점(+2), 8점(+3) 그리고 가장 긍정적인 경우 9점(+4)을 부여하여 점수화 한다([그림 5]). 이 부여된 점수를 진술문 번호순으로 코딩하고, 이러한 자료를 PC용 QUANL 프로그램으로 처리하여 그 결과를 얻고자 한다.

[표 1] 분포별 점수 및 진술문 수

분포	-4	-3	-2	-1	0	1	2	3	4
점수	1	2	3	4	5	6	7	8	9
진술문 수	2	3	3	4	5	4	3	3	2

[표 2] 조사대상의 인구학적 특성 및 유형별 인자가중치

유형	ID	성별	연령	직업	인자가중치
I (N=9)	4	남	21	대학2년	0.8434
	6	남	24	대학3년	1.5818
	7	남	25	대학3년	1.6567
	8	남	23	대학2년	2.0946
	10	여	22	대학3년	0.7086
	11	여	20	대학1년	0.9290
	12	남	23	대학2년	1.0107
	14	여	23	대학4년	0.9925
	15	남	22	대학3년	0.5885
II (N=4)	1	남	24	대학2년	0.9951
	2	여	22	대학3년	1.6429
	3	남	24	대학3년	0.6703
	5	여	21	대학2년	2.3272
III (N=2)	9	여	20	대학1년	1.2331
	13	남	25	대학3년	0.7117

[표 3] Q진술문의 유형별 표준점수

Q진술문(Q-Statements)	유형별 표준점수		
	I (N=9)	II(N=4)	III(N=2)
1. 원래 국회의원들을 싫어한다.	-1.0	-1.8	-0.2
2. 한국의 국회의원 이미지가 개선된다는 것은 불가능하다.	-0.7	-0.8	0.1
3. 국회의원이 국민의견을 귀담아 듣는 것은 당연하다.	0.5	1.1	1.3
4. 국회의사당에서 싸우는 모습은 국가적으로 도움이 된다.	-0.8	-1.8	-1.2
5. 국회의원이라는 정치인을 선호하는 사람들은 지식인들이다.	-0.7	-0.2	1.1
6. 한국의 국회의원을 위한 후원제도들은 정치적으로 문제의 소지가 많다.	0.2	-0.8	1.3
7. 최근 국회의원들의 정치적 행태에 대해서 냉소적이다.	1.2	-0.8	1.2
8. 국회의원이든 누구든 정치에는 관심이 없다.	1.2	1.3	-0.5
9. 한국 국회의원의 정치적 이미지는 매우 부정적이다.	-0.4	-1.3	0.4
10. 이제 국회의원의 정치적 역할은 어느 정도 인정해야 한다.	-2.0	0.2	-0.1
11. 야당 국회의원이 벌이는 정치행위는 여당 정치인에 비해 좀 더 친근하게 다가온다.	1.1	1.1	0.0
12. 능력있는 국회의원이 추진하는 정책에는 관심이 간다.	1.1	0.9	-1.3
13. 거드름피우는 국회의원 모습을 보면 신뢰가 간다.	-1.5	-1.1	-0.4
14. 책임있는 국회의원 이미지는 지역경제에 보탬이 된다.	0.1	-0.9	-1.9
15. 가끔 국회의원들의 정치적 의견은 이해하기 어렵다.	0.9	-0.5	0.1
16. 미디어에 등장하는 국회의원들에게 믿음이 간다.	-0.8	0.4	-1.7
17. 선거 때가 되면 항상 등장하는 국회의원 유세가 싫다.	-0.3	-0.0	1.2
18. 나이가 많을수록 국회의원에 대한 인상이 좋은 것 같다.	-0.4	1.2	1.4
19. 국회의원의 정치이미지에 관한 학문적 가치는 높다.	-0.5	1.0	-0.4
20. 과거에 비해 국회의원의 이미지는 더 좋아지고 있다.	0.5	0.8	-0.4
21. 국회의원의 이미지 관련 신문기사는 긍정적 시각이 많다.	0.5	0.1	-0.4
22. 디지털시대의 현대인은 국회의원을 무시해야 한다.	0.7	-0.9	-0.6
23. 정치를 싫어하기 때문에 TV에 보이는 국회의원의 모습은 좋아 보이지 않는다.	-1.2	-1.0	-0.2
24. 국회의원은 주로 교육수준이 높은 사람들이 선호한다.	-1.8	-1.1	-1.8
25. 한국 국회의원의 정치문화수준은 낮다.	1.1	1.2	-0.5
26. 국회의원에 대한 올바른 이해작업이 요구된다.	1.3	1.2	0.2
27. 국회의원의 정치이미지 선호는 지역에 따라 다르다.	1.1	1.4	1.5
28. 디지털 시대에 적합한 국회의원들의 이미지메이킹이 필요하다.	1.6	-0.2	-0.1
29. 국회의원의 이미지 개선은 민주적 발전을 위해서 필요하다.	0.5	1.0	1.7

(4) 연구결과 및 분석

국회의원의 정치이미지에 관한 주관성 유형을 살펴보기 위해서, Q요인분석을 한 결과 총 3개의 유형이 나타났다.

QUANL 프로그램을 통하여 총 15명을 대상으로 조사된 결과, 전체변량의 약 54(0.5362)%를 설명하고 있는 3개의 유형에는 각각 9명, 4명, 2명이 속하였는데, 앞에서 논의하였듯이 여기서 인원수의 의미는 없다. 또한 인자 가중치가 1.0 이상인 사람이 각각 4명, 2명, 1명이 속해 있어 제1유형이 가장 큰 인자임을 알 수 있다. 또한 [표 4]에서 보듯이, 각 유형의 변량 크기를 나타내는 대표적 아이겐 값(eigen value)은 각각 5.5423, 1.4791, 1.0214 등으로 나타났다.

[표 4] 아이겐 값(eigen value)과 변량의 백분율

아이겐 값	6.7375	2.1011	1.3074
전체변량 백분율	0.3695	0.0986	0.0681
누적 빈도	0.3695	0.4681	0.5362

[표 5] 유형간의 상관관계

	제1유형	제2유형	제3유형
제1유형	1.000	-	-
제2유형	0.029	1.000	-
제3유형	0.549	0.165	1.000

[표 5]는 각 유형간의 상관계수를 나타내 주는데, 이는 각 유형간의 유사성 정도를 보여주는 것으로 제1유형과 제2유형간의 상관계수는 0.535, 그 밖의 제1유형과 제3유형은 0.245, 제2유형과 제3유형은 0.261 등의 상관관

계를 보이고 있다.

[표 2]는 각 유형에 속한 사람들의 인구사회학적 특성과 인자가중치(factor weight)를 제시한 것이다. 각각의 유형 내에서 인자가중치(factor weight)가 높은 사람일수록 그가 속한 유형에 있어서 그 유형을 대표할 수 있는 전형적인 사례임을 나타낸다고 볼 수 있다.

위 내용을 각 유형별로 분석된 내용을 보면 다음과 같다.

가. 제1유형(N=9): 비판적 인식형(Critical Recognition Type)

[표 6] 제1유형에서 표준점수 ±1.00 이상을 보인 진술문

	Q 진 술 문	표준점수
긍정	28. 디지털 시대에 적합한 국회의원들의 이미지메이킹이 필요하다.	1.63
	26. 국회의원에 대한 올바른 이해작업이 요구된다.	1.26
	7. 최근 국회의원들의 정치적 행태에 대해서 냉소적이다.	1.18
	8. 국회의원이든 누구든 정치에는 관심이 없다.	1.18
	25. 한국 국회의원의 정치문화수준은 낮다.	1.10
	27. 국회의원의 정치이미지 선호는 지역에 따라 다르다.	1.08
	11. 야당 국회의원이 벌이는 정치행위는 여당 정치인에 비해 좀 더 친근하게 다가온다.	1.06
	12. 능력있는 국회의원이 추진하는 정책에는 관심이 간다.	1.06
부정	23. 정치를 싫어하기 때문에 TV에 보이는 국회의원의 모습은 좋아 보이지 않는다.	-1.21
	13. 거드름피우는 국회의원 모습을 보면 신뢰가 간다.	-1.55
	24. 국회의원은 주로 교육수준이 높은 사람들이 선호한다.	-1.75
	10. 이제 국회의원의 정치적 역할은 어느 정도 인정해야 한다.	-1.97

[표 6]에서 보듯이, 제1유형은 국회의원 정치이미지에 대한 이미지메이킹의 필요성을 지적하며(28번, 1.63), 국회의원에 대한 올바른 인식과 이해를 강조하는(1.26) "비판적 인식형"이라고 볼 수 있다. 또한 이 유형에서는 국회의원의 정치적 역할에 대해서 무척 부정적이며(10번, -1.97), 국회의원은 낮은 교육수준의 사람들이 좋아하며(24번, -1.75), 태만한 국회의원에 대해서 신뢰를 보내지 않으려는(13번, -1.55) 것으로, 무척 비판적으로 인지하려는 경향이 강한 것으로 분석되었다. 특히, 긍정적 성향 진술문에서는 '28번 문항'이,

부정적 성향 진술문에서는 '10번 문항'이 가장 이 유형에 근접한 특성을 보였다. 구체적으로 살펴보면, 표준점수 ±1.00이상을 보인 긍정적 진술문들은 "28. 디지털 시대에 적합한 국회의원들의 이미지메이킹이 필요하다(1.63). 26. 국회의원에 대한 올바른 이해작업이 요구된다(1.26). 7. 최근 국회의원들의 정치적 행태에 대해서 냉소적이다(1.18). 8. 국회의원이든 누구든 정치에는 관심이 없다(1.18). 25. 한국 국회의원의 정치문화수준은 낮다(1.10). 27. 국회의원의 정치이미지 선호는 지역에 따라 다르다(1.08). 11. 야당 국회의원이 벌이는 정치행위는 여당 정치인에 비해 좀 더 친근하게 다가온다(1.06). 12. 능력있는 국회의원이 추진하는 정책에는 관심이 간다(1.06)." 등이었고, 부정적 진술물들은 "23. 정치를 싫어하기 때문에 TV에 보이는 국회의원의 모습은 좋아 보이지 않는다(-1.21). 13. 거드름피우는 국회의원 모습을 보면 신뢰가 간다(-1.55). 24. 국회의원은 주로 교육수준이 높은 사람들이 선호한다(-1.75). 10. 이제 국회의원의 정치적 역할은 어느 정도 인정해야 한다(-1.97)." 등으로 분석되었다.

나. 제2유형(N=4): 다각적 선호형(Diversified Preference Type)

[표 7] 제2유형에서 표준점수 ±1.00 이상을 보인 진술문

	Q 진 술 문	표준점수
긍정	27. 국회의원의 정치이미지 선호는 지역에 따라 다르다.	1.41
	8. 국회의원이든 누구든 정치에는 관심이 없다.	1.31
	18. 나이가 많을수록 국회의원에 대한 인상이 좋은 것 같다.	1.24
	25. 한국 국회의원의 정치문화수준은 낮다.	1.24
	26. 국회의원에 대한 올바른 이해작업이 요구된다.	1.21
	11. 야당 국회의원이 벌이는 정치행위는 여당 정치인에 비해 좀 더 친근하게 다가온다.	1.09
	3. 국회의원이 국민의견을 귀담아 듣는 것은 당연하다.	1.05
부정	13. 거드름피우는 국회의원 모습을 보면 신뢰가 간다.	-1.05
	24. 국회의원은 주로 교육수준이 높은 사람들이 선호한다.	-1.05
	9. 한국 국회의원의 정치적 이미지는 매우 부정적이다.	-1.34
	1. 원래 국회의원들을 싫어한다.	-1.75
	4. 국회의사당에서 싸우는 모습은 국가적으로 도움이 된다.	-1.78

[표 7]에서 보면, 제2유형에서는 국회의원의 정치인이미지에 관한 다각적이고 다양한 측면에서의 철저한 요소가 필요하다는 "다각적 선호형"이라 있다. 특히, 긍정적 성향 진술문에서는 '27번 문항'이, 부정적 성향 진술문에서는 '4번 문항'이 가장 이 유형에 근접한 특성을 보였다. 구체적으로 살펴보면, 표준점수 ±1.00이상을 보인 긍정적 진술문들은 "27. 국회의원의 정치이미지 선호는 지역에 따라 다르다(1.41). 8. 국회의원이든 누구든 정치에는 관심이 없다(1.31). 18. 나이가 많을수록 국회의원에 대한 인상이 좋은 것 같다(1.24). 25. 한국 국회의원의 정치문화수준은 낮다(1.24). 26. 국회의원에 대한 올바른 이해작업이 요구된다(1.21). 11. 야당 국회의원이 벌이는 정치행위는 여당 정치인에 비해 좀 더 친근하게 다가온다(1.09). 3. 국회의원이 국민의견을 귀담아 듣는 것은 당연하다(1.05)." 등이었고, 부정적 진술문들은 "13. 거드름피우는 국회의원 모습을 보면 신뢰가 간다(-1.05). 24. 국회의원은 주로 교육수준이 높은 사람들이 선호한다(-1.05). 9. 한국 국회의원의 정치적 이미지는 매우 부정적이다(-1.34). 1. 원래 국회의원들을 싫어한다(-1.75). 4. 국회의사당에서 싸우는 모습은 국가적으로 도움이 된다(-1.78)." 등으로 분석되었다.

다. 제3유형(N=2): 이미지 평가형(Image Evaluation Type)

[표 8]에서 보듯이, 제3유형에서는 국회의원의 정치이미지에 대해서 긍정적으로 바라보기 보나는 어떤 때는 선별적으로, 어떤 때는 선별적으로 바라보려는 응답자들의 시각을 확인할 수 있는 유형이라고 보여지는 "이미지 평가형"이라고 할 수 있다. 즉, 긍정적 성향 진술문에서는 '29번 문항'이, 부정적 성향 진술문에서는 '14번 문항'이 가장 이 유형에 근접한 특성을 보였다. 구체적으로 살펴보면, 표준점수 ±1.00이상을 보인 긍정적 진술문들은 "29. 국회의원의 이미지 개선은 민주적 발전을 위해서 필요하다(1.68). 27. 국회의원의 정치이미지 선호는 지역에 따라 다르다(1.47). 18. 나이가 많을수록

국회의원에 대한 인상이 좋은 것 같다(1.42). 3. 국회의원이 국민의견을 귀담아 듣는 것은 당연하다(1.32). 6. 한국의 국회의원을 위한 후원제도들은 정치적으로 문제의 소지가 많다(1.27). 17. 선거 때가 되면 항상 등장하는 국회의원 유세가 싫다(1.21). 7. 최근 국회의원들의 정치적 행태에 대해서 냉소적이다(1.17). 5. 국회의원이라는 정치인을 선호하는 사람들은 지식인들이다(1.12)." 등이었고, 부정적 진술문들은 "4. 국회의사당에서 싸우는 모습은 국가적으로 도움이 된다(-1.21). 12. 능력있는 국회의원이 추진하는 정책에는 관심이 간다(-1.32). 16. 미디어에 등장하는 국회의원들에게 믿음이 간다(-1.68). 24. 국회의원은 주로 교육수준이 높은 사람들이 선호한다(-1.83). 14. 책임있는 국회의원 이미지는 지역경제에 보탬이 된다(-1.88)." 등으로 분석되었다.

[표 8] 제3유형에서 표준점수 ±1.00 이상을 보인 진술문

	Q 진 술 문	표준점수
긍정	29. 국회의원의 이미지 개선은 민주적 발전을 위해서 필요하다.	1.68
	27. 국회의원의 정치이미지 선호는 지역에 따라 다르다.	1.47
	18. 나이가 많을수록 국회의원에 대한 인상이 좋은 것 같다.	1.42
	3. 국회의원이 국민의견을 귀담아 듣는 것은 당연하다.	1.32
	6. 한국의 국회의원을 위한 후원제도들은 정치적으로 문제의 소지가 많다.	1.27
	17. 선거 때가 되면 항상 등장하는 국회의원 유세가 싫다.	1.21
	7. 최근 국회의원들의 정치적 행태에 대해서 냉소적이다.	1.17
	5. 국회의원이라는 정치인을 선호하는 사람들은 지식인들이다.	1.12
부정	4. 국회의사당에서 싸우는 모습은 국가적으로 도움이 된다.	-1.21
	12. 능력있는 국회의원이 추진하는 정책에는 관심이 간다.	-1.32
	16. 미디어에 등장하는 국회의원들에게 믿음이 간다.	-1.68
	24. 국회의원은 주로 교육수준이 높은 사람들이 선호한다.	-1.83
	14. 책임있는 국회의원 이미지는 지역경제에 보탬이 된다.	-1.88

라. 일치하는 항목별 분석

[표 12] 각 유형간 일치항목(Consensus Items)과 그 비중치

Q 진 술 문	표준점수
27. 국회의원의 정치이미지 선호는 지역에 따라 다르다.	1.32
3. 국회의원이 국민의견을 귀담아 듣는 것은 당연하다.	0.96
21. 국회의원의 이미지 관련 신문기사는 긍정적 시각이 많다.	0.10
2. 한국의 국회의원 이미지가 개선된다는 것은 불가능하다.	-0.45
22. 디지털시대의 현대인은 국회의원을 무시해야 한다.	-0.72
4. 국회의사당에서 싸우는 모습은 국가적으로 도움이 된다.	-1.28
24. 국회의원은 주로 교육수준이 높은 사람들이 선호한다.	-1.54

(* CRITERION = ±1.000)

〈표 12〉에서 보듯이, 이 연구에서 도출된 3개의 유형이 비슷하게 동의한 Q진술문은 총 7개 항목으로 긍정적 항목 3개, 부정적 항목 4개로 나타났다. 전체적으로 제1유형[(N=9): 비판적 인식형(Critical Recognition Type)], 제2유형[(N=4): 다각적 선호형(Diversified Preference Type)], 제3유형[(N=2): 이미지 평가형(Image Evaluation Type)] 등의 의견에 일치된 분석을 보여주었다. 여기에서 피응답자들은 '27, 3, 21'번의 진술문에 대체적으로 동의를 하고 있음을 확인할 수 있으며, 특히 27번 '국회의원의 정치이미지 선호는 지역에 따라 다르다(1.32).'라는 의견과 24번 '국회의원은 주로 교육수준이 높은 사람들이 선호한다(-1.54).'라는 의견에 동의를 하는 것으로 보아, 참여자들은 국회의원의 정치인이미지에 대해서는 지역별의 차이가 있으며, 정치인에 대한 올바른 이해가 필요하다는 것과 민주주의 발전에 누구나 자발적인 참여와 관심이 요구되어야 한다는데 의견의 일치를 보였다고 볼 수 있겠다. 이와 함께 부정적 '2, 22, 4, 24번' 진술문에서 보이는 것과 같이, 이 실험에 참여한 사람들은 기본적으로 국회의원의 정치이미지에 대해서 교육수준과는 무관하며(24번, -1.54), 국회와 같은 공적인 장소에서의 싸움질은 국가에 무익하다(4번, -1.28)는 것, 국회의원에 대한 객관적인 평가(22번, -0.72)와 이미지 개선의

가능성(2번, -0.45) 측면에 동의를 하는 것으로 보였다. 이러한 점들은 무엇보다도 응답자들은 국회의원이라는 정치인에 대하여 과거의 고정된 인상에서 벗어나 새로운 디지털 시대에 걸맞은 효율성, 전달력, 신뢰성을 요구하고 있는 것으로 평가된다.

(5) 결론 및 함의

본 연구는 국회의원의 정치이미지에 관한 일반대중들의 주관적 성향을 살펴보기 위해서 Q방법론을 이용하였다.

분석한 결과, 총 3가지의 유형으로 분류되었는데, 제1유형[(N=9) : 비판적 인식형(Critical Recognition Type)], 제2유형[(N=4) : 다각적 선호형(Diversified Preference Type)], 제3유형[(N=2) : 이미지 평가형(Image Evaluation Type)]으로서, 각 유형마다 독특한 특징이 있는 것으로 파악되었다.

이 논문에서 앞서 제기한 연구문제들에 따른 분석내용을 정리하면, 제1유형[(N=9): 비판적 인식형(Critical Recognition Type)]은 국회의원 정치이미지에 대한 이미지메이킹의 필요성을 지적하며(28번, 1.63), 국회의원에 대한 올바른 인식과 이해를 강조하는(1.26) "비판적 인식형"이라고 볼 수 있다. 또한 이 유형에서는 국회의원의 정치적 역할에 대해서 무척 부정적이며(10번, -1.97), 국회의원은 낮은 교육수준의 사람들이 좋아하며(24번, -1.75), 태만한 국회의원에 대해서 신뢰를 보내지 않으려는(13번, -1.55) 것으로, 무척 비판적으로 인지하려는 경향이 강한 것으로 분석되었다. 제2유형[(N=4): 다각적 선호형(Diversified Preference Type)]은 국회의원의 정치인이미지에 관한 다각적이고 다양한 측면에서의 철저한 요소가 필요하다는 "다각적 선호형"이라 있다. 특히, 긍정적 성향 진술문에서는 '27번 문항'이, 부정적 성향 진술문에서는 '4번 문항'이 가장 이 유형에 근접한 특성을 보였다. 제3유형[(N=2): 이미지 평가형(Image Evaluation Type)]에서는 국회의원의 정치이미지에 대해서 긍정적으로 바라보기 보다는 어떤 때는 선별적으로, 어떤 때는 선별적으로 바라보려는 응답자들의 시각을 확인할 수 있는 유형이라고 보여지는 "이미지 평가형"이라고 할 수 있다. 즉, 긍정적 성향 진술문에서는 '29번 문항'이, 부정적 성향 진술문에서는 '14번 문항'이 가장 이 유형에 근접한 특성을 보였다.

지금까지 분석된 3가지 유형별 결과에서 보면, 대부분의 응답자들은 과거에 비해 국회의원의 정치이미지가 생소한 개념은 아니었으나, 지금까지 효과의 측면보다는 '찬성이냐 반대냐'라는 사회적, 문화적 문제에서 다양한 의견 표출을 보여주었다. 이처럼 국회의원의 정치이미지는 어쩌면 사회, 문화, 경제, 문화 등 다양한 분야에서 이해되어야 할 부분이기도 하고, 과거에 비해 훨씬 더 논란거리로 전락될 위험스런 분야라고 생각될 수 있겠다.

전반적으로 본 논문에서는 국회의원의 정치이미지 현상에 관하여 대학생들은 그 수용에 있어서 그 장단점에 관심을 갖기 보다는 다양한 활용성과 참여성에 더 깊이 인지하고 있는 것으로 분석되었다.

마지막으로, 그간의 정치인들의 정치참여와 관련하여 대중의 사회적, 심리적 특성이나 라이프 스타일 유형화 등을 중심으로 연구가 이루어져 왔고, 다양한 문화 수용과 평가에 따른 타깃별 대중의 유형화 작업은 다양하게 연구되지 못했다는 점에서 앞으로 많은 개선책을 제시할 수 있겠다. 따라서 추후 발전될 연구방향은 주제 관련 구체적인 이용자들의 인식 특성과 행태를 연결하여 분석하는 것이 필요하다고 볼 수 있겠다.

♣ 생각해 봅시다

▶ 한국 국회의원의 이미지 장, 단점에 대해서 토론합시다.

4) 국회 수행 보좌관의 인성 이미지 유형

(1) 개관

현대정치에서 보좌관은 대통령제 국가에서 국회의원을 수행하는 직제로서 의회, 행정 각 부(중앙행정기관), 보도기관 등과의 연락·조정도 맡고 있다. 이들은 국회의원의 측근에서 국정 운영의 전반에 걸쳐 많은 영향을 미치고 있어서 그 중요성이 더욱 강조되고 있다. 특히, 최근 들어 이곳에 종사하는 사람들은 과거와 달리 다양한 분야에서 전문직을 경험한 층이 대거 집결되고 있는 추세이다.[49]

어떤 이는 보좌관을 보고 '예비정치인'이라고 부르기도 하고 혹은 '정치관료'라고 부르기도 한다. 나는 여기에 한마디씩 더 붙이고 싶다. '참신한' 예비정치인, '깨끗한' 정치관료라고 말이다. 그러나 이 말도 보좌관에 대한 정확한 표현은 아니다. 예비정치인이라면 일단 정치를 하겠다는 뜻을 품고 있어야 한다. 그러나 많은 보좌관이 정치하기를 꺼린다. 정치인의 요건을 너무 잘 알기 때문에(?) 정치 주변에 머물며 적당히 안정을 취하려는 속성이 강하다. 정치관료라면 조직이 있고 조직에 대한 강한 연대와 체계가 있어야 하는데, 보좌관은 그렇지 않다.[50]

이렇듯 한국정치에서 국회의원 수행 보좌관[51]은 여러 총선의 결과에서 국회의원의 당락에 중요한 변수로 작용하였는데, 이는 선거의 판세를 좌우할 만큼 상대 후보 정치인이나 유권자에게 중요한 영향력을 끼치기 시작했다. 몇 년 전 지방선거에서 정치인 이미지의 파급력이 엄청난 속도로 확연

---

49) 원희복(2000). "국회보좌관, 이제 전문직이다 : 각 분야 박사급 예사, 오랫동안 상임위 경험 가진 전문가도 많아". 뉴스메이커 378. 경향신문사. pp.34-35.

50) http://cafe.daum.net/assemblyassistant/IJIB/23?docid=UhejⅠIJIBⅠ23Ⅰ20031110082037&q=%BA%B8%C1%C2%B0%FC%20%C0%CC%B9%CC%C1%F6&srchid=CCBUhejⅠIJIBⅠ23Ⅰ20031110082037

51) 본 논문에서 '보좌관'의 의미는 '국회의원 보좌관(補佐官)'을 의미한다.

하게 나타나 정치인과 유권자 사이에 '이미지 붐(boom)'을 일으켰고 한국정치에 가장 중요한 매개체로써, 앞으로의 예측 불가능한 사회 환경변화 속에 중요한 영향력을 주는 변수로써 중요해지고 있다.

특히, 디지털시대에 접어들면서, 국내에서의 어떤 특정의 정치인[52]이 유권자에게 자신의 이미지를 심어 주려면, 또는 자신에 대하여 좋은 이미지를 갖게 하려면, 그 정치인은 적극적인 활동과 접촉을 통하여 유권자들에게 좋은 정보나 자극을 제공하여야 한다. 이와 같은 정보나 자극은 다양하여야 하면서, 동시에 독특하거나 강한 것 일수록 좋다. 그러한 정보나 자극들은 유권자의 마음속에 자리하게 된다고 볼 수 있다. 또 그 정보나 자극의 양이 많아서 더 많은 요소들을 구성하게 된다.[53] 또한 보다 중요한 정보나 자극은 유권자들이 오래 기억하게 하고 또 강력하게 간직되도록 하여야 한다. 이것이 왜 활동이 적은 정치인이나 매체에 잘 노출되지 않은 정치인이 유권자에게 강한 이미지를 심어줄 수 없고, 쉽게 잊혀 지는가 하는 이유일 것이고, 동시에 정치인들이 매체에 매달리는 이유를 설명해준다.[54]

이처럼 정치이미지라는 것은 유권자와 밀접한 관계를 지니며 시대와 환경에 따라 변화되어 왔으며, 이에 따라 정치인 이미지는 유권자의 주관적인 평가와 후보자 전하는 메시지에 근거한 유권자의 정치인에 대한 지각[55]으로 볼 수 있으며, 선거에 출마한 인물의 지도자로서의 역량, 자질, 신뢰성,

---

52) 여기에서 '정치인'은 정치적인 모든 행위의 실체자라고 할 수 있다. 그러나 일반적으로 통치권력을 놓고 국가의 크고 작은 문제에 관하여 여, 야간의 입장 대립을 조율하며 궁극적으로 대중의 지지로써 통치권력을 획득하는 사람이다.
: http://www.doosan.com/politic 참조
53) 김영수(2000). "정치인 이미지에 관한 연구 : 정치인 이미지연구를 중심으로". 고려대학교 신문방송학과 대학원 박사논문. p.50.
54) 최미경(2003). "정치인의 이미지가 미디어상에 나타난 연구". 한성대학교 예술대학원 패션예술학과 분장예술학전공 석사논문. p.13.
55) Nimmo, D.(1974). "Image and voters' decision-making processes". *Advances in Consumer Research*. p.1.

쟁점, 외모, 목소리, 인상에 관해 유권자가 머릿속에 갖는 상이라고 할 수 있겠다.56)

이에 본 연구에서는 한 국가의 엘리트라고 하는 대학생들의 의견을 가늠하고 이를 유형화함으로써 그 의미를 탐색하고자 한다. 즉, 현재 대학생들은 과연 이와 같은 국회 수행 보좌관의 이미지에 대해서 갖고 있는 주관적 의견이 어떠한 지, 이들의 의견은 과연 정치, 경제, 사회, 문화적 이슈에 대한 다각적 논의 차원에서 어떠한 의견의 일치를 보이는 지에 대한 작업은 매우 중요한 연구방향이며, 향후 관련 연구의 발전을 위해서 의미있는 작업이라고 볼 수 있겠다.

이 논문에서는 이러한 국회 수행 보좌관의 이미지에 관하여 대학생들의 의견에 관한 주관성 유형을 구조화하고 유형별 특성을 파악, 기술하고 설명하는데 좀 더 발견적이고 가설생성적인 Q방법론57)을 활용하고자 한다. 즉, 대학생들의 심리적 주관성을 유형화하는 것이다.

무엇보다도, 국회 수행 보좌관의 이미지에 관한 수용행태 유형에 대해서는 기존의 계량적 방법론(R방법론)으로 객관적 통계분석이 가능하겠으나, Q방

---

56) Siegel, R. S.(1964). "Effect of partisanship on the perception of political candidates". *Public Opinion Quarterly*. p. 28.

57) Q방법론이란 인간의 다양한 주관성을 탐구하는 가설발견의 논리를 갖는 이해의 방법론으로서 다양한 문화집단에서 어떤 현상에 대한 태도, 신념, 관습에 관한 자료를 수집, 분석하는데 독특한 가능성을 제공한다. 여기에서의 주관성은 신비로운 것도 로맨틱한 것도 아니며, 단순히 타인 혹은 자기 자신에게 이야기 할 수 있는 어떤 것이다. 또한 Q방법론은 어떤 주제나 문제점에 대한 다양한 의견들을 진술한 진술문을 이용한 심층적인 의견조사방법이다. 특히 이 방법론은 개인의 지각, 가치, 신념 및 태도 등은 모두 자기중심적이라는 전제하에, 이들을 서열화해서 측정 한다. ; 김홍규(1992). "주관성 연구를 위한 Q방법론의 이해". 『간호학 논문집』 6(1). pp.1~11. ; Simmon, S. J.(1989). "Health: A Concept Analysis". Int. J. Nurs. Study 26(2). pp.155-161. ; Stephenson, W.(1954). The Study of Behavior : Q-Technique and Its Methodology. Chicago, IL : University of Chicago Press. pp.14~27. ; Stephenson, W.(1968). "Consciousness Out-Subjectivity". In, The Psychological Record. p.18.

법론58)적 분석논문은 수용자, 즉 일반대중들의 자아구조(schema) 속에 있는 요인들까지 파악할 수 있다는 점에서 통찰력 있는 분석이 도출될 수 있다.

따라서 국회 수행 보좌관의 이미지에 관한 수용행태 유형에 대한 대학생들의 일상적인 이미지와 성향들을 토대로 한 이 논문에서는 이들의 주관적인 인식에 대한 유형화 작업을 시도하였다. 즉, 이 연구는 기존의 이론에서 연역적인 가설을 도출하는 종래의 연구방법과는 달리, 사람들이 일상적으로 갖게 되는 주관적 이미지에 의하여 새로운 가설을 발견(hypothesis abduction)하려는 목적을 가지고 있다.59) 이 논문에서는 국회 수행 보좌관의 이미지에 관한 수용행태 유형의 특성과 이에 따른 함의를 알아보고, 이에 따른 함의를 제시하는데 그 목적이 있다.

(1) 이론적 논의

가. 정치와 정치인 이미지

최근까지 국내에서의 대선에서 두두러진 특징 중 하나는 특정의 이미지를 형성하여 유권자의 감성에 호소하는 이른바 '이미지 선거와 정치'가 효과를 거두었다는 사실이다.

이제 이러한 경향은 이른바 '정보 홍수'의 시대에 들어서면서, 각종 텍스트와 영상 정보들이 인터넷과 방송, 종이 매체로부터 쏟아져 나오면서 입력되는 정보가 적정량을 넘어서게 되었고, 사람은 자신도 모르게 대개 더 이상 정보를 받아들이지 않게 되었다. 넘쳐나는 정보가 오히려 사람들의 판단기준을 혼란스럽게 만들고 있고, 그 순간부터 정보보다 '이미지'가 더 중요해지며, '실제 내용'이 아닌, '느낌'으로 판단을 내리는 사람이 많다. 또한 정치도, 마케팅도 이미지가 중요해졌고, 2002년 대통령 선거와 2004년 국회의

---

58) Q방법론(Q-Methodology)이 가지는 장점중의 하나는 탐사적 연구로서의 후속연구를 위한 길잡이 기능에 있다.

59) 선우동훈(1991). "Q방법론에 의한 소비자행동 연구". 『광고연구』 여름호(제11호). 한국방송광고공사. p.7.

원 선거 모두 이런 이미지 정치 추세가 더욱 강해졌다. 대통령 후보나 국회의원 후보에 대한 정보가 인터넷이나 인쇄매체에 넘쳐나고 있지만, 자신들의 생각, 비전, 지식, 열정은 있지만 대부분의 대중들은 그런 구체적인 정보보다는 그의 '이미지'에 투표를 하는 것이다.

21세기에 들어서면서 '이미지'는 분명한 이 시대의 트렌드로 자리잡고 있다. 이 트렌드를 간과하는 정치인이 있다면, 성공할 수 없다. 그러나 우리가 살아가는 이미지의 시대가 너도 나도 저급한, 싸구려 이미지 조작 경쟁이나 벌이는, 그런 천박한 시대가 되어서는 안된다. 충실한 내용을 갖춘 정치인이나 제품이 한걸음 더 나아가 유권자나 고객에게 감성적인 만족까지 주는 그런 세련된 시대가 되어야 한다.

이처럼 자주 사용되는 이미지 개념은 1950년대부터 주로 심리학분야에서 연구된 용어이다. 영어에서 'image'란 원래 '모방하다'의 의미를 지닌 라틴어 'image', 'imagin'에서 유래된 것으로 '사람이나 사물의 형태를 재현한 것이나 모방한 것', '실제로 나타나지 않는 것에 관한 정신적 현상', '매스미디어를 통해 투영되는 사람, 기관, 국가 등에 관한 일반적인 개념화' 등의 여러 의미로 정의되고 있다.[60] 한마디로 이미지는 사람과 사물에 대한 합리적인 선택의 기준이라기보다는 사람과 사물과 같은 어떠한 대상에 대하여 느끼는 인상이라 할 수 있다. 또한 이미지는 개인이 특정한 대상에 대해 갖고 있는 믿음, 개념, 인상의 총합을 의미하며,[61] 실체화된 허구성을 의미하기도 한다. 일단 이미지가 형성되면 그것이 실체와 일치하는 것으로 인식한다. 보울딩(Boulding)은 이미지를 '내가 진실이라고 믿는 것, 즉 나의 주관적인 지식'으로 각각의 이미지는 사물에 대한 사람의 주관적인 이해로 구성되어 있다고 말하고 있다.[62] 리프만(Lippmann)은 이미지를 '인간이 어떤 대상

---

[60] 김기도 편(1987). 『정치커뮤니케이션의 실제 : 텔레비전과 이미지 그리고 선전』. 서울: 나남출판사.

[61] 박병준(1990). 『정치마케팅: 선거운동 관리와 정치광고』. 서울: 나남출판사.

에 갖는 머릿속의 그림'이라고 했다. 부르스틴(Boorstin)은 이미지를 특정대상의 외적 형태에 대한 인위적인 모방이나 재현이라고 말하며 특정사건의 외적 형태에 대한 인위적인 모방이나 재현이라고 말하며 특정사건에 대해 참되고 진실된 면보다는 조작되고 단편적인 면만을 강조하는 허구적인 관념이라고 하였다.[63]

이처럼 이미지라는 것은 어떠한 대상 혹은 상징에 대한 조작적이고 주관적인 결과물로서의 성격이 농후하다고 볼 수 있다.

현재까지 '정치와 이미지' 관련 국내외 학자들의 논의를 정리하면 다음과 같다. 우선, 최영재(2005)는 현대 정치에서 이미지의 중요성이 더 이상 강조하지 않아도 될 만큼[64] 그 영향력은 확대되고 있다고 보고 있고, 정치인들 또한 이제 이미지를 중요한 정치적 자산으로 여기며 관리의 대상으로 삼는다고 분석한 바 있다.[65] 또한 와텐버그(Wattenberg)는 대중매체 중심적인 정치가 도래하면서 미국의 전통적인 정당중심의 정치과정이 후보자의 개인 이미지 중심으로 바뀌었다고 지적하고 있다.[66] 이와 함께 해커(Hacker)는 정치 이미지는 유권자가 정치적 문제에 대해 가지는 인지적 재현[67]이라고 보

---

62) Boulding,K. (1956). *The images*. Ann Arbor: University of Michigan Press.
63) Boorstin, D. J.(1961). *The image*. New York: Athbaum.
64) 최영재(2005). "정치인의 비언어적 행위와 이미지 형성". 『한국방송학보』 19-2. 사단법인 한국방송학회. p.311.
65) 최영재(2006). "정치인의 이미지 관리". 『한국언론학보』 50-1. 사단법인 한국언론학회. p.379.
66) Wattenberg, M. P.(1992). *The Rise of Candidate Centered Politics : Presidential Elections of the 1980s*. Cambridge: Harvard Univ. Press. ; Wattenberg, M. P. (1994). *The Decline of American Political Parties, 1952~1992*. Cambridge: Harvard Univ. Press.
67) Hacker, K. L.(1986). "Political image formulation in non-mediated communication". Ph. D. Dissertation, Department of Speech, Univ. of Oregon. ; 정성호(2006). "정치커뮤니케이션이 후보자 이미지 형성과 태도변화에 미치는 영향에 관한 연구". 『커뮤니케이션학 연구』 14-3. 사단법인 한국커뮤니케이션학회. p.68.

고 있다.

이처럼 정치에서의 이미지는 선거에서 중요한 변수로 작용해 왔고, 몇 년 전 국내의 16대 대선에서 이회창, 노무현 후보를 중심으로 중요성이 부각되면서 선거의 판세를 좌우할 만큼 정치인이나 유권자에게 중요한 영향력을 끼치기 시작했다.[68] 그러나 이러한 현상을 구체적으로 설명할 수 있는 연구는 거의 없었으며 현실적으로 정치이미지에 대해서는 시대 유행의 흐름과 시시각각 변화하는 민심의 흐름에 반응하고 의지할 수밖에 없는 불안정한 상황일 뿐이다. 또한 정치 분야에서 정치인들의 이미지는 쉽게 조작할 수 있기 때문에 '옳고 그름'에 관한 규범적 논란의 대상이 되기도 한다.[69] 따라서 이러한 정치 분야의 이미지 변화는 유권자가 정치인에 대한 여러 가지 새로운 정보를 접함에 따라서 다르게 나타나는 현상으로 설명할 수 있다. 다시 말해서, 정치 분야에서의 이미지는 시대 흐름에 따라 변화하면서 유권자의 여러 속성에 영향을 미치고 이에 따라 정치 이미지가 달라지는 상호작용 관계에 있음을 알 수 있다.[70]

한편, 박양신(2008)은 정치인이라면 정치적 여건에 따라, 또한 대중의 변화양상에 따라 계속적인 이미지 관리를 해야만 본인이 바라는 정치비전을 실현할 수 있어야 하며, 정치인의 이미지 개선은 선거에서 득표력을 높여줄 뿐만 아니라 정치활동의 기반인 평소 여론의 형성에도 도움이 된다고 말하고 있다. 특히, 국내외를 막론하고 정치인이라면, 우선 자신을 소중하게 손을 보고, 그리고 이미지 마케팅에 나서야 하고, 유권자라면, 그들이 보여주

---

[68] 정수연(2007). "매스미디어를 통한 정치인 이미지 형성 노력이 유권자에게 미치는 영향에 관한 연구". 호서대학교 벤처전문대학원 정보경영학과 정보경영전공 박사논문. p.11.

[69] 최영재(2004). "정치인의 이미지 형성에 관한 실험 연구". 『언론과 사회』 12-4. 사단법인 한국언론학회.

[70] Funk, C. L.(1999). "Bringing the Candidate into Models of Candidate Evaluation", *The Journal of Politics, 61(3)*.

는 이미지 뒤에 숨어있는 실력과 내용을 보고 판단하려 노력해야 하며, 정치인의 '쇼맨십 이미지 조작'에 속아 잘못된 선택을 하는 우를 범하지 않도록 눈을 크게 뜨고 있어야 한다고 분석하고 있다.

이러한 점에서 볼 때, 정치이미지란 억지로 허상을 만들면서 유권자를 속인다는 의미보다는 정치인 자신들의 이미지 장단점을 알고 그것을 수정하면서 유권자에게 호감도와 정서의 친밀감을 주는 것이 동반되어야 한다. 마찬가지로 국내 정치인들도 유권자에게 좋은 이미지를 주는 것이 투표율과 연결이 되기에 자신의 정치이미지를 차별화하여 향상시켜야 하는 것이 현실이다.[71]

결과적으로, 정치 분야에서의 좋은 이미지란 근본적으로 당선되고자 하는 정책을 잘 담당할 수 있는 능력과 자질이 있다는 것을 유권자들에게 확신시키는데서 나온다고 볼 수 있다.[72] 또한 유권자들이 바라는 능력과 자질에 대한 욕구를 충족시키고 확산시키는데서 형성된다.

지금까지 짧게나마 정치, 정치인에 관한 이미지 관련 논의를 하였으나, 정작 '정치인'의 대표적 인물로 여겨져 온 국회에서 입법을 보좌하고 있는 '국회의원 수행보좌관'의 이미지에 관한 분석 논의 연구들은 드물었다. 향후 관련 연구에 대한 논의를 위한 시도로써 본 연구에서는 현 한국의 국회의원 수행보좌관의 특성과 문제점을 살펴보고, 이에 따른 대학생[73]들의 의견 분포와 이 부분이 의미하는 함의를 규명하는데 의미를 두고자 한다.

---

[71] 박양신(2008). 『정치인 이미지메이킹』. 도서출판 새빛. p.23.

[72] 김영수. 앞의 논문. p.53.

[73] 여기에서 '대학생'들은 우선 Q연구의 정신 즉, '일반화 문제와 상관없이 특정 집단의 심층적인 의견을 관찰하는데 목적이 있다'는 차원에서 선택하였으며, 또한 본 논의에 관심을 갖는 다양한 집단들 가운데 연구진의 논의를 쉽게 이해할 수 있다고 여겨지는 '광고홍보학과' 전공학생과 부전공, 복수전공 학생들을 대상으로 삼았다. 또한 45명의 Q모집단 중에서 본 연구내용을 잘 이해하여 Q조사에 응답한 15명의 대학생들을 분석대상으로 하였다.

나. 국내 보좌관의 특성

현재 한국의 국회는 국민들의 따가운 질책과 실망을 받을 뿐만 아니라 국가예산의 심의 및 확정, 국정 감사 등 제정권과 정부에 대한 통제기능을 갖고 있다.[74] 무엇보다도, 한국의 보좌관들은 국가의 고도경제건설과정에서 비대한 행정부에 비해 그 기능과 조직이 너무나 열악하여 항상 행정부의 그늘에 있어야 했기에, 존재에 대한 비난과 자신의 역할과 책임을 방기한 국회의원들에 대해 힐난을 하고 있는 것이 현실이다.[75]

우선, 국회의원 보좌관은 광의로는 국회의원에게 주어지는 가능한 모든 사무보조형태, 즉 국회의원 자신이 개인적으로 채용하는 모든 직원을 포함하고, 협의로는 더 지적인 직무를 수행하는 자로서 지칭되고 있다.[76] 또 미국의 해몬드(Hammond, 1973)는 국회의원 보좌관의 기능적 실체를 투표행위를 제외한 의원의 거의 모든 종류의 활동에 유관하는" 이라고 정의하고 있다.[77] 실제로, 국회의원 보좌진의 역할이 의원의 상임위 활동에 치중되어야 한다 할지라도, 국정에 고나한 심의가 해당 상임위 활동에만 국한되는 것이 아니기에, 전체적인 문제 접근을 위해서는 다른 연구와 노력이 경주되어야 한다.[78] 즉, 국가 정책을 두루 심의하고 입법 활동을 하는 그 모든 의원의 활동이 국민생활에 미치는 영향은 지대하므로, 그 영향력의 현실에서의 발현 이전에 이를 사전 검토하고 올바른 입법과 정책의 수립이 이루어지도록

---

74) 헌법 61-62조는 국회가 입법ㅂ권을 가진 국민의 대표기관으로서 행정부를 견제하도록 하고 있다.
75) 임우영(1999). "우리나라 국회의원보좌관 제도의 활성화 방안". 성균관대학교 행정대학원 석사논문. p.1.
76) 오성태(1998). "한국 국회입법보좌관의 정책보좌기능강화에 관한 연구". 국민대학교 정치대학원 석사논문. pp.4-5.
77) Hammond, S. W.(1973). "Personal Staff of Members of the U. S. House of Representatives", Ph. Dissertation, Johns Hopkins University. p.228.
78) 박원기(2005). "우리나라 국회의원 보좌관 제도의 활성화 방안에 관한 연구". 전북대학교 행정대학원 석사논문. p.5.

정보를 수집하고 보좌하는 제반 활동의 중요성도 클 수밖에 없는 것이다.

(3) 연구문제 및 연구설계

가. 연구문제

본 연구에서는 국회 수행 보좌관의 이미지에 대해서 대학생들이 지니고 있는 주관적 경향을 살펴보기 위해 Q방법론을 도입하여 살펴보았다.

앞서 제기한 내용과 선행연구에서 검토된 내용과 관련하여 이 논문에서는 다음과 같은 연구문제를 선정하였다.

첫째, 국회 수행 보좌관의 이미지 수용 유형은 어떻게 분류되는가?

이 연구문제에서는 국회 수행 보좌관의 이미지에 관한 수용 유형들은 어떠한 유형으로 분류되고 있으며, 이러한 각 유형들은 과연 어떠한 특성들을 지니고 있으며, 이 특성들이 함유하는 의미들은 국회 수행 보좌관의 이미지와는 어떠한 연관성을 지니고 있는지를 알아보고자 한다.

둘째, 각 유형들 간의 동질적 특성과 이질적 특성은 무엇인가?

다음으로, 두 번째 연구문제에서는 위에서 살펴본 각 유형별 특성과 달리 모든 진술문들이 각 유형들 속에서 일치하는(동질적) 특성은 무엇으로 분류되고 있는지, 또한 각 유형들 간 차별적(이질적) 특성은 무엇인지에 대해서 살펴봄으로써 각 유형별로 분석된 의미들 간 어떠한 특성이 있는지 살펴봄으로써 각 유형들 간의 동질성과 차별성을 확인하고자 한다. 이를 통해 Q방법론의 특성인 소수의 응답자들이 생각하는 의향과 내면적인 주관적 이미지는 어떻게 보이고 있는지 알아보고자 한다.

위와 같은 연구 문제를 통해 이 연구는 대학생들을 중심으로 국회 수행 보좌관의 이미지에 관한 수용행태 특성을 찾고자 한다. 그리고 유형별 특성에 따라 어떠한 차이점이 있는지를 분석하여, 향후 국회 수행 보좌관의 이미지에 관한 대학생들의 인식 변화를 가늠하고자 한다.

앞에서 제기한 연구문제, 즉 국회 수행 보좌관의 이미지에 관한 수용행태 유형에 관한 연구는 Q방법론으로 훨씬 잘 연구되어질 수 있다고 생각한다. 이는 Q방법론이 행위자의 관점에서 출발하며 인간 개개인마다 다른 주관성 구조에 따른 서로 다른 유형에 대한 이해와 설명이 가능하기 때문이다. 연구자는 국회 수행 보좌관의 이미지가 내학생들에게 미치는 영향 유형에 관한 사항을 심도 있게 측정하기 위해서는 기존의 방법으로는 어느 정도 한계성이 있다고 생각하여, Q방법론적 접근을 시도하였다. 이를 위해 분석 작업은 진술문 형태의 카드를 분류하는 방법으로 행해졌다. 이 진술문 작성을 위하여 연구자는 본 논문과 관련된 국내문헌, 그리고 주변 사람들과의 인터뷰를 통하여 Q모집단(concourse)을 구성하고, 이를 통하여 진술문(Q-statement)을 작성한 후, P샘플을 선정, 분류작업(sorting) 과정을 거쳐 얻게 되는 Q-sort를 PC QUANL 프로그램을 이용, Q요인분석(Q-factor analysis)을 통해 분석하였다.

나. 연구설계

가) Q표본(Q-sample) 및 P표본(P-sample)

이 연구를 위한 Q표본은 국회 수행 보좌관의 이미지가 대학생들에게 미치는 영향 유형에 관한 가치체계로 구성된 진술문으로 구성되었다. 이 연구는 국회 수행 보좌관의 이미지에 대한 대학생들이 지니고 있는 전반적인 관념들과 느낌, 의견, 가치관 등을 종합적으로 얻기 위해 이 연구와 관련된 전문서적, 학술서적, 저널 등의 관련문헌 연구와 주변의 대학생들을 대상으로 심층 인터뷰를 통하여 45명의 Q모집단을 추출하였다. 이어 Q모집단에 포함된 진술문 중 주제에 관한 대표성이 가장 크다고 여겨지는 진술문을 임의로 선택하는 방법을 사용하여, 최종적으로 30개의 진술문 표본[79]을 선정하였다. 여기에서 선택된 30개의 진술문은 전체적으로 모든 의견들을 포

---

79) 본 조사분석에 활용된 30개의 진술문은 Q모집단 45명이 작성한 Q진술문과 연구진이 본 논의와 연관된다고 생각하는 관련 문헌에서 정리된 내용을 중심으로 작성된 Q진술문을 유사한 내용과 이해하기 어려운 문장들을 가감 정리하여 작성된 것이다.

괄하고, 긍정, 중립, 부정의 균형을 이룰 수 있도록 구성하였다([표 1]).

Q방법론은 개인 간의 차이(inter-individual differences)가 아니라 개인 내의 중요성의 차이(intra-individual difference in significance)를 다루는 것이므로 P샘플의 수에 아무런 제한을 받지 않는다.[80] 또한 Q연구의 목적은 표본의 특성으로부터 모집단의 특성을 추론하는 것이 아니기 때문에 P표본의 선정도 확률적 표집방법을 따르지 않는다. 따라서 이 연구에서는 위에서 제시한 기준에 의거하여 15명을 P샘플로 선정하였다.

나) Q분류작업(Q-sorting) 및 자료의 처리

Q표본과 P표본의 선정이 끝나게 되면 P표본으로 선정된 각 응답자(Q-sorter)에게 일정한 방법으로 Q샘플을 분류시키는데 이를 Q분류작업(Q-sorting)이라 부른다. Q분류작업은 개인이 복잡한 주제나 이슈 또는 상황에 관한 자신의 마음의 태도를 스스로 모형화하는 것으로서 각 응답자는 진술문을 읽은 후 그것들을 일정한 분포 속에 강제적으로 분류하게 된다.

[그림 5] 각 진술문의 긍정 및 부정의견 점수 분포방식

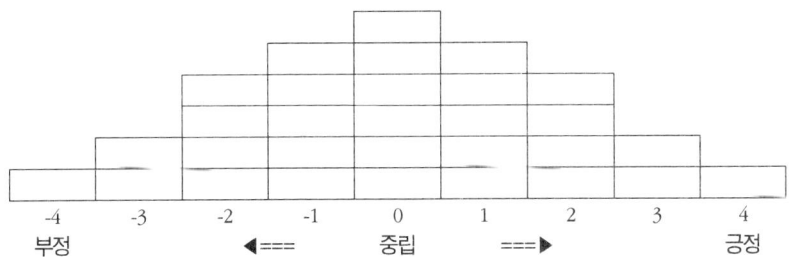

이 연구에서의 Q분류의 절차는 Q표본으로 선정된 각각의 진술문이 적힌 카드를 응답자가 읽은 후 긍정(+), 중립(0), 부정(-)으로 크게 3개의 그룹으로 분류한 다음 긍정 진술문 중에서 가장 긍정하는 것을 차례로 골라서 바깥에서부터(+4) 안쪽으로 분류를 진행하여 중립부분에서 정리하도록 한다. 마

---

80) 김홍규(1990). 『Q방법론의 이해와 적용』. 서강대학교 언론문화연구소. p.45.

찬가지의 방법으로 부정 진술문들을 분류하고, 이때 양끝에 놓여진 1개의 진술문에 대해서는 각각의 코멘트(심층인터뷰)를 받아 두었다. 이것은 Q요인 해석에 유용한 정보를 제공해 주기 때문이다.

국회 수행 보좌관의 이미지가 대학생들에게 미치는 영향 유형을 분석하기 위해 P표본에 대한 조사가 완료된 후 수집된 자료를 점수화하기 위하여 Q표본 분포도에서 가장 부정적인 경우 (-4)를 1점으로 시작하여 2점(-3), 3점(-2), 4점(-1), 5점(0), 6점(+1), 7점(+2), 8점(+3) 그리고 가장 긍정적인 경우 9점(+4)을 부여하여 점수화 한다(그림 5)). 이 부여된 점수를 진술문 번호순으로 코딩하고, 이러한 자료를 PC용 QUANL 프로그램으로 처리하여 그 결과를 얻고자 한다.

[표 1] 분포별 점수 및 진술문 수

분포	-4	-3	-2	-1	0	1	2	3	4
점수	1	2	3	4	5	6	7	8	9
진술문 수	1	2	4	5	6	5	4	2	1

[표 2] 조사대상의 인구학적 특성 및 유형별 인자가중치

유형	ID	성별	연령	직업	인자가중치
I (N=4)	4	남성	51세	정치인	0.6316
	11	남성	54세	정치인	0.8822
	13	남성	28세	연구원	4.3623
	15	남성	32세	연구원	3.3910
II (N=4)	5	남성	50세	회사원	1.3642
	6	여성	54세	주부	1.4040
	8	여성	35세	여론전문가	0.5607
	9	남성	32세	여론전문가	1.3924
III (N=4)	1	남성	22세	대학생	0.7671
	2	여성	20세	대학생	1.6676
	3	남성	53세	정치인	1.4426
	12	남성	23세	대학생	0.6032
IV (N=3)	7	남성	32세	회사원	0.6564
	10	남성	53세	여론전문가	0.5348
	14	남성	42세	연구원	1.5031

[표 3] Q진술문의 유형별 표준점수

Q진술문(Q-Statements)	유형별 표준점수			
	I (N=4)	II (N=4)	III (N=4)	IV (N=3)
1. 똑똑해 보인다.	1.5	1.7	1.3	-1.5
2. 카리스마가 있다.	1.7	1.2	0.5	-1.2
3. 심지가 굳다.	1.5	0.0	0.6	-2.0
4. 공과 사를 확실히 구분한다.	0.0	-0.2	-0.6	-0.7
5. 지적이다.	1.1	1.0	0.9	-1.1
6. 올바르다.	1.6	-1.6	-0.4	-0.3
7. 당당하다.	0.8	-0.3	0.5	-1.3
8. 무슨 일이든 빠르게 처리한다.	-0.1	0.1	0.2	0.1
9. 비리가 없어 보인다.	-0.2	2.1	-1.1	-0.4
10. 책임감이 있다.	0.3	-0.6	0.4	0.4
11. 리더쉽이 뛰어나 보인다.	0.2	-0.0	-0.6	-1.0
12. 깔끔해 보인다.	1.0	0.7	1.4	-0.5
13. 모범생 같지는 않다.	0.8	1.0	1.8	-1.4
14. 위기대처 능력이 뛰어나다.	0.4	-0.4	-0.9	-0.6
15. 현실적이다.	1.1	0.5	-0.3	-0.4
16. 겉과 속이 다를것 같다.	0.2	0.6	0.2	0.6
17. 인간미가 없다.	-0.4	1.4	0.4	1.2
18. 고리타분하다.	-0.8	-0.9	1.4	0.8
19. 학벌주의자 같다.	0.1	0.9	-0.0	0.1
20. 나이들어 보인다.	-1.0	0.1	0.0	1.2
21. 비열할 것 같다.	-1.0	0.4	-1.3	1.0
22. 날카로워 보인다.	-1.5	1.6	0.8	0.1
23. 비리가 은근히 많을 것 같다.	-1.0	1.1	-0.2	1.4
24. 가정에 소홀할 것이다.	-0.7	-1.0	-0.4	1.0
25. 사생활 관리가 철저하다.	-1.8	-0.3	-1.1	0.1
26. 고집이 셀 것 같다.	-1.5	-0.3	-1.6	1.3
27. 우유부단하다.	-0.2	-1.1	-1.0	1.8
28. 신뢰감이 생기질 않는다.	-0.5	0.1	-0.6	1.2
29. 냉정해 보인다.	-1.4	-1.7	2.0	0.7
30. 대인관계가 좋다.	-0.4	-1.5	-2.2	-0.6

(4) 연구결과 및 분석

국회 수행 보좌관의 이미지에 관한 주관성 유형을 살펴보기 위해서, Q요인분석을 한 결과 총 4개의 유형이 나타났다.

QUANL 프로그램을 통하여 총 15명을 대상으로 조사된 결과, 전체변량의 약 53(0.5293)%[81]를 설명하고 있는 4개의 유형에는 각각 4명, 4명, 4명, 3명이 속하였는데, 앞에서 논의하였듯이 여기서 인원수의 의미는 없다. 또한 인자가중치가 1.0이상인 사람이 각각 2명, 3명, 2명, 1명이 속해 있어 제2유형이 가장 큰 인자임을 알 수 있다. 또한 [표 4]에서 보듯이, 각 유형의 변량 크기를 나타내는 대표적 아이겐 값(eigen value)은 각각 4.7266, 2.0798, 1.1328 등으로 나타났다.

[표 4] 아이겐 값(eigen value)과 변량의 백분율

아이겐 값	4.7266	2.0798	1.1328
전체변량 백분율	0.3151	0.1387	0.0755
누적 빈도	0.3151	0.4538	0.5293

[표 5] 유형간의 상관관계

	제1유형	제2유형	제3유형	제4유형
제1유형	1.000	-	-	-
제2유형	0.207	1.000	-	-
제3유형	0.311	0.376	1.000	-
제4유형	-0.725	-0.158	-0.270	1.000

[표 5]는 각 유형간의 상관계수를 나타내 주는데, 이는 각 유형간의 유사성 정도를 보여주는 것으로 제1유형과 제2유형간의 상관계수는 0.207, 그 밖의 제1유형과 제3유형은 0.311, 제1유형과 제4유형은 -0.725(가장 부적 관계), 제2유형과 제3유형은 0.376(가장 정적 관계), 제2유형과 제4유형은 -0.158, 제3유형과 제4유형은 -0.270 등의 상관관계를 보이고 있다.

---

81) Q분석에서는 누적빈도 20~70% 정도의 설명을 보일 때, 가장 타당한 유형별 논의와 차이 분석이 가능하다.

[표 2]에서 보듯이, 각 유형들은 15명의 대학생들이 30개 진술문에 주관적으로 [그림 5]의 박스안에 응답한 자신들의 의견 점수분포를 컴퓨터 프로그램으로 분류한 것이다. 또한 각 유형에 속한 사람들의 인구사회학적 특성과 인자가중치(factor weight)를 제시한 것이다. 각각의 유형 내에서 인자가중치(factor weight)가 높은 사람일수록 그가 속한 유형에 있어서 그 유형을 대표할 수 있는 전형적인 사례임을 나타낸다고 볼 수 있다.

다음으로, 분석된 주요결과([표 2]~[표 5])의 내용 중에서 각 유형별로 분석된 내용을 중심으로 논의하면 다음과 같다. 각 유형별 논의에서는 각 유형에서 ±1.00이상의 표준점수를 보인 진술문들을 긍정과 부정으로 분류하여 〈표〉로 제시하고, 이 내용에서 높은 표준점수(±)들을 중심으로 해당유형의 네이밍(naming)이 작성된다. 표준점수가 높은 진술문은 해당유형에 가장 적합하게 이해하고, 가장 낮은 부정 부분의 진술문은 '반대'로 해석함으로써 해당유형을 이해한다.

가. 유형별 특성 분석
가) 제1유형(N=4): 지적 개성형(Intelligent Personality Type)

[표 6] 제1유형에서 표준점수 ±1.00이상을 보인 진술문

	Q 진 술 문	표준점수
긍정	2. 카리스마가 있다.	1.74
	6. 올바르다.	1.60
	1. 똑똑해 보인다.	1.53
	3. 심지가 굳다.	1.50
	15. 현실적이다.	1.15
	5. 지적이다.	1.14
부정	23. 비리가 은근히 많을 것 같다.	-1.01
	21. 비열할 것 같다.	-1.03
	20. 나이들어 보인다.	-1.04
	29. 냉정해 보인다.	-1.41
	26. 고집이 셀 것 같다.	-1.47
	22. 날카로워 보인다.	-1.53
	25. 사생활 관리가 철저하다.	-1.78

[표 7] 제1유형을 가장 잘 설명해주는 항목별 분석

Type I Item Descriptions			
Items Greater Than All Others	Z-Score	A. or N. Z	Diff.
6. 올바르다.	1.599	-0.766	2.365
3. 심지가 굳다.	1.496	-0.464	1.960
2. 카리스마가 있다.	1.738	0.194	1.544
15. 현실적이다.	1.150	-0.075	1.225
7. 당당하다.	0.788	-0.363	1.150
9. 비리가 없어 보인다.	-0.153	-1.228	1.075
30. 대인관계가 좋다.	-0.385	-1.439	1.054
Items Less Than All Others	Z-Score	A. or N. Z	Diff.
25. 사생활 관리가 철저하다.	-1.785	-0.438	-1.347
17. 인간미가 없다.	-0.405	0.969	-1.374
20. 나이들어 보인다.	-1.039	0.457	-1.497
23. 비리가 은근히 많을 것 같다.	-1.009	0.782	-1.790
22. 날카로워 보인다.	-1.525	0.808	-2.333

(* A. or N. Z : Average Or Nearest Z / * Differences = ±1.0 이상)

위의 [표 6], [표 7]을 보면, 제1유형에 속한 4명은 위 [표 2]에서 분석된 바와 같이 인자가중치가 1을 넘은 사람이 2명으로, '2(Z-score=1.74)'번 Q진술문에 가장 긍정적 일치를 보이고 있고, '25(Z-score=-1.78)'번 Q진술문에 가장 부정적으로 생각하는 것을 확인된다.

나) 제2유형(N=4): 비인간적 유형(Inhuman Type)

[표 8] 제2유형에서 표준점수 ±1.00 이상을 보인 진술문

	Q 진 술 문	표준점수
긍정	1. 똑똑해 보인다.	1.67
	22. 날카로워 보인다.	1.56
	17. 인간미가 없다.	1.37
	2. 카리스마가 있다.	1.22
	23. 비리가 은근히 많을 것 같다.	1.12
부정	24. 가정에 소홀할 것이다.	-1.03
	27. 우유부단하다.	-1.09
	30. 대인관계가 좋다.	-1.49
	6. 올바르다.	-1.63
	29. 냉정해 보인다.	-1.71
	9. 비리가 없어 보인다.	-2.12

[표 9] 제2유형을 가장 잘 설명해주는 항목별 분석

Type II Item Descriptions

Items Greater Than All Others	Z-Score	A. or N. Z	Diff.
22. 날카로워 보인다.	1.564	-0.222	1.786
1. 똑똑해 보인다.	1.668	0.449	1.219

Items Less Than All Others	Z-Score	A. or N. Z	Diff.
27. 우유부단하다.	-1.085	0.198	-1.283
18. 고리타분하다.	-0.929	0.478	-1.408
9. 비리가 없어 보인다.	-2.121	-0.572	-1.549
6. 올바르다.	-1.630	0.310	-1.940
29. 냉정해 보인다.	-1.714	0.410	-2.124

(* A. or N. Z : Average Or Nearest Z / * Differences = ±1.0 이상)

위의 [표 8], [표 9]를 보면, 제2유형에 속한 4명은 위 [표 2]에서 분석된 바와 같이 인자가중치가 1을 넘은 사람이 3명이며, '1(Z-score=1.67)'번 Q진술문에 가장 긍정적 일치를 보이고 있고, '9(Z-score=-2.12)'번 Q진술문에 가장 부정적으로 생각하는 것을 확인된다.

다) 제3유형(N=4): 냉소적 유형(Sardonic Type)

[표 10] 제3유형에서 표준점수 ±1.00 이상을 보인 진술문

	Q 진 술 문	표준점수
긍정	29. 냉정해 보인다.	1.97
	13. 모범생 같지는 않다.	1.79
	12. 깔끔해 보인다.	1.41
	18. 고리타분하다.	1.36
	1. 똑똑해 보인다.	1.30
부정	25. 사생활 관리가 철처하다.	-1.11
	9. 비리가 없어 보인다.	-1.12
	21. 비열할 것 같다.	-1.28
	26. 고집이 셀 것 같다.	-1.61
	30. 대인관계가 좋다.	-2.20

[표 11] 제3유형을 가장 잘 설명해주는 항목별 분석

Type III Item Descriptions			
Items Greater Than All Others	Z-Score	A. or N. Z	Diff.
29. 냉정해 보인다.	1.973	-0.819	2.792
13. 모범생 같지는 않다.	1.788	0.143	1.645
18. 고리타분하다.	1.360	-0.285	1.645
12. 깔끔해 보인다.	1.406	0.399	1.007
Items Less Than All Others	Z-Score	A. or N. Z	Diff.
30. 대인관계가 좋다.	-2.204	-0.832	-1.372
21. 비열할 것 같다.	-1.276	0.137	-1.413
26. 고집이 셀 것 같다.	-1.609	-0.170	-1.439

(* A. or N. Z : Average Or Nearest Z / * Differences = ±1.0 이상)

위의 [표 10], [표 11]을 보면, 제3유형에 속한 2명은 위 [표 2]에서 분석된 바와 같이 인자가중치가 1을 넘은 사람이 2명으로, '29(Z-score=1.97)'번 Q진술문에 가장 긍정적 일치를 보이고 있고, '30(Z-score=-2.20)'번 Q진술문에 가장 부정적으로 생각하는 것을 확인된다.

라) 제4유형(N=3): 우유부단한 유형(Irresolute Type)

[표 12] 제4유형에서 표준점수 ±1.00 이상을 보인 진술문

	Q 진 술 문	표준점수
긍정	27. 우유부단하다.	1.76
	23. 비리가 은근히 많을 것 같다.	1.43
	26. 고집이 셀 것 같다.	1.30
	20. 나이들어 보인다.	1.20
	17. 인간미가 없다.	1.18
	28. 신뢰감이 생기질 않는다.	1.18
	21. 비열할 것 같다.	1.00
부정	11. 리더쉽이 뛰어나 보인다.	-1.00
	5. 지적이다.	-1.08
	2. 카리스마가 있다.	-1.18
	7. 당당하다.	-1.30
	13. 모범생 같지는 않다.	-1.38
	1. 똑똑해 보인다.	-1.48
	3. 심지가 굳다.	-1.99

[표 13] 제4유형을 가장 잘 설명해주는 항목별 분석

Type IV Item Descriptions			
Items Greater Than All Others	Z-Score	A. or N. Z	Diff.
27. 우유부단하다.	1.763	-0.752	2.515
26. 고집이 셀 것 같다.	1.300	-1.139	2.439
24. 가정에 소홀할 것이다.	0.967	-0.723	1.691
21. 비열할 것 같다.	1.004	-0.622	1.627
20. 나이들어 보인다.	1.197	-0.288	1.485
28. 신뢰감이 생기질 않는다.	1.176	-0.308	1.484
23. 비리가 은근히 많을 것 같다.	1.435	-0.033	1.468
25. 사생활 관리가 철저하다.	0.127	-1.075	1.202
Items Less Than All Others	Z-Score	A. or N. Z	Diff.
12. 깔끔해 보인다.	-0.467	1.024	-1.491
7. 당당하다.	-1.295	0.332	-1.627
5. 지적이다.	-1.078	1.005	-2.083
2. 카리스마가 있다.	-1.176	1.166	-2.342
13. 모범생 같지는 않다.	-1.382	1.199	-2.581
3. 심지가 굳다.	-1.993	0.699	-2.692
1. 똑똑해 보인다.	-1.480	1.498	-2.978

(* A. or N. Z : Average Or Nearest Z / * Differences = ±1.0 이상)

위의 [표 12], [표 13]을 보면, 제4유형에 속한 2명은 위 [표 2]에서 분석된 바와 같이 인자가중치가 1을 넘은 사람이 1명으로, '27(Z-score=1.76)'번 Q진술문에 가장 긍정적 일치를 보이고 있고, '3(Z-score=-1.99)'번 Q진술문에 가장 부정적으로 생각하는 것을 확인된다.

나. 유형간 차이 분석

각 유형간 차이 분석은 각 유형별 차별성을 긍정적(+), 부정적(-) 의견으로 비교 제시함으로써 그 차별성(독특성)을 설명해주는 작업이다. 즉, '차이' 항목의 수치가 크면 클수록 해당 유형에 더 접근된 진술문이다. 본 내용에서는 각 유형간 차이점수가 가장 높은 긍정 및 부정 의견을 중심으로 각 유형의 특성을 확인해 보고자 한다.

가) 제1, 2유형간 차이 분석

[표 14] 제1유형과 제2유형간 차이 분석

ITEM DESCRIPTIONS	Z-SCORES		Diff.
	TYPES 1	TYPES 2	
6. 올바르다.	1.599	-1.630	3.228
9. 비리가 없어 보인다.	-0.153	-2.121	1.968
3. 심지가 굳다.	1.496	0.038	1.458
30. 대인관계가 좋다.	-0.385	-1.489	1.104
7. 당당하다.	0.788	-0.260	1.048
26. 고집이 셀 것 같다.	-1.474	-0.336	-1.138
20. 나이들어 보인다.	-1.039	0.143	-1.183
25. 사생활 관리가 철저하다.	-1.785	-0.332	-1.453
21. 비열할 것 같다.	-1.033	0.441	-1.474
17. 인간미가 없다.	-0.405	1.372	-1.777
23. 비리가 은근히 많을 것 같다.	-1.009	1.123	-2.132
22. 날카로워 보인다.	-1.525	1.564	-3.089

위 [표 14]에서 보는 바와 같이, 제1유형[(N=4): 지적 개성형(Intelligent Personality Type)]과 제2유형[(N=4): 비인간적 유형(Inhuman Type)] 간에는 크게 2가지 진술문 측면에서 차이양상이 뚜렷하였다. 즉, "6. 올바르다(Differences = 3.228). 22. 날카로워 보인다(Differences = -3.089)."등으로 분석되었다. 즉, 6번에 있어서는 적극적인 일치점을 보이고 있으나, 22번에 있어서는 서로 다른 양상의 부정적 이견을 나타내고 있다.

나) 제 1, 3유형간 차이 분석

[표 15] 제1 유형과 제3유형간 차이 분석

ITEM DESCRIPTIONS	Z-SCORES		Diff.
	TYPES 1	TYPES 3	
6. 올바르다.	1.599	-0.364	1.963
30. 대인관계가 좋다.	-0.385	-2.204	1.819
15. 현실적이다.	1.150	-0.286	1.436
14. 위기대처 능력이 뛰어나다.	0.367	-0.914	1.282
2. 카리스마가 있다.	1.738	0.537	1.201
20. 나이들어 보인다.	-1.039	0.032	-1.071
18. 고리타분하다.	-0.765	1.360	-2.126
22. 날카로워 보인다.	-1.525	0.756	-2.282
29. 냉정해 보인다.	-1.412	1.973	-3.385

위의 [표 15]에서 보는 바와 같이, 제1유형[(N=4): 지적 개성형(Intelligent Personality Type)]과 제3유형[(N=4): 냉소적 유형(Sardonic Type)]간에는 크게 2가지 진술문 측면에서 차이양상이 뚜렷하였다. 즉, "6. 올바르다(Differences = 1.963). 29. 냉정해 보인다(Differences = -3.385)." 등으로 분석되었다. 즉, 6번에 있어서는 적극적인 일치점을 보이고 있으나, 29번에 있어서는 서로 다른 양상의 부정적 이견을 보여 주고 있다.

다) 제 1, 4유형간 차이 분석

[표 16] 제1유형과 제4유형간 차이 분석

ITEM DESCRIPTIONS	Z-SCORES		Diff.
	TYPES 1	TYPES 4	
3. 심지가 굳다.	1.496	-1.993	3.489
1. 똑똑해 보인다.	1.526	-1.480	3.007
2. 카리스마가 있다.	1.738	-1.176	2.914
13. 모범생 같지는 않다.	0.849	-1.382	2.231
5. 지적이다.	1.143	-1.078	2.221
7. 당당하다.	0.788	-1.295	2.083
6. 올바르다.	1.599	-0.304	1.903
15. 현실적이다.	1.150	-0.426	1.576
12. 깔끔해 보인다.	0.995	-0.467	1.462
11. 리더쉽이 뛰어나 보인다.	0.215	-0.996	1.212
17. 인간미가 없다.	-0.405	1.181	-1.586
18. 고리타분하다.	-0.765	0.841	-1.606
22. 날카로워 보인다.	-1.525	0.103	-1.628
24. 가정에 소홀할 것이다.	-0.709	0.967	-1.677
28. 신뢰감이 생기질 않는다.	-0.518	1.176	-1.694
25. 사생활 관리가 철처하다.	-1.785	0.127	-1.912
27. 우유부단하다.	-0.178	1.763	-1.941
21. 비열할 것 같다.	-1.033	1.004	-2.037
29. 냉정해 보인다.	-1.412	0.668	-2.080
20. 나이들어 보인다.	-1.039	1.197	-2.237
23. 비리가 은근히 많을 것 같다.	-1.009	1.435	-2.444
26. 고집이 셀 것 같다.	-1.474	1.300	-2.774

위의 [표 16]에서 보는 바와 같이, 제1유형[(N=4): 지적 개성형(Intelligent Personality Type)]과 제4유형[(N=3): 우유부단한 유형(Irresolute Type)] 간에는 크게 2가지 진술문 측면에서 차이양상이 뚜렷하였다. 즉, "3. 심지가 굳다(Differences = 3.489). 26. 고집이 셀 것 같다(Differences = -2.774)." 등으로 분석되었다. 즉, 3번에 있어서는 적극적인 일치점을 보이고 있으나, 26번에 있어서는 서로 다른 양상의 부정적 이견을 피력한 것으로 분석된다.

라) 제2, 3유형 간 차이 분석

[표 17] 제2유형과 제3유형 간 차이 분석

ITEM DESCRIPTIONS	Z-SCORES		Diff.
	TYPES 2	TYPES 3	
21. 비열할 것 같다.	0.441	-1.276	1.717
23. 비리가 은근히 많을 것 같다.	1.123	-0.214	1.337
26. 고집이 셀 것 같다.	-0.336	-1.609	1.273
17. 인간미가 없다.	1.372	0.354	1.018
9. 비리가 없어 보인다.	-2.121	-1.120	-1.000
6. 올바르다.	-1.630	-0.364	-1.265
18. 고리타분하다.	-0.929	1.360	-2.290
29. 냉정해 보인다.	-1.714	1.973	-3.687

위의 [표 17]에서 보는 바와 같이, 제2유형[(N=4): 비인간적 유형(Inhuman Type)]과 제3유형[(N=4): 냉소적 유형(Sardonic Type)] 간에는 크게 2가지 진술문 측면에서 차이양상이 뚜렷하였다. 즉, "21. 비열할 것 같다(Differences = 2.658). 29. 냉정해 보인다(Differences = -2.669)." 등으로 분석되었다. 즉, 21에 있어서는 적극적인 일치점을 보이고 있으나, 29번에 있어서는 서로 다른 양상의 부정적 이견을 나타내고 있다.

마) 제2, 4유형 간 차이 분석

다음 [표 18]에서 보는 바와 같이, 제2유형[(N=4): 비인간적 유형(Inhuman Type)]과 제4유형[(N=3): 우유부단한 유형(Irresolute Type)] 간에는 크게 2가지 진술문 측면에서 차이양상이 뚜렷하였다. 즉, "1. 똑똑해 보인다(Differences = 3.148). 27. 우유부단하다(Differences = -2.848)." 등으로 분석되었다. 즉, 1번에 있어서는 적극적인 일치점을 보이고 있으나, 27번에 있어서는 서로 다른 양상의 부정적 이견을 보여 주고 있다.

[표 18] 제2유형과 제4유형 간 차이 분석

ITEM DESCRIPTIONS	Z-SCORES		Diff.
	TYPES 2	TYPES 4	
1. 똑똑해 보인다.	1.668	-1.480	3.148
2. 카리스마가 있다.	1.222	-1.176	2.398
13. 모범생 같지는 않다.	0.961	-1.382	2.343
5. 지적이다.	0.967	-1.078	2.045
3. 심지가 굳다.	0.038	-1.993	2.030
22. 날카로워 보인다.	1.564	0.103	1.461
12. 깔끔해 보인다.	0.670	-0.467	1.137
7. 당당하다.	-0.260	-1.295	1.035
28. 신뢰감이 생기질 않는다.	0.150	1.176	-1.026
20. 나이들어 보인다.	0.143	1.197	-1.054
6. 올바르다.	-1.630	-0.304	-1.326
26. 고집이 셀 것 같다.	-0.336	1.300	-1.636
9. 비리가 없어 보인다.	-2.121	-0.443	-1.677
18. 고리타분하다.	-0.929	0.841	-1.770
24. 가정에 소홀할 것이다.	-1.035	0.967	-2.002
29. 냉정해 보인다.	-1.714	0.668	-2.382
27. 우유부단하다.	-1.085	1.763	-2.848

바) 제3, 4유형 간 차이 분석

아래의 [표 19]에서 보는 바와 같이, 제3유형[(N=4): 냉소적 유형(Sardonic Type)]과 제4유형[(N=3): 우유부단한 유형(Irresolute Type)] 간에는 크게 2가지 진술문 측면에서 차이양상이 뚜렷하였다. 즉, "13. 모범생 같지는 않다(Differences = 3.170). 26. 고집이 셀 것 같다(Differences = -2.909)." 등으로 분석되었다. 즉, 13번에 있어서는 적극적인 일치점을 보이고 있으나, 26번에 있어서는 서로 다른 양상의 부정적 이견을 나타내었다.

[표 19] 제3 유형과 제4유형간 차이 분석

ITEM DESCRIPTIONS	Z-SCORES		Diff.
	TYPES 3	TYPES 4	
13. 모범생 같지는 않다.	1.788	-1.382	3.170
1. 똑똑해 보인다.	1.300	-1.480	2.780
3. 심지가 굳다.	0.564	-1.993	2.556
5. 지적이다.	0.905	-1.078	1.983
12. 깔끔해 보인다.	1.406	-0.467	1.874
7. 당당하다.	0.468	-1.295	1.763
2. 카리스마가 있다.	0.537	-1.176	1.713
29. 냉정해 보인다.	1.973	0.668	1.305
20. 나이들어 보인다.	0.032	1.197	-1.166
25. 사생활 관리가 철저하다.	-1.109	0.127	-1.236
24. 가정에 소홀할 것이다.	-0.426	0.967	-1.394
30. 대인관계가 좋다.	-2.204	-0.623	-1.581
23. 비리가 은근히 많을 것 같다.	-0.214	1.435	-1.649
28. 신뢰감이 생기질 않는다.	-0.555	1.176	-1.731
21. 비열할 것 같다.	-1.276	1.004	-2.280
27. 우유부단하다.	-0.991	1.763	-2.754
26. 고집이 셀 것 같다.	-1.609	1.300	-2.909

다. 일치하는 항목별 분석

[표 20] 각 유형간 일치항목(Consensus Items)과 그 비중치

Q 진 술 문	표준점수
16. 겉과 속이 다를 것 같다.	0.40
19. 학벌주의자 같다.	0.26
10. 책임감이 있다.	0.13
8. 무슨 일이든 빠르게 처리한다.	0.03
4. 공과 사를 확실히 구분한다.	-0.39

(* CRITERION = ±1.000)

[표 20]에서 보듯이, 이 연구에서 도출된 4개의 유형이 비슷하게 동의한 Q진술문은 총 5개 항목으로 긍정적 항목 4개, 부정적 항목 1개로 나타났다. 전체적으로 제1유형[(N=4): 지적 개성형(Intelligent Personality Type)], 제2유

형[(N=4): 비인간적 유형(Inhuman Type)], 제3유형[(N=4): 냉소적 유형(Sardonic Type)], 제4유형[(N=3): 우유부단한 유형(Irresolute Type)] 등의 의견에 일치된 분석을 보여주었다. 여기에서 피응답자들은 '16, 19, 10, 8'번의 진술문에 대체적으로 동의를 하고 있음을 확인할 수 있으며, 특히 16번 '겉과 속이 다를 것 같다(0.40).'라는 의견과 4번 '공과 사를 확실히 구분한다(-0.39).'라는 의견에 동의를 하는 것으로 보아, 참여자들은 국회의원 수행 보좌관에 대해서 '약간 부정적인' 인상으로 많이 인지하는 것으로 의견의 일치를 보였다고 볼 수 있겠다. 이와 함께 부정적 '4번' 진술문에서 보이는 것과 같이, 이 실험에 참여한 사람들은 기본적으로 국회의원 수행보좌관의 이미지에 대해서 '공과 사를 확실히 구분하지 않을 것이다'라는 측면에 동의를 하는 것으로 보였다. 이러한 점들은 무엇보다도 응답자들은 국회의원 수행보좌관의 직업적 위치와 역할이라는 차원에서 볼 때, 과거의 불합리하게 보여 왔던 고정된(Stereotyped) 인상에서 벗어나지 않았다는 것으로 평가된다.

(5) 결론 및 함의

본 연구는 국회의원 수행 보좌관의 이미지에 관한 대학생들의 주관적 성향을 살펴보기 위해서 Q방법론을 이용하였다.

분석한 결과, 총 3가지의 유형으로 분류되었는데, 제1유형[(N=4): 지적 개성형(Intelligent Personality Type)], 제2유형[(N=4): 비인간적 유형(Inhuman Type)], 제3유형[(N=4): 냉소적 유형(Sardonic Type)], 제4유형[(N-3): 우유부단한 유형(Irresolute Type)]으로서, 각 유형마다 독특한 특징이 있는 것으로 파악되었다.

분석된 3가지 유형별 결과에서 보면, 대부분의 응답자들은 과거에 비해 국회의원 수행 보좌관의 이미지가 과거부터 인지되어온 것으로 보여진다.

궁극적으로, 향후, 국회의원 수행보좌관의 이미지는 국내 정치문화에서 요구하는 역할을 수용해야 하고, 현 정치문화에서 기대되는 보좌관의 역할이 그저 본 논문에서 살펴본 '이미지'적 인상보다는 국회의원의 대리적 역할이나 품위유지 역할에 좀 더 높은 비중을 둔 다면, 이러한 역할에 대한 평가가 우선시 되어야 하고, 의원과 보좌관들 간의 제 역할 관계에 있어서도 그 인식이 수정되어야 할 것으로 본다.

또한 지금까지 권위주의적 정치문화가 뿌리 깊게 박혀 있는 상황에서 일인의 지도자를 중심으로 이합집산에 따라 생성과 소멸이 반복되는 정당체제를 가지고 있는 우리의 경우, 신뢰받는 정치, 신임할 수 있는 국회를 만들기 위해서 의원들의 노력과 인식의 전환이 시급하고 중요한 문제이며, 보좌관을 바라보는 그 이외의 국민들의 인식도 제고되어야 한다.

결론적으로 대학생들은 국회의원 수행 보좌관에 대한 이미지를 '비판적으로 인식하고, 다각적으로 선호하며, 이미지를 평가하는 것'으로 분석되었다. 이러한 분석내용은 향후 선거 및 정치 관계자들의 정치관련 운동(현장)에서 대학생들에게 '어떻게' 접근하고 이해해야 하는 지에 관한 중요한 '잣대'로 활용될 수 있다고 보인다.

마지막으로, 그간의 정치인들의 정치참여와 관련하여 대중의 사회적, 심리적 특성이나 라이프 스타일 유형화 등을 중심으로 연구가 이루어져 왔고, 다양한 문화 수용과 평가에 따른 타깃별 대중의 유형화 작업은 다양하게 연구되지 못했다는 점에서 앞으로 많은 개선책을 제시할 수 있겠다. 따라서 추후 발전된 연구방향은 주제 관련 구체적인 이용자들의 인식 특성과 행태를 연결하여 분석하는 것이 필요하다고 볼 수 있겠다.

♣ 생각해 봅시다

▶ 여러분이 생각하는 국회의원 보좌관에 관한 이미지는?
▶ 국회의원 보좌관의 직업적 가치관에 대해서 토론합시다.

5) 디지털 시대 정치후보자의 온라인 홍보

(1) 개관

 디지털 시대이자 민주주의 시대에 있어서 수많은 유권자들의 의식과 욕구를 충족시켜줄 수 있는 중요한 행태로 나아가는데 중요한 역할을 하고 있는 것은 소위 '온라인 매체'라는 점에 부인을 할 사람은 그리 많지 않다. 특히, 인터넷을 통해 국민들이 정치적 의사결정 과정에 직접 참여할 수 있도록 한다는 전자 민주주의는 일반 대중들에게 점점 더 다양한 정치문화를 경험하는 장으로 변신하게끔 유도하고 있다. 그러한 인터넷은 골치 아픈 정치보다 훨씬 더 재미있고 감각적인 볼거리들로 끊임없이 사람들을 유혹하고 있으며, 이에 정치인들은 너도나도 유행처럼 자신의 홈페이지를 개설하여 온라인 홍보에 열을 올리고 있다. 최근 국내 지자체 선거(2010.6.2)와 얼마 전 국회의원 보궐선거(2010.7.28)에서도 이와 같은 모습은 더 극명하게 드러나고 있다.

 그러나 이러한 시대적 흐름 속에서 정치후보자들의 온라인 홍보의 행태는 온라인 문화가 그 어느 나라보다도 성장속도가 빠른 점을 감안해 볼 때, 부족한 홍보콘텐츠와 운영에 많은 허점을 노출하고 있는 실정이다. 요즘 일반인들도 블로그(Blog), 트위터(Twitter)[82] 등의 형태로 자신을 홍보하고 있지만, 정작 정치후보자들의 현재 온라인에서의 홍보역할은 극히 미숙한 태도를 보여주고 있다고 하겠다. 즉, 다양한 타깃층을 향한 눈높이 선거홍보가

---

[82] 연합뉴스. 〈6.2 선거〉 ②정당들 트위터 활용 장려 - "트위터 20~30대 투표율 높이는 원동력" : 후보에겐 소통의 도구이자 뛰어난 참모. 2010.5.16. : 6.2 지방선거가 막을 올리면서 각 정당과 후보들은 트위터를 활용한 유권자와의 소통에 적극 나서고 있다. 주요 정당들은 전담팀을 설치하고 '트위터 열풍'에 대비하고 있으며 거의 모든 후보가 자신의 일상생활부터 공약에 이르기까지 각종 정보를 트위터들과 실시간으로 공유하며 선거운동에 활용하고 있다. 많은 팔로어(follower)를 거느린 트위터 스타 정치인들은 트위터를 '선거 참모'처럼 효과적으로 활용하고 있다. 반면 트위터의 가능성에 주목하면서도 이번 선거에서의 파급력은 제한적이라 판단하고 오프라인 활동에 집중하는 후보들도 있다.

필요하다는 점을 오프라인과 온라인에서 집중적으로 어필하는 점이 필요할 것이다.

이에 본 논문에서는 이러한 디지털 시대에서 국내 정치후보자들의 온라인 홍보의 모습이 지식을 연마하는 일반 대학생들에게 어떠한 모습으로 다가오고 있는지에 대하여 Q방법론적 연구로 진단하고, 향후 시사점을 제공하고자 한다.

(2) 이론적 논의

최근 6.2지방선거에 출마하는 정치후보자들이 정보화시대를 맞아 개인 홈페이지와 블로그를 활용한 소리 없는 인터넷 소통에 본격적으로 뛰어들고 있다.

2000년 이후 선거의 환경도 디지털시대를 맞아 인터넷으로 넘어오면서 그동안 발품에 의존하는 선거풍토에서 인터넷을 통한 온라인 홍보운동에 각 후보자들이 심혈을 기울이고 있는 것이다.

이 같은 선거풍토는 유권자들의 투표권이 19세로 낮아진 원인도 크지만 대부분의 지식층과 젊은 층에게 접근하기 위한 방법으로 온라인을 통하지 않고는 소통하기가 어렵기 때문이다. 결국 인터넷공간에서 이루어지는 '온라인 홍보운동'이 후보자들의 당락을 좌우하게 되었고 이에 각 후보자들은 자신만의 이미지를 전달하기 위한 홈페이지 또는 블로그를 통한 홍보가 소리 없이 유권자들 속으로 파고들고 있다.

이 같이 정치 후보자들이 홈페이지 또는 블로그를 통해서 자신을 알리기 위해 노력하고 있으나 일부 후보자의 경우 아직까지 온라인 정치홍보에 대한 인식부족과 콘텐츠 관리의 미숙으로 있으나 마나한 홈페이지 운영과 흔한 블로그마저도 없는 후보자도 다반사다.

기존의 일반 언론매체와는 달리 인터넷을 통한 홈페이지나 블로그를 운영한다는 것은 곧 주민들과의 소통을 의미한다. 즉, 일방향적 전파개념을

탈피한 주민이나 이웃 또는 네티즌들의 다양한 의견이 공유되는 공간인 것이다.[83]

얼마 전 치러진 6.2지방선거와 7.28국회의원 보궐선거를 통해 디지털시대에 접어든 현재 '오프라인 정치홍보운동'의 한계를 초월한 '온라인 홍보운동'이 다양하게 전개되는 것이 각 후보자에게 중요한 작용요소로 부각됨으로써 향후 지대한 영향을 미칠 것으로 사료된다. 선거법 109조는 편지나 전보, 팩스 등 전기통신을 이용한 선거운동을 금지하고 있지만 PC와 전화에 의한 선거운동은 예외규정으로 인정하였다. 따라서 이메일 전송을 불특정한 다수를 향한 대규모의 편지나 문서 발송행위로 취급한다면 이는 불법 선거운동이지만 PC에 의한 개인 간 통신 행위로 취급한다면 합법적인 선거운동으로 인정되는 문제가 있다(이현우, 2000, 27쪽).

특히, 정치인의 온라인 홍보캠페인은 바로 '온라인 홍보물'이며 '후보자의 살아있는 정치 공간'이므로 디자인, 형식, 기능은 단순하게 구성하더라도 네티즌 시선을 유도하는 디자인이 필요하고 지역 네티즌을 위한 콘텐츠를 마련하여 지역 정치, 경제, 각종 정보 등을 풍부하게 제공하는 콘텐츠 개발, 모범적인 사이트 운영, 온라인 홍보 등으로 네티즌의 적극적인 참여를 유도하여야 한다.

또한 경쟁 후보자와의 이미지 전략, 정책 전략을 기반으로 차별성을 강조해야 한다. 지지자들의 방문보다는 무관심층, 비우호층에게 타깃을 맞춘 선거홍보물이 되어야 한다.[84] 게임, 뉴스레터 등 '커뮤니케이션'을 최대한 활용할 수 있는 매체를 신설하여, 지지자를 확산시키고, 후보자의 이미지, 정책을 전파하는 메뉴가 있어야 한다.

---

83) 인터넷과 통하면 당선이다 :발품 선거운동에서 사이버 선거운동으로(참조)
    http://www.nanumnews.com/sub_read.html?uid=18555&section=sc205&section2=영남
84) http://blog.naver.com/nagazaa/90001697731

(3) 연구문제 및 방법론

가. 연구문제

이에 본 연구에서는 디지털 시대 정치후보자의 온라인 홍보에 관하여 실증적이고 심층적 Q 분석을 통해 다각적인 분석을 실시하고자 한다.

이에 본 연구에서는 위에서 제기된 사항들의 해답을 얻기 위하여 주관성 연구 분석방법을 활용하며, 이에 따른 연구문제는 아래와 같다.

연구문제 1 : 디지털 시대 정치후보자의 온라인 홍보에 관한 수용 유형은 어떠한가?

연구문제 2 : 이들 각 유형들 간의 동질적이며 이질적인 특성과 그 함의는 무엇인가?

나. 연구설계

디지털 시대 정치후보자의 온라인 홍보에 대한 문헌분석은 객관적인 가치 분석이 가능하여, 앞으로 디지털 시대 정치후보자의 온라인 홍보를 보다 효과적으로 이해하는 데 기여할 수 있다. 또한 디지털 시대 정치후보자의 온라인 홍보에 대한 평가는 객관적인 가치규명뿐만 아니라, 디지털 시대 정치후보자의 온라인 홍보를 위한 효과적인 전략과 활용방법을 제시한다는 차원에서 유도할 수 있다. 이 과정에서 시도되는 구체적인 연구방법은 다양한 국내외 자료를 단계별로 정리하여 다각적인 사례연구들로 진행될 것이다. 조사범위는 현재 국내에서 가능한 모든 문헌을 대상으로 실시하고자 한다. 조사 기간은 모든 관련 자료들을 중심으로 이루어졌다.

추가로 본 연구에서는 대학생들을 대상으로 Q심층조사를 실시하였다. 본 논문주제들의 관점을 심층적으로 이해하기 위해 연구 중점 주제들을 대상으로 인터뷰를 수행하였다.

〈그림 1〉 심층 인터뷰 수행 과정

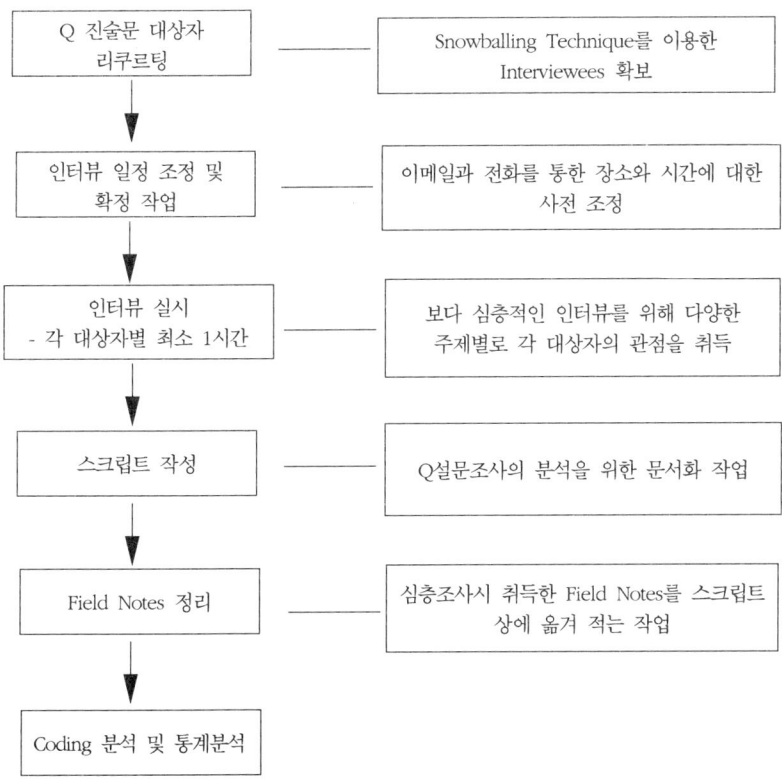

질적 연구의 한 분야로서 Q 심층조사 분석은 Grand Tour Technique[85] 방식을 채용해 실시할 예정이므로 공통의 분야와 개별 분야로 나뉘어 연구 주제들이 제기될 필요가 있다. 본 논문에서 연구 주제들은 현재 연구 수행 전의 단계에서 확정된 것들이며, 인터뷰를 진행해 나가면서 질적 연구방법의 특성을 살린 진화적 설계(Evolving Design) 방식에 따라 추가적인 연구문제가 포함되었다.

---

85) 소수의 구체적인 사항에 대해서 테마를 찾아가는 방식인 Laddering과 달리 가장 근본적인 사항에서부터 점진적으로 구체적인 부분까지 파악하는 방식으로써 대상자의 경험과 생각에 따라 전혀 다른 인터뷰 진행이 실시되는 비구조적 인터뷰임

전술한 바와 같이 Q 심층조사에서는 대학생들의 의견을 청취하게 될 것이므로 초기 인터뷰의 결과가 그 이후의 인터뷰 내용에 영향을 미치는 구조를 띠게 된다. 때문에, 위에 열거한 인터뷰의 항목들이 현재 제안서 단계에서 확정적인 것은 아니며, 최초 3~4회 정도의 인터뷰를 거치면서 보다 집중적인 이슈들로 진술문 정리가 되는 과정을 거칠 것이다.

인터뷰의 과정은 위 [그림 1]에서처럼 리쿠르팅에서부터 코딩 분석까지 설계되었으며, 실제 리쿠르팅은 본 연구팀에서 대행할 것이다. 본 연구에서는 인터뷰, 분석의 두 가지 일을 맡게 될 것이다.

다. 연구방법

본 논문에서는 R방법론에서 도출된 다양한 의견과 각각의 유형을 구조화하고 유형별 특성을 파악, 기술하고 설명하는데 좀 더 발견적이고 가설생성적인 Q방법론(김홍규, 1992, 1-11 ; Simmon, 1989, 155-161 ; Stephenson, 1954 ; Stephenson, 1968, 18) 분석결과를 토대로 좀 더 다각적인 평가와 전망을 제시하고자 한다.

무엇보다도, 디지털 시대 정치후보자의 온라인 홍보에 관한 연구에 대해서는 기존의 계량적 방법론(R방법론)으로 객관적 통계분석이 주로 이용되어 왔으나, Q방법론(Brown, 1980 ; Brown, During and Selden, 1999 ; Dryzek, 1990)적 분석논문은 종사자간, 즉 조직 커뮤니케이션과 문화 분야와 관련된 종사자들의 자아구조(schema) 속에 있는 요인들까지 파악할 수 있다는 점에서 통찰력 있는 분석이 도출될 수 있다고 본다. 즉, 이 연구는 기존의 이론에서 연역적인 가설을 도출하는 종래의 연구방법과는 달리, 사람들이 일상적으로 갖게 되는 주관적 이미지에 의하여 새로운 가설을 발견(hypothesis abduction)하려는 목적을 가지고 있다(선우동훈, 1991, 7). 이는 Q방법론이 행위자의 관점에서 출발하며 인간 개개인마다 다른 주관성 구조에 따른 서로 다른 유형에 대한 이해와 설명이 가능하기 때문이다. 연구자는 디지털 시대 정치후보자의 온라인 홍보에 관한 사항을 심도있게 측정하기 위해서는 기존의 방법으로는 어느 정도 한계성이 있다고 생각하여, Q방법론적 접근을 시도하였다. 이를 위해 분석작업은 진술문 형태의 카드를 분류하는 방법으로 행해졌다. 이 진술문 작성을 위하여 연구자는 종사자들의 인터뷰를 통하여 Q모집단(concourse)을 구성하고, 이를 통하여 진술문(Q-statement)을 작성한 후, P샘플을 선정, 분류작업(sorting) 과정을 거쳐 얻게 되는 Q-sort를 PC QUANL 프로그램을 이용, Q요인분석(Q-factor analysis)을 통해 분석하였다.

가) Q표본(Q-sample)과 P표본(P-sample)

이 연구를 위한 Q표본은 디지털 시대 정치후보자의 온라인 홍보에 관한 수용행태 유형에 관한 가치체계로 구성된 진술문으로 구성될 것이다. 이 연구는 디지털 시대 정치후보자의 온라인 홍보에 대해서 종사자들이 지니고 있는 전반적인 관념들과 느낌, 의견, 가치관 등을 종합적으로 얻기 위해 이 연구와 관련된 전문서적, 학술서적, 저널 등의 관련문헌 연구를 포함하여 국내 지방자치단체의 종사자들을 대상으로 심층인터뷰를 통하여 약 50여개의 Q-population(concourse)을 추출하였다. 또한 Q-population에 포함된 진술문 중 주제에 관한 대표성이 가장 크다고 여겨지는 진술문을 임의로 선택하는 방법을 사용하여, 최종적으로 16개의 진술문 표본을 선정할 것이다. 여기에서 선택된 16개의 진술문은 전체적으로 모든 의견들을 포괄하고, 긍정, 중립, 부정의 균형을 이룰 수 있도록 구성하였다(표 1).

Q방법론은 개인간의 차이(inter-individual differences)가 아니라 개인 내의 중요성의 차이(intra-individual difference in significance)를 다루는 것이므로 P샘플의 수에 아무런 제한을 받지 않는다(김홍규, 1990, 45). 또한 Q연구의 목적은 표본의 특성으로부터 모집단의 특성을 추론하는 것이 아니기 때문에 P표본의 선정도 확률적 표집방법을 따르지 않는다. 따라서 이 연구에서는 위에서 제시한 기준에 의거하여 성별, 연령, 직업 등 인구학적 특성을 적절히

고려하는 R방법과 달리, 본 연구와 관련하여 사전 연락을 통해 조사작업에 동의를 구한 P표본(응답자)들을 중심으로 최종 15명을 P샘플로 선정하였으며, 대학 연구실에 모여서 조사되었다.

<u>나) Q분류작업(Q-sorting)과 자료의 처리</u>

Q표본과 P표본의 선정이 끝나게 되면 P표본으로 선정된 각 응답자(Q-sorter)에게 일정한 방법으로 Q샘플을 분류시키는데 이를 Q분류작업(Q-sorting)이라 부른다.

[그림 2] 각 진술문의 긍정 및 부정의견 점수 분포방식

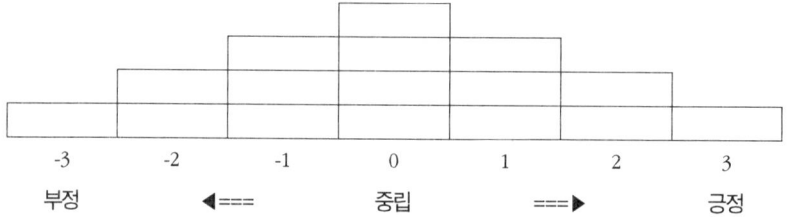

이러한 Q분류작업은 개인이 복잡한 주제나 이슈 또는 상황에 관한 자신의 마음의 태도를 스스로 모형화하는 것으로서 각 응답자는 진술문을 읽은 후, 그것들을 일정한 분포 속에 강제적으로 분류하였다.

[표 2] 분포별 점수 및 진술문 수

분포	-3	-2	-1	0	1	2	3
점수	1	2	3	4	5	6	7
진술문 수	1	2	3	4	3	2	1

[그림 2]에서 보듯이, 이 연구에서의 Q분류의 절차는 Q표본으로 선정된 각각의 진술문이 적힌 카드를 응답자가 읽은 후 긍정(+), 중립(0), 부정(-)으로 크게 3개의 그룹으로 분류한 다음 긍정 진술문 중에서 가장 긍정하는 것을 차례로 골라서 바깥에서부터(+3) 안쪽으로 분류를 진행하여 중립부분

에서 정리하였다. 마찬가지의 방법으로 부정 진술문들을 분류하고, 이때 양 끝에 놓여진 1개의 진술문에 대해서는 각각의 코멘트(심층인터뷰)를 받아 두도록 한다. 이것은 Q-factor 해석에 유용한 정보를 제공해 주기 때문이다.

이어서 P표본에 대한 조사가 완료된 후 수집된 자료를 점수화하기 위하여 Q표본 분포도에서 가장 부정적인 경우 (-3)를 1점으로 시작하여 2점(-2), 3점(-1), 4점(0), 5점(+1), 6점(+2), 그리고 가장 긍정적인 경우 7점(+3)을 부여하여 점수화 하도록 한다([표 1]). 이 부여된 점수를 진술문 번호순으로 코딩하고, 이러한 자료를 PC용 QUANL 프로그램으로 처리하여 그 결과를 얻는다.

[표 3] Q진술문의 유형별 표준점수

Q진술문(Q-Statements)	유형별 표준점수		
	I (N=4)	II (N=6)	III (N=5)
1. 디지털 시대에 적합한 후보자 온라인 홍보이어야 한다.	-2.3	-0.7	-1.1
2. 타켓형 온라인 홍보가 필요하다.	-1.2	0.2	-0.9
3. 연령을 초월하는 온라인 홍보로 변화되어야 한다.	1.4	-0.1	1.0
4. 향후 온라인 홍보문화의 미래는 희망적이다.	0.7	-1.8	-1.9
5. 자주 접하는 인터넷을 통한 온라인 홍보물에 관심이 간다.	-0.8	-1.6	-1.1
6. 맞춤형 온라인 후보 홍보정책이 요청된다.	-0.9	0.5	-0.2
7. 타 홍보 미디어와 차별적인 홍보 개념이 필요하다.	1.6	0.6	-0.5
8. 유권자에게 다가가는 온라인 홍보가 많아야 한다.	0.9	1.2	0.9
9. 최첨단 그래픽 디자인에 따라 온라인 홍보는 차이가 난다.	-0.8	2.0	-0.9
10. 정치 후보자들의 온라인 홍보내용은 검증된 내용으로 이루어져야 한다.	0.4	0.7	0.2
11. 정치 후보자 오프라인 홍보 자체를 싫어한다.	0.3	-1.4	0.6
12. 정치 후보자 온라인 홍보와 관련된 법제도가 바뀌어야 한다.	0.1	0.9	0.9
13. 정치 후보자 온라인 홍보물의 정책을 믿을 수 없다.	0.1	-0.3	-0.0
14. 온라인 후보자들의 윤리성과 도덕성이 중요하다.	0.9	0.2	-0.0
15. 오프라인 매체에 비해 홍보 설득력이 부족한 편이다.	-0.0	-0.4	1.0
16. 후보자를 쉽게 인지할 수 있는 홍보기법이어야 한다.	-0.4	0.2	2.0

[표 4] 조사대상의 인구학적 특성 및 유형별 인자가중치

유형	ID	성별	연령	직업	인자가중치
TYPE I (N=4)	1	여자	22	대학생	0.7486
	5	여자	20	대학생	4.4566
	10	여자	29	1박사과정	1.6413
	11	남자	23	대학생	2.0243
TYPE II (N=6)	2	여자	26	석사과정	0.8817
	3	여자	21	대학생	0.5640
	7	남자	22	대학생	0.4926
	12	여자	23	대학생	1.2902
	13	여자	21	대학생	1.2250
	14	남자	33	박사과정	1.2200
TYPE III (N=5)	4	여자	26	석사과정	1.7789
	6	남자	28	대학생	1.1688
	8	여자	31	박사과정	1.4845
	9	여자	27	석사과정	4.2378
	15	남자	22	대학생	0.5140

(4) 연구결과 및 논의

디지털 시대 정치후보자의 온라인 홍보에 관한 주관성 유형을 알아보기 위해서, Q요인분석(factor analysis)을 한 결과 총 3개의 유형이 나타났다.

QUANL 프로그램을 실시해 본 결과, 전체변량의 약 59(0.5884)%를 설명하고 있는 3개의 유형에는 각각 4명, 6명, 5명이 속하였는데, 여기서 인원수의 의미는 없다. 또한 인자가중치가 1.0이상인 사람이 각각 3명, 3명, 4명이 속해 있어 제3유형이 가장 큰 (설명력이 높은) 인자임을 알 수 있다.

아래의 [표 5]에서 보듯이, 각 유형의 변량 크기를 나타내는 대표적 아이겐 값(eigen value)은 각각 4.7548, 2.5046, 1.5667 등으로 나타났다. 이 프로그램은 주인자분석(principal components factor matrix)을 행하고, 회전은 직각회전(varimax rotation)을 시행하였다.

[표 5] 대표적 유형별 아이겐 값(eigen value)과 변량의 백분율

	제1유형	제2유형	제3유형
아이겐 값	4.7548	2.5046	1.5667
전체변량 백분율	0.3170	0.1670	0.1044
누적 빈도	0.3170	0.4840	0.5884

[표 6] 전체 유형간의 상관관계

	제1유형	제2유형	제3유형
제1유형	1.000	-	-
제2유형	0.090	1.000	-
제3유형	0.308	0.285	1.000

위 [표 6]은 전체 유형간의 상관계수를 나타내 주는데, 이는 각 유형간의 관계정도를 보여주는 것으로, 제1유형과 제3유형간의 상관계수는 0.308로서 가장 높았고(定績關係), 그 밖의 제1유형과 제2유형간의 상관계수는 0.090, 제2유형과 제3유형간의 상관계수는 0.285 등이었다. 이로써 위 표에서 보듯이, 세 개의 유형들은 상당히 독립적이라고 할 수 있다.

앞의 [표 4]는 각 유형에 속한 사람들의 인구사회학적 특성과 인자가중치(factor weight)를 제시한 것이다. 각각의 유형 내에서 인자가중치(factor weight)가 높은 사람일수록 그가 속한 유형에 있어서 그 유형을 대표할 수 있는 전형적인 사람임을 나타낸다고 볼 수 있다.

가. 각 유형별 분석

이상의 각 유형별 특성들을 분석하면 다음과 같다.[86] 이 유형별 특성 논의에서는 각 4개의 유형별로 분석하며, 해당 진술문별 ±1.00이상의 표준점

---

[86] 각 유형별 논의에서는 각 유형에서 ±1.00이상의 표준점수를 보인 진술문들을 긍정과 부정으로 분류하여 〈표〉로 제시하고, 이 내용에서 높은 표준점수(±)들을 중심으로 해당유형의 네이밍(naming)이 작성된다. 표준점수가 높은 진술문은 해당유형에 가장 적합하게 이해하고, 가장 낮은 부정 부분의 진술문은 '반대'로 해석함으로써 해당유형을 이해한다.

수를 보인 진술문들을 중심으로 각 유형의 네이밍과 그 의미를 제시하고자 한다.

가) 제1유형(N=4) : 차별적 갱신형(Differential Renewals)

[표 7] 제1유형에서 표준점수 ±1.00 이상을 보인 진술문

	Q 진 술 문	표준점수
긍정	7. 타 홍보 미디어와 차별적인 홍보 개념이 필요하다.	1.60
	3. 연령을 초월하는 온라인 홍보로 변화되어야 한다.	1.44
부정	2. 타켓형 온라인 홍보가 필요하다.	-1.20
	1. 디지털 시대에 적합한 후보자 온라인 홍보이어야 한다.	-2.27

위의 〈표 7〉을 보면, 제1유형에 속한 6명은 위 [표 4]에서 분석된 바와 같이 인자가중치가 1을 넘은 응답자의 수가 3명으로, 7번[타 홍보 미디어와 차별적인 홍보 개념이 필요하다(Z-score=1.60).] Q진술문에 가장 긍정적 일치를 보이고 있고, 1번[디지털 시대에 적합한 후보자 온라인 홍보이어야 한다(Z-score=-2.27)] Q진술문에 가장 부정적 일치를 보였다. 이 점을 분석해 볼 때, 6명의 응답자들은 향후 온라인 홍보개념의 필요성과 연령에 구애 받지 않는 변화에 좀 더 높은 인식의 일치를 하고 있음을 알 수 있다.

따라서 제1유형은 정치 후보자 온라인 홍보의 차별적 확대와 변화에 관심을 보이는 "차별적 갱신형(Differential Renewals)"으로 분석된다.

나) 제2유형(N=6) : 뉴맞춤형(New Orderedness)

[표 8] 제2유형에서 표준점수 ±1.00 이상을 보인 진술문

	Q 진 술 문	표준점수
긍정	9. 최첨단 그래픽 디자인에 따라 온라인 홍보는 차이가 난다.	2.02
	8. 유권자에게 다가가는 온라인 홍보가 많아야 한다.	1.17
부정	11. 정치 후보자 오프라인 홍보 자체를 싫어한다.	-1.43
	5. 자주 접하는 인터넷을 통한 온라인 홍보물에 관심이 간다.	-1.63
	4. 향후 온라인 홍보문화의 미래는 희망적이다.	-1.75

위의 〈표 8〉을 보면, 제2유형에 속한 6명은 위 [표 4]에서 분석된 바와 같이 인자가중치가 1을 넘은 응답자의 수가 3명으로, 9번[최첨단 그래픽 디자인에 따라 온라인 홍보는 차이가 난다(Z-score=2.02).] Q진술문에 가장 긍정적 일치를 보이고 있고, 4번[향후 온라인 홍보문화의 미래는 희망적이다 (Z-score=-1.75)] Q진술문에 가장 부정적 일치를 보였다. 이 점을 분석해 볼 때, 6명의 응답자들은 향후 온라인 홍보의 새로운 스타일과 눈높이 홍보에 대한 좀 더 높은 인식의 일치를 하고 있음을 알 수 있다. 이러한 점에서 제2유형은 "뉴맞춤형(New Orderedness)"으로 분석된다.

다) 제3유형(N=5) : 인식형(Recognition Type)

[표 9] 제3유형에서 표준점수 ±1.00 이상을 보인 진술문

	Q 진 술 문	표준점수
긍정	16. 후보자를 쉽게 인지할 수 있는 홍보기법이어야 한다. 15. 오프라인 매체에 비해 홍보 설득력이 부족한 편이다.	2.03 1.03
부정	5. 자주 접하는 인터넷을 통한 온라인 홍보물에 관심이 간다. 1. 디지털 시대에 적합한 후보자 온라인 홍보이어야 한다. 4. 향후 온라인 홍보문화의 미래는 희망적이다.	-1.07 -1.08 -1.93

위의 〈표 9〉를 보면, 제3유형에 속한 6명은 위 [표 4]에서 분석된 바와 같이 인자가중치가 1을 넘은 응답자의 수가 4명으로, 16번[후보자를 쉽게 인지할 수 있는 홍보기법이어야 한다(Z-score=2.03).] Q진술문에 가장 긍정적 일치를 보이고 있고, 4번[향후 온라인 홍보문화의 미래는 희망적이다(Z-score=-1.93)] Q진술문에 가장 부정적 일치를 보였다. 이 점을 분석해 볼 때, 6명의 응답자들은 향후 온라인 홍보기법의 확충과 홍보 설득력의 보완에 좀 더 높은 인식의 일치를 하고 있음을 알 수 있다. 이에 제3유형은 "인식형 (Recognition Type)"으로 분석된다.

나. 일치하는 항목별 분석

[표 10] 일치하는 항목과 평균 표준점수(Consensus Items And Average Z-Scores)

Item Description	Average Z-Score
8. 유권자에게 다가가는 온라인 홍보가 많아야 한다.	1.00
12. 정치 후보자 온라인 홍보와 관련된 법제도가 바뀌어야 한다.	0.63
10. 정치 후보자들의 온라인 홍보내용은 검증된 내용으로 이루어져야 한다.	0.44
14. 온라인 후보자들의 윤리성과 도덕성이 중요하다.	0.37
13. 정치 후보자 온라인 홍보물의 정책을 믿을 수 없다.	-0.08
5. 자주 접하는 인터넷을 통한 온라인 홍보물에 관심이 간다.	-1.16

(* CRITERION = ±1.000)

이 연구에서 도출된 3개의 유형{제1유형[(N=4) : 차별적 갱신형(Differential Renewals)], 제2유형[(N=6) : 뉴맞춤형(New Orderedness)], 제3유형[(N=5) : 인식형(Recognition Type)]}이 비슷하게 동의한 Q진술문은 총 6개 항목으로 긍정적 항목 4개, 부정적 항목 2개 등으로 나타났다. 특히, 위 [표 10]에서 보는 바와 같이, 전체적으로 피응답자들은 8번(긍정적 일치)과 5번(부정적 일치)의 진술문에 대체적으로 의견 동의를 하고 있음을 확인할 수 있으며, 이는 디지털시대에 있어서 정치후보자의 온라인 홍보의 향후 발전 및 진흥 방향이 다양하고도 다각적인 측면에서, 각계각층이 참여하고, 관련 이해당사자들의 의견을 고려하는 측면을 고려해야 하는 당위성을 보여주고 있다.

(5) 결론 및 논의

본 연구에서는 정치 후보자의 온라인 홍보에 관한 대학생들의 주관적 성향을 살펴보기 위해서 Q방법론을 이용하였다. 이 논문에서 제기한 연구문제는 크게 세 가지이다. 우선, 연구문제 1: 정치 후보자 온라인 홍보에 대한 대학생들의 생각은 어떻게 유형화되는가? 연구문제 2: 정치 후보자 온라인 홍보에 대한 대학생들의 심리적 유형들은 상호간 이질적인 특성과 함의는 무엇인가? 연구문제 3: 대학생들의 정치 후보자 온라인 홍보에 대한 유형들 간의 동질적인 특성과 그 함의는 무엇인가? 하는 점이 그것이다.

이러한 연구문제에 기초하여 유형분석을 한 결과 총 3가지의 유형이 도출되었다. 구체적으로 살펴보면, 우선 제1유형[(N=4) : 차별적 갱신형(Differential Renewals)], 제2유형[(N=6) : 뉴맞춤형(New Orderedness)], 제3유형[(N=5) : 인식형(Recognition Type)]으로서, 각 유형마다 독특한 특징이 있는 것으로 분석되었다. 이와 같은 세 가지 유형별 결과를 분석한 결과, 대부분의 응답자들은 과거에 비해 정치 후보자의 온라인 홍보라는 것이 생소한 개념은 아니었으나, 지금까지와 다른 학습 측면보다는 '새로움, 확대'라는 커뮤니케이션 전달 문제에서 다양한 의견 표출을 보여주었다.

마지막으로 연구문제와 연관된 일치하는 항목에 대한 분석에서는 대학생들을 대상으로 한 Q분석에서 '6(긍정 4/부정 2)'개의 일치도를 보였다. 특히, 대학생 중심의 응답자들 중심으로 조사되었다는 점에서 미디어, 즉 컴퓨터나 인터넷에 상대적으로 적극적 참여 측면에 많은 의견의 일치를 보인 것으로 분석되었다.

이 연구는 일반적인 선거에 나타난 온라인 홍보 인식사례를 선택함으로써 다양한 사례와의 비교 분석이 이루어지지 못했다는 한계가 있다. 그럼에도 다양한 연구참여자의 참여경험을 연구해 나가기 위한 사전 단계로서 보다 심층적이고 특수한 연구를 위한 기초자료를 제시하는 데 의의가 있는 것으로 판단된다. 향후 후속연구에서는 보다 세밀한 Q방법론의 질문항목과 분석방법을 개발하여 응답자들의 다각화와 객관화 분석을 점진적으로 시도하고자 한다. 이 연구에서 행한 대학생 응답자들의 인식은 후속 연구를 위한 토대로서 활용하고자 한다.

후속 연구를 위해 무엇보다 고려해야 할 문제는 향후 정치 후보자들의 온라인 홍보의 개선과 활성화에 대한 의미있는 분석잣대에 대한 고민이다. 과연 온라인 홍보는 누구를 위한 것이고, 일반대중들은 어떠한 내용들에 참여하고 경험하게 되는가? 주체의 문제를 중심에 둘 경우, 이 문제는 중요한 온라인 홍보의 확장과 개선이다. 물론 그렇다고 유권자(일반대중)들의 프라이버시를 무시하는 것은 아니다. 중요한 것은 온라인 홍보에 대한 전달방법들을 보다 세분화해서 다양한 계층들을 위한 맞춤형 의사전달이 이루어져야 한다는 점이다. 예컨대, 18세 이상의 유권자들에 대한 고려가 제도와 정치 사회 영역을 횡단할 필요가 있다.

  결론적으로, 지금까지 온라인 홍보 관련 대중의 사회적, 심리적 특성이나 라이프스타일 유형화 등을 중심의 연구가 이루어져 왔고, 다각적인 문화 수용과 평가에 따른 타깃별 대중의 유형화 작업은 다양하게 연구되지 못했다는 점에서 앞으로 많은 개선책이 제시되어야 할 것이다. 이에 추후 발전된 연구방향은 온라인 홍보에 대한 다방면의 다양한 이용자들의 인식 특성과 행태를 연결하여 분석하는 것이 요청된다.

♣ 생각해 봅시다

- 오프라인과 온라인상에서의 정치인 홍보의 차이에 대해서 이야기하여 봅시다.
- 외국의 정치인 온라인 홍보는 어떠한 지에 대해서 토론합시다.

6) 정치 후보자 DM홍보

(1) 개관

현대사회에서 정치후보자 DM 홍보는 단순한 선거공약이 아닌 자신의 인생과 내면을 전자책으로 유권자에게 알릴 수 있는 사이버 공간이다. 다시 말해서, 정치, 경제, 사회, 문화, 교육, 과학 등 사회각계를 비롯하여 일반대중들에게 자신의 라이프 스토리를 전자책으로 만들어 게재하는 후보자 게시판인 셈이다. 특히, 최근 들어 후보자들은 선거 출마를 위해 자신의 약력, 경력, 가족사항, 걸어온 길, 평소의 주의 주장, 철학 등을 무료로 알리는 DM 메일에 많은 관심을 표하고 있다.

또한 최근 DM(자필편지)와 관련하여 "개정선거법 제119조"에 인쇄나 복사한 편지를 DM할 수 없고 다만 후보자와 후보자를 지지하는 사람의 자필편지만을 허용하고 있다. 이러한 DM은 크게 세 가지 특성을 지니고 있는데, 첫째, 세분화된 표적대상을 선정 이들의 정서에 맞는 다양한 메시지를 전달할 수 있다. 둘째, 신문이나 TV처럼 시간과 지면의 제한을 받지 않는다. 보내고 싶은 시기에 내용을 조절해서 보낼 수 있다. 셋째, 후보자나 지지자의 자필편지이기 때문에 개인적인 친근감을 유권자에게 전달될 수 있다.

이러한 DM은 결국 유권자의 감동을 유도할 수 있기에[87] 많은 선거 후보자들의 관심을 끌고 있는 실정이다.

이에 본 연구에서는 정치 후보자 DM홍보의 개선방안에 관한 대학원생들의 태도 유형을 분석함으로써 변화하는 선거 광고환경의 대안적 모델과 전략을 수립하는 데 일조하고자 한다. 특히 대학원생들과의 인터뷰와 문헌연구를 통한 Q방법론적 유형화를 통해 새로운 지방선거와 방송의 역할에 영향을 미칠 수 있는 요인들 및 이에 대한 쟁점요소들을 탐구하는 계기를 마

---

[87] DM의 효과를 보면, 잠재지지자를 개발하고, 기존 지지자들과의 우호관계 유지하며, 유권자와 후보자간의 친밀감을 높일 수 있는 좋은 장점이 있다.

련하고자 한다. 이를 위해 우선, 본 논문 주제와 관련된 Q방법론의 이론적 논의들을 전개하고, 이를 바탕으로 심층적 Q 분석을 통해 다각적인 규명을 실시하는 주관성연구 분석방법을 활용하고자 한다.

(2) 이론적 논의

가. 선거 후보자의 DM홍보 현황

일반적으로 Direct Mail(DM)이란 제품 구매 예상고객에게 우편을 통한 상품/서비스 홍보를 의미한다.

흔히, 통신판매(通信販賣 ; mailorder business ; direct-mail marketing)이라고도 불리운다. 판매자가 신문과 잡지의 광고란이나·카탈로그·회람지(삐라) 등의 우편 수단을 이용하여 판매 품목을 선전하면 구매자가 우편으로 그것을 주문하는 거래 방법이다. 상품배달은 대금 상환 인도 기준으로 화물 운송이나 속달·소포 우편에 의해 이루어진다. 소매 통신판매업은 주로 시골 고객들을 대상으로 발전되어왔지만 오늘날에는 도시지역의 고객들이 많은 비율을 차지하고 있다. 대부분의 통신판매업은 소규모 전문기업이 주로 담당해왔지만 백화점 역시 매출액 중 많은 부분을 통신판매에 의존하고 있다. 그러나 통신판매업 수익의 대부분은 일반적인 제품을 판매하는 소수의 회사들이 차지하고 있다. 세계에서 가장 큰 규모의 통신판매회사로는 미국의 시어스로벅사와 몽고메리워드사가 꼽힌다. 1960년대 들어 고객 명부를 전산화하는 여러 기술들이 발달하자 많은 대규모 소매업자들은 통신판매 안내장과 광고 포스터를 결합시켰다. 북 클럽과 레코드 클럽들은 서적과 축음기, 테이프 등을 판매하는 데 통신판매를 이용했다. 통신판매업은 미국에서 식민지 시대 이후부터 알려져 왔지만 19세기 후반에 와서 국내 거래에서 중요한 역할을 담당하기 시작했다. 대륙 철도망의 완성으로 일반 상품 통신판매회사는 괄목할 발전을 이룩했다. 또한 비교적 싼 가격으로 농민들에게 다양한 제품을 공급할 수 있게 되고 우편요금체계의 개선으로 통신판매 책자와 카탈로그를 쉽게 보급할 수 있게 되었으며, 1913년 소포우편제도가 확립되자 이와 같은 모든 것들이 통신판매 사업의 확장에 밑거름이 되었다. 유럽에서는 19세기말에 통신판매업이 선을 보였으나 1945년 이후 본격적인 발전이 이루어졌다. 1970년대 중반에 이 사업은 영국·서독·스웨덴·스위스에서 성업중이었으며 프랑스와 네덜란드에서는 계속적으로 성장하는 추세였다. 독일과 프랑스의 통신판매업은 섬유·담배·보석 등과 같은 한정된 품목을 전문화하는 경향을 띠었지만 영국에서는 잘 알려진 상품명으로 여러 가지 다양한 내구 소비재들을 취급·판매했다. 대형 유통업체의 광고, 각종 고지서, 편지·엽서·소포 등의 우편물은 물론 전단의 배포, 또는 실물 견본이나 정기 간행물 등도 모두 DM을 통한 홍보 분야에 포함된다.[88]

〈표 1〉 DirectMail.com 메일링 서비스 종류

구매고객	미국 전 지역의 215 억 구매고객 데이터 활용	나이, 성별, 주거형태, 수입, 주택소유상태, 거주일자, 결혼유무, 구매액, 고객형태, 전화번호 지역코드 등
회사	14,000,000개의 업종별 회사데이터 활용(월별 갱신)	연매출액, 운영구조, 직업/직책, 직원수, 업종, 산업코드 등
이주자	전체인구의 13.7%인 41,000,000 이주자 데이터 활용	최초/최근입주일자, 월수입, 가족형태, 거주형태, 결혼유무, 이동거리등
주택 소유자	미국군(county) 단위 주택소유자 보고서에 의한 월별/주별 갱신 데이터 활용	최초/최근입주일자, 주택구매액, 콘도유무, 대출형태, 주택판매형태, 결혼유무 등
대부금 및 부동산	미국군(county) 단위세금 삼성 사월별 갱신 데이터 활용	거주형태, 주택소유정보, 라이프스타일, 대부금데이터, 주택형태, 지리적 특성 등
Geo-Selector	구매고객, 부동산, 회사, 이주자, 주택소유자 관련 데이터 활용	인구통계, 심리학적, 지리학적 특성 등

〈자료〉: ETRI, 2009.

지식경제부의 산하 기관인 우정사업본부에서의 전통적인 홍보우편 서비스로는 일반통상에서의 홍보우편물 접수가 이에 해당된다. 홍보우편물은

---

[88] http://k.daum.net/qna/view.html?qid=0BnmW

"사업에 대한 홍보나 상품에 대한 광고 등을 기재한 인쇄물 또는 CD(DVD 포함)로서 종류와 중량 및 규격이 같고 1회에 2,000통 이상 발송하는 요금별납 일반우편물 또는 1회에 1,000통 이상 발송하는 요금후납 일반우편물"로 정의하고 있다.[89]

온라인 홍보우편 서비스는 우편물 배달주소를 이용한 GIS 공간정보 분석 기술을 활용하여 온라인상에서 원청 고객이 요구하는 특정 배달 지역과 배달주소를 분석, 제공하는 새로운 우편 서비스이다. 일반적으로 direct marketing의 성공을 위한 주요 요인은 내·외부 고객 리스트를 활용한 대상 고객의 선정, 상품 제안 방법, 광고물의 형태, 제품의 가격이며 이중 적절한 고객 리스트의 확보가 홍보에 대한 성패의 40~80%를 차지한다고 알려져 있다(이훈영, 2002, 30-37).

〈그림 1〉 국내 광고산업 현황

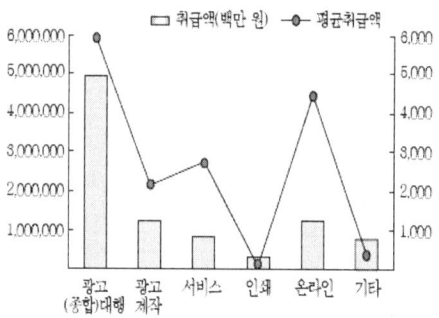

〈자료〉: 2009년 광고산업 통계

해외 DM 시장 현황을 살펴보면 미국 DM 시장은 2006년 기준 전체 광고/홍보 시장 285조 원의 20%인 56조 원, 영국 DM은 전체 광고/홍보 시장 33.4조 원의 14%인 4.7조 원 규모이다. 이와 같이 해외에서는 DM 산업이 적극적으로 활성화된 반면에, 국내에서는 아직 활성화되어 있지 않아 전체

---

89) 우정사업본부, http://www.koreapost.go.kr

홍보/광고 시장의 1.2%에 불과하다(ETRI, 2009). 우리나라 광고 산업은 [그림 1]과 같이 광고 제작 등을 포함한 전체 시장이 2008년 말 현재 9조 3천억 원으로 이중 인쇄 관련 산업은 3천억 원 규모이며, 온라인 광고의 경우 1조 2천억 원 규모이다(문화관광부, 2009). 우정사업본부의 조사에 따르면 신문, 잡지 등의 전단광고 시장은 2,500억 원대, DM 광고 시장은 1,200억 원대로 추정하고 있다(DNI 컨설팅, 2006).

〈그림 2〉 DM의 효과

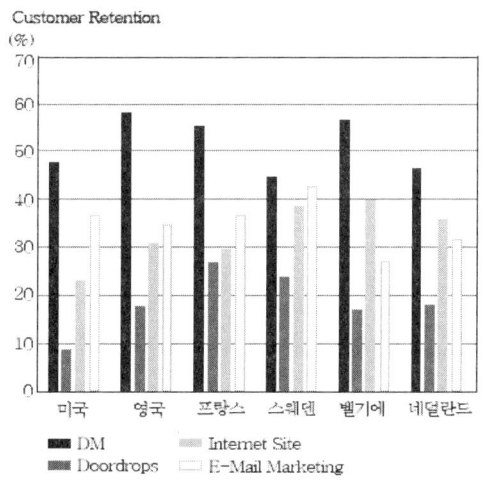

〈자료〉: Postal Technology International, 2010.

한편, 미국의 DirectMail.com사의 홍보우편 서비스는 구매 고객, 회사, 이주자, 주택소유자, 대부금 및 부동산, GeoSelectorTM의 6가지 메일링 서비스 종류를 제공하며, 〈그림 2〉는 각 우편발송 목록이 활용하는 자료 및 분석에 사용된 통계자료를 나타내고 있다(ETRI). Direct mail을 통한 다이렉트 마케팅의 효과는 국제우편협회(IPC)의 조사보고에 잘 나타나 있다. IPC에서는 각 우정국 마케팅 관리자의 요구에 의하여 2008년 미국, 영국, 프랑스, 네덜란드, 스웨덴 및 벨기에 시장에서의 direct mail의 역할에 대한 연구를 진행하였다.

이러한 각국의 DM홍보의 역할과 서비스의 비중이 높아지면서, 최근 국내외적으로 유권자들을 대상으로 새로운 홍보 전달기술이 등장하거나 새로운 전략에 의한 선거운동의 활성화가 적극 검토되고 있다.

이와 아울러 2000년 공직선거법에서는 공식선거 운동기간 전에는 지역구 유권자들에게 자신의 명함을 돌리는 행위를 금지했기 때문에 비공식적인 선거운동의 일환으로 웹사이트를 활용하는 현상이 나타나기도 하였다. 그러나 후보자가 홈페이지를 통해 지역정보를 제공할 경우 지역의 유명한 음식점의 약도나 전화번호를 포함시키는 경우에는 일종의 기부행위를 유발할 수 있기 때문에 선거법 위반으로 취급되었다(정연정, 2002, 265쪽). 또한 1999년 선관위 지침에서 웹사이트에 정당의 정강정책, 출마예상자의 경력, 소신 등을 게시하는 것은 허용하지만 공약은 올리지 못한다고 규정하였다.

유권자에게 이메일을 보내어 지지를 요청하는 행위는 유권 해석자의 판단 기준에 따라 다르게 적용된다는 문제가 있다. 선거법 109조는 편지나 전보, 팩스 등 전기통신을 이용한 선거운동을 금지하고 있지만 PC와 전화에 의한 선거운동은 예외규정으로 인정하였다. 따라서 이메일 전송을 불특정 다수를 향한 대규모의 편지나 문서 발송행위로 취급한다면 이는 불법선거운동이지만 PC에 의한 개인 간 통신 행위로 취급한다면 합법적인 선거운동으로 인정되는 문제가 있다(이현우, 2000, 27쪽).

나. Q방법론의 개념과 연구경향

사회과학 분야에 있어서 과학성 제고를 위한 노력과 경향은 오랜 기간 계속되었다. 행태주의에 기초한 학문적 풍조는 사회과학의 과학성 제고에는 기여한 바가 컸으나 사회과학이 사회가 요구하는 가치를 제공하는 데에는 실패했다는 비판이 제기되었다. 후기행태주의, 탈행태주의, 현상학의 등장은 이러한 비판을 기초로 하고 있다. 행태주의에 대한 비판과 더불어 우리의 관심을 끌었던 방법론 중의 하나가 Q방법론이다(Brown, 1980). 1930년대에 최초로 발표되었음에도 학자들의 많은 관심을 끌지 못하다가 후기 행태주의의 등장으로 새로운 방법론으로 인식되면서 활발히 논의되기 시작하였다. 여기서는 Q방법론의 개념과 연구경향에 대해 살펴보고자 한다.

우선, Q방법론의 개념을 정의한 윌리엄 스티븐슨(W. Stephenson)에 의하면, Q방법론은 개인을 연구하기 위한 일련의 철학적, 심리학적, 통계학적, 심리측정학적 관념(Stephenson, 1953)이다. 그리고 Q방법론을 이행하는데 사용되는 일련의 절차를 Q기법이라고 한다(Kerlinger, 1986). 맥키온과 토마스에 의하면, Q방법론은 상관관계와 요인분석 등의 통계적 방법을 적용하여 인간의 주관성(subjectivity)을 체계적으로 그리고 엄밀한 수량적 방법으로 연구하는 독특한 심리측정학적 조작적 원리(Mckeown & Thomas, 1988)이다. 여기서 주관성은 개인적, 사회적 차원에서 중요한 사안에 대한 개인의 사적 견해를 말한다. 주관성, 곧 사적 견해는 체계적으로 그리고 정밀하게 연구될 수 없는 것으로 간주되었지만, Q방법론의 대두가 이 같은 고정관념을 바꾸어 놓았다.

Q방법론은 개인의 주관성을 과학적으로 연구하는 심리측정학적 조작적 원리로서 연구하는 하나의 연구방법론이다. Q방법론에서 말하는 주관성은 소통할 수 있는 것이며, 항상 자기지시적 참조(self-reference)에 의한다는 두 가지 전제에 바탕을 두고 있다. 주관적 의사소통(subjective communication)은 객관적 분석과 이해가 가능하지만, 분석과정에서 자기 참조의 본질을 파괴하거나 변형하지 않도록 유의한다(Mckeown & Thomas, 1988). Q방법론의 주된 관심은 자기 참조가 연구자에 의해 타협되거나 연구자에 의한 외적 조회 체제와 혼란되지 않고 잘 보존되도록 하는 데 있기 때문이다. 개인의 주관성은 일상생활에서 소위 "내가 보기에는…(as for as I'm concerned)" 또는 "내 생각에는…(in my opinion)" 등의 표현(Brown, 1980)을 통해 나타난다.

그러면, 이러한 Q방법론은 어떠한 배경에서 발전되었는가? 한국의 경우 1970년대에 미국 학계로부터 유입된 이후 신문방송학, 광고학, 정치행정학, 정신분석학, 간호학 분야에서 사용되고 있다. Q방법론은 연구 대상자의 자아참조(Self-reference)에 따라 행태와 태도를 결정하며, 변수의 선험적 의미가 주어지지 않는다. 연구 대상자의 내적 관점에 따라 행태와 태도가 결정되는 특징을 갖고 있다. 최근 Q방법론의 효용성은 전통적 행태주의 접근방법에 대한 회의와 비판이 가속화되는 상황에서 확인되었다. 행태주의적 접근방법[90](이용필, 1988, pp.27~31)에 충실한 R방법론에 의한 연구는 대부분 과학적 지식의 창출이라는 명분 아래 지식의 성격에 초점을 맞추었다. 그러나 R방법론에 의한 지식은 두 가지 측면에서 비판의 대상이 되었다. 우선, R방법론에 의한 사회과학적 지식은 사회 구성원 가운데 권력을 가진 계층에 적합한 지식으로 사회의 소외 계층에는 적용될 수 없다는 비판이 1960년대에 제기되었다. R방법론에 의한 지식은 기존의 정치권력 구조를 강화하는 데에 이용된다는 것이다. 또 다른 한편, R방법론에 기초한 지식은 사회의 현상과 상황에 적절하지 못한 잘못된 정보를 제공함으로써 정치·행정의 정책과정에 오류를 낳게 한다는 지적이 그것이다. 이러한 문제를 극복하는 대안으로서 Q방법론의 활용은 실용적, 철학적 측면에서 효용성을 지닌다(Brown·During·Selden, 1999). 예컨대, 정치와 행정 분야 종사자들은 R방법론이 추구하는 바와 같은 지식의 성격보다는 그들이 어떻게 그들의 업무를 수행하고 있는가 하는 실용적 측면에 보다 많은 시간을 소요하고 있다. 그들은 정책과정에 실용적으로 적용할 수 있는 다양한 가치의 발견에 보다 관심을 갖고 있는 것이다.

---

[90] 행태주의적 방법론이란 첫째, 정치학의 목표는 체계적이고 경험적인 이론 구성에 있으며, 따라서 행태주의는 이론지향적이다. 둘째, 사실과 가치를 분리한다. 셋째, 타 학문과의 통합을 추구하며, 다른 연구방법을 수용한다. 넷째, 방법론의 정확성을 강조한다. 다섯째, 분석은 단순한 정치제도보다는 개인과 집단의 행동/행태를 중심으로 한다.

이와 관련하여 정치학적 측면에서 후기 행태주의자들은 행태주의적 접근방법은 잘못된 지식을 낳을 뿐만 아니라, 사회의 불평등을 악화시키고 있다고 비판하였다(Dryzek, 1990). 다양한 이익집단에 의한 자유민주주의는 특권층을 옹호하는 경향이 있기 때문에 그 대안으로 다양한 주장이 개진될 수 있는 대중적 민주주의를 옹호하는 관점도 Q방법론의 효용성을 인정하고 있다. 반면, 실증주의자들은 지식의 가장 두드러진 특징을 그것의 검증가능성에 있다고 보며, 과학의 경험적 기초는 공적으로 관찰될 수 있는 사물이나 현상을 지칭하는 진술들로 이루어져 있는 것으로 파악했다. 그러나 이러한 실증주의는 인간의 주관성을 강조하는 인문학적 전통의 학자들에 의해 비판을 받고 있다(김홍규, 1996, 22쪽). 그럼에도 Q방법론과 R방법론은 상호보완적인 것으로 판단된다. Q방법론으로 처리할 수 없는 부분은 R방법론에 의하여 보완하고, R방법론으로 해결할 수 없는 영역은 Q방법론으로 해결하려는 시도들이 가능하기 때문이다. 따라서 Q방법론과 R방법론은 상호 배타적이라기보다는 상호보완적으로 사회과학의 발전에 기여할 수 있다.

Q방법론의 철학은 이러한 문제로부터 출발, 논리 실증주의 방법에 대한 비판과 그 대안으로서 발전되어 왔다. 이 입장에 따르면, 우선, 자연현상에는 가치구조가 개입되지 않지만 사회 안에서의 인간은 특수한 의미와 적합성의 구조를 가지므로 인간의 주관성을 배제해서는 인간의 본질과 사회현상을 제대로 연구할 수 없다. 둘째, 논리 실증주의에서 바라보는 사회적 사실은 자연현상과 마찬가지로 이미 선-구성된(pre-constituted) 것으로 간주되지만 사회적 현실은 의미를 가지고 구성되기(constructed) 때문에 의미의 해석을 통한 이해의 방법이 필요한 것이라는 주장이다. 즉, Q방법론은 '외부로부터 설명'하는 방법이 아니라 '내부로부터 이해'하는 접근방법임을 의미한다. 이는 연구자의 조작적 정의(operational definition)가 아닌 응답자 스스로 그들의 의견과 의미를 만들어 가는 operant definition의 개념을 중요하

게 여긴다. 따라서 여기에 사용되는 진술문(Q-statement)은 모두 응답자의 자아 창조적 의견 항목으로 구성되어있다. 물론 Stephenson은 경험주의 방법론이 갖는 한계와 오류를 극복하기 위해 이해의 방법으로 Q방법론을 주창하고 있지만 해석학이나 현상학에서 제시하는 것처럼 다소 애매모호하고 주관적인 해석방법과는 거리를 두고 있다(김홍규, 1996).

그러면, Q방법론은 어떠한 분야에서 적용되고 연구되어 왔을까? 역사적으로 거슬러 올라가 보면, 1950년대까지 Q방법론과 이를 적용하는 연구가 활발히 이루어져 왔다. 지난 50여 년 동안 Q방법론은 일반원리, 생리 지각 학습(학습, 기억, 사고), 행동(행동, 욕구, 의지, 감정, 정서), 발달, 특수교육, 임상(임상, 검사, 상담, 조언), 사회(사회, 집단, 문화, 산업), 직업지도 등 분야의 연구에 활용되어 왔다(菊池章夫·齊藤耕二, 1979). 그 이후 주로 이론검증, 특성의 유형화 연구, 심리치료 및 상담 전문의 변화연구, 심리검사의 타당화 등의 교육과 심리의 분야뿐만 아니라 정치학, 사회학, 경영학, 언론, 광고 등의 분야에도 널리 적용되어 왔다.

Q방법론에 관련된 연구들은 그 대상과 주제 및 내용에 있어서 다양성을 나타내고 있다. 이 연구물들은 주로 방법론으로서 Q방법론의 특징, Q-SET의 개발과 그 타당성, 사람의 군집 유형, 인간관계 및 의사소통, 지도성 유형, 부모의 양육태도와 애착 유형, 학교풍토와 학교와 지역사회와의 협력 양성, 교사의 행동, 태도, 교수형태와 학생의 학업성적, 아동과 청소년의 사회성, 학습과 훈련 프로그램의 효과 및 유행, 소비자 행동과 관리 경영행동, 간호사의 행동과 간호 행동, 병의 진단, 인성 및 자아개념, 스트레스와 적응, 상담행동과 상담 효과, 기타 등에 관한 것(이건인, 1996)이다. 교육문헌정보센터(ERIC)의 자료검색 결과, Q방법론적 연구들은 1996년 4월까지 총 303편이 수록되어 있는 것으로 나타났다. 이 연구들은 1960년대의 문헌이 46편, 1970년대는 114편, 1980년대는 98편 그리고 1996년 4월까지 총 45편

에 달한다(백용덕·김성수, 1998, 44~71쪽). 이들의 내용은 Q-set의 개발과 타당도, 유아 및 아동교육, 교과교육, 교육과정 개발 및 설계, 교수 및 학습, 그리고 직업 및 진로 교육 등에 관한 것이다.

이러한 방법론의 주제들은 다양한 학문분야, 특히 교육과 심리, 보건 및 의료, 언론과 소비자 등의 연구분야에서 활발히 논의되었다. 그러나 Q방법론을 적용한 연구는 아직도 양적으로 저조한 상태임을 부인할 수는 없다. '리서치' 중심의 연구와 달리 Q연구가 저조한 이유는 한편으로 Q방법론에 관한 이해와 관심이 확산되지 못했기 때문이고, 또 다른 한편으로는 Q방법론의 이론과 그 적용의 어려움에 기인한다. Q방법론의 연구절차를 보면, 연구대상의 특정 변인을 규정하고 그 변인을 대표하는 진술문을 수집 또는 작성하여, 그 특정 변인의 구조에 적합하다고 여겨지는 소수의 연구참여자에게 준비한 진술문을 제시한 후, 주관적으로 정한 기준에 따라 정상 또는 준 정상분포가 되도록 분류하게 하고, 이를 상관분석, 변량분석, 요인분석과 요인정렬의 순서로 통계 처리한다. 변량분석과 요인분석 등의 통계적 처리능력 없이는 Q방법론적 연구가 제약을 받으며, 이러한 복잡한 연구설계와 절차는 다른 연구에 비해 방법론적 적용이 어려운 근거 중의 하나이다.

이러한 논의를 중심으로 본 연구에서는 이전의 설문조사 방식에서 면밀히 분석하지 않고 간과하기 쉬운 개인의 사고나 느낌 같은 주관적 행위를 객관적으로 측정할 수 있는 Q방법론을 도입하여 "정치 후보자 DM홍보"에 관한 개선방안에 대하여 살펴보고자 한다.

(3) 연구문제 및 방법
가. 연구문제

이 연구는 기존의 선행연구에서 다루어졌던 '선거와 DM홍보'이라는 주제하에 Q방법론의 설문항목을 구성하고자 한다. 이 연구에서는 대학생들이 생각하는 정치 후보자 DM홍보의 개선방안에 대한 인식 유형을 도출하는 데 초점을 두어 아래와 같은 3가지 연구문제를 선정하고자 한다. 위의 연구목적을 실현하기 위해 본 연구는 아래와 같이 연구문제를 설정하였다.

> 연구문제 1: 정치 후보자 DM홍보의 개선방안에 대한 연구참여자들의 생각은 어떻게 유형화되는가?
>
> 연구문제 2: 정치 후보자 DM홍보의 개선방안에 대한 연구참여자들의 심리적 유형들은 상호간 이질적인 특성과 함의는 무엇인가?
>
> 연구문제 3: 연구참여자들의 정치 후보자 DM홍보의 개선방안에 대한 유형들 간의 동질적인 특성과 그 함의는 무엇인가?

나. 연구방법

본 연구에서는 정치 후보자 DM홍보의 개선방안과 관련된 주관성을 심층적으로 도출해내기 위해 관동대학교 대학원생 16명을 연구참여자로 선정하여 인터뷰를 수행하였다. 미디어 전공 대학생들을 연구참여자로 선정한 근거는 정치 후보자 DM홍보의 개선방안에 대해 보다 논리적이고 심층적인 의견을 제공할 수 있을 것으로 판단했기 때문이다. 또한 방법론 선정 이유는 Q방법론이 연구참여자의 주관성과 본질적인 의미에 보다 심층적으로 접근할 수 있는 질적연구방법이기 때문이다. 즉 Q방법론을 적용해 지방선거와 방송의 역할을 분석하는 이유는 Q방법론이 기존의 이론에서 연역적인 가설을 도출하는 방법과 달리, 사람들이 일상적으로 갖게 되는 주관적 이미지에 의하여 새로운 가설(hypothesis)을 발견할 수(선우동훈, 1991) 있기 때문이다. 이는 Q방법론이 행위자의 관점에서 출발하며 인간 개개인마다 다른 주관성 구조에 따른 서로 다른 유형에 대한 이해와 설명이 가능하기 때문이다. 요컨대, 이 연구방법은 R방법론에서 도출된 다양한 의견과 각각의 유형을 구조화하고 유형별 특성을 파악, 기술하고 설명하는데 좀 더 발견적이고 가설생성적(김흥규, 1992)인 Q방법론 분석결과를 토대로 좀 더 다각적인 평가와 전망을 제시할 수 있다.

질적 연구의 한 분야로서 Q 심층조사 분석은 Grand Tour Technique[91] 방법을 적용해 실시할 예정이므로 공통의 분야와 개별 분야로 나뉘어 연구주제들이 제기될 필요가 있다. 각각의 연구 주제들은 연구가 수행되기 전인 연구설계 과정에서 확정되었고, 인터뷰를 진행해 나가면서 질적 연구방법의 특성을 살린 진화적 설계(Evolving Design) 방식에 따라 추가적인 연구문제를 포함시켰다.

이를 위해 분석작업은 진술문 형태의 카드를 분류하는 방법을 적용하고자 한다. 이 진술문 작성을 위하여 연구자는 본 논문과 관련된 국내문헌, 그리고 일반대중들의 인터뷰를 통하여 Q모집단(concourse)을 구성하고, 이를 통하여 진술문(Q-statement)을 작성한 후, P샘플을 선정, 분류작업(sorting) 과정을 거쳐 얻게 되는 Q-sort를 PC QUANL 프로그램을 이용, Q요인분석(Q-factor analysis)을 통해 분석하고자 한다.

앞에서 제기한 연구문제, 즉 정치 후보자 DM홍보의 개선방안에 관한 수용행태 유형에 관한 연구는 Q방법론으로 훨씬 잘 연구될 수 있다고 생각한다. 이는 Q방법론이 행위자의 관점에서 출발하며 인간 개개인마다 다른 주관성 구조에 따른 서로 다른 유형에 대한 이해와 설명이 가능하기 때문이다.

연구자는 정치 후보자 DM홍보의 개선방안에 관한 사항을 심도 있게 측정하기 위해서는 기존의 방법으로는 어느 정도 한계성이 있다고 생각하여, Q방법론적 접근을 시도하였다. 이를 위해 분석 작업은 진술문 형태의 카드를 분류하는 방법으로 행해졌다. 이 진술문 작성을 위하여 연구자는 본 논문과 관련된 국내문헌, 그리고 주변 사람들과의 인터뷰를 통하여 Q모집단(concourse)을 구성하고, 이를 통하여 진술문(Q-statement)을 작성한 후, P샘플

---

91) 소수의 구체적인 사항에 대해서 테마를 찾아가는 방식인 Laddering과 달리 가장 근본적인 사항에서부터 점진적으로 구체적인 부분까지 파악하는 방식으로서 대상자의 경험과 생각에 따라 전혀 다른 인터뷰 진행이 실시되는 비구조적 인터뷰임

을 선정, 분류작업 과정을 거쳐 얻게 되는 Q-sort를 PC QUANL 프로그램을 이용, Q요인분석(Q-factor analysis)을 통해 분석하였다.

가) Q표본(Q-sample) 및 P표본(P-sample)

이 연구를 위한 Q표본은 정치 후보자 DM홍보의 개선방안에 대한 관동대학교 경영대학에 재학중인 석박사 대학원생들의 주관성 유형에 관한 가치체계로 구성된 진술문으로 구성되었다. 이 연구는 정치 후보자 DM홍보의 개선방안에 대한 대학원생들이 지니고 있는 전반적인 관념들과 느낌, 의견, 가치관 등을 종합적으로 얻기 위해 이 연구와 관련된 전문서적, 학술서적, 저널 등의 관련문헌 연구와 주변의 대학생들을 대상으로 심층 인터뷰를 통하여 Q-population(concourse)을 추출하였다. 이어 Q-population에 포함된 진술문 24개중에서 주제에 관한 대표성이 가장 크다고 여겨지는 진술문을 임의로 선택하는 방법을 사용하여, 최종적으로 16개의 진술문 표본을 선정하였다. 여기에서 선택된 16개의 진술문은 전체적으로 응답자들의 의견과 문헌자료를 포괄하고, 긍정, 중립, 부정의 균형을 이룰 수 있도록 구성하였다(표 1).

Q방법론은 개인 간의 차이(inter-individual differences)가 아니라 개인 내의 중요성의 차이(intra-individual difference in significance)를 다루는 것이므로 P샘플의 수에 아무런 제한을 받지 않는다(김홍규, 1990, 45). 또한 Q연구의 목적은 표본의 특성으로부터 모집단의 특성을 추론하는 것이 아니기 때문에 P표본의 선정도 확률적 표집방법을 따르지 않는다. 따라서 이 연구에서는 위에서 제시한 기준에 의거하여 관동대학교 경영대학에 재학중인 21명의 대학원(석/박사)과정에 있는 학생 중에서 조사에 응한 16명만을 P샘플로 선정하였다.

나) Q분류작업(Q-sorting) 및 자료의 처리

Q표본과 P표본의 선정이 끝나게 되면 P표본으로 선정된 각 응답자(Q-sorter)에게 일정한 방법으로 Q샘플을 분류시키는데 이를 Q분류작업

(Q-sorting)이라 부른다. Q분류작업은 개인이 복잡한 주제나 이슈 또는 상황에 관한 자신의 마음의 태도를 스스로 모형화하는 것으로서 각 응답자는 진술문을 읽은 후 그것들을 일정한 분포 속에 강제적으로 분류하게 된다.

이 연구에서의 Q분류의 절차는 Q표본으로 선정된 각각의 진술문이 적힌 카드를 응답자가 읽은 후 긍정(+), 중립(0), 부정(-)으로 크게 3개의 그룹으로 분류한 다음 긍정 진술문 중에서 가장 긍정하는 것을 차례로 골라서 바깥에서부터(+3) 안쪽으로 분류를 진행하여 중립부분에서 정리하도록 한다. 마찬가지의 방법으로 부정 진술문들을 분류하고, 이때 양끝에 놓여진 1개의 진술문에 대해서는 각각의 코멘트(심층인터뷰)를 받아 두었다. 이것은 Q-factor 해석에 유용한 정보를 제공해 주기 때문이다.

[그림 3] 각 진술문의 긍정 및 부정의견 점수 분포방식

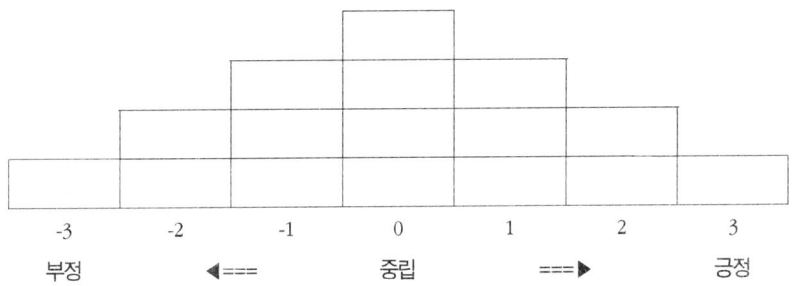

정치 후보자 DM홍보의 개선방안에 관한 대학원생들의 주관성 인식을 분석하기 위해 P표본에 대한 조사가 완료된 후 수집된 자료를 점수화하기 위하여 Q표본 분포도에서 가장 부정적인 경우 (-3)를 1점으로 시작하여 2점(-2), 3점(-1), 4점(0), 5점(+1), 6점(+2), 그리고 가장 긍정적인 경우 7점(+3)을 부여하여 점수화 한다([그림 5]). 이 부여된 점수를 진술문 번호순으로 코딩하고, 이러한 자료를 PC용 QUANL 프로그램으로 처리하여 그 결과를 얻고자 한다.

〈표 3〉 분포별 점수 및 진술문 수

분포	-3	-2	-1	0	1	2	3
점수	1	2	3	4	5	6	7
진술문 수	1	2	3	4	3	2	1

〈표 4〉 조사대상의 인구학적 특성 및 유형별 인자가중치

유형	ID	연령	성별	전공(학위과정)	인자가중치
I (N=6)	1	25	여성	석사과정	0.6603
	4	26	여성	석사과정	1.0052
	5	26	여성	석사과정	1.1589
	6	28	남성	석사과정	0.9044
	11	29	여성	박사과정	1.7050
	12	30	남성	석사과정	1.4947
II (N=6)	2	26	여성	석사과정	0.5965
	3	27	여성	석사과정	0.8263
	8	31	여성	석사과정	0.1727
	13	33	여성	석사과정	0.4480
	14	31	여성	석사과정	1.1962
	15	33	남성	박사과정	1.2682
III (N=4)	7	29	남성	박사과정	0.6736
	9	27	여성	석사과정	1.4714
	10	28	여성	석사과정	1.9839
	16	32	남성	박사과정	0.6257

〈표 5〉 Q진술문의 유형별 표준점수

Q진술문(Q-Statements)	유형별 표준점수		
	I (N=6)	II(N=6)	III(N=4)
1. 이제는 후보자 온라인 DM홍보로 개선해야 한다.	-2.2	-1.1	-0.7
2. 선거때마다 제공하는 정치 후보자 DM홍보에 관심이 많다.	-1.1	0.2	-0.7
3. 과거와 달리 20, 30대 유권자들을 위한 정치 후보자 DM 홍보가 증가하였다.	1.6	-0.3	0.8
4. 정치 후보자 DM홍보문화의 미래는 밝다.	-0.5	-2.1	-2.0
5. 잘 제작된 정치 후보자 DM홍보물을 보면 투표하고 싶다.	-0.9	-1.5	-1.2
6. 맞춤형 정치 후보자 DM홍보정책이 필요하다.	-0.8	0.6	-0.3
7. 다른 홍보매체와 다른 창의적 선거 후보자 DM이 필요하다.	0.9	0.3	-0.6
8. 유권자를 위한 이벤트성 선거 DM홍보가 많아야 한다.	1.1	1.1	1.0
9. 포장디자인에 따라 정치 후보자 DM홍보는 차이가 난다.	-1.0	1.6	-0.5
10. 선거 후보자들의 DM홍보내용은 진실해야 한다.	0.4	1.1	0.1
11. 정치 후보자 DM홍보 자체를 싫어한다.	0.5	-1.2	0.1
12. 정치 후보자 DM홍보 관련법규가 바뀌어야 한다.	0.1	0.7	1.4
13. 정치 후보자 DM홍보물의 정책을 믿을 수 없다.	0.2	0.1	-0.1
14. 무엇보다도 후보자들의 도덕성이 중요하다.	1.4	0.8	-0.2
15. 전자매체에 비해 홍보 설득력이 부족한 편이다.	0.1	-0.3	0.9
16. 정치 현상을 쉽게 인식할 수 있는 DM홍보기법이 부족하다.	0.2	0.0	2.1

(4) 연구결과 및 논의

정치 후보자 DM홍보의 개선방안에 관한 주관성 유형을 살펴보기 위해서, Q요인분석을 한 결과 총 3개의 유형이 나타났다. QUANL 프로그램을 실시한 결과, 전체변량의 약 51(0.5081)%를 설명하고 있는 3개의 유형에는 각각 6명, 6명, 4명이 포함되었다. 여기서 인원수는 중요한 요인이 아니다. 또한 인자가중치가 1.0이상인 사람이 각각 4명, 2명, 2명이 속해 있어 제1 유형이 가장 큰 인자로 분석된다. 또한 [표 6]에서 보듯이, 각 유형의 변량 크기를 나타내는 대표적 아이겐 값(eigen value)은 각각 4.9623, 1.9696, 1.1983 등으로 나타났다.

〈표 6〉 아이겐 값(eigen value)과 변량의 백분율

아이겐 값	4.9623	1.9696	1.1983
전체변량 백분율	0.3101	0.1231	0.0749
누적 빈도	0.3101	0.4332	0.5081

〈표 7〉 유형 간의 상관관계

	제1유형	제2유형	제3유형
제1유형	1.000	-	-
제2유형	0.305	1.000	-
제3유형	0.479	0.437	1.000

〈표 7〉은 각 유형간의 상관계수를 나타내 주는데, 이는 각 유형간의 유사성 정도를 보여주는 것으로 제1유형과 제2유형간의 상관계수는 0.305, 그 밖의 제1유형과 제3유형은 0.479(가장 정적 관계), 제2유형과 제3유형은 0.437 등의 상관관계를 보이고 있다.

가. 유형별 특성 분석

이상의 각 유형별 특성들을 분석하면 다음과 같다.[92] 이 유형별 특성 논의에서는 각 3개의 유형별로 분석하며, 해당 진술문별 ±1.00 이상의 표준점수를 보인 진술문들을 중심으로 각 유형의 의미를 찾고자 한다.

---

[92] 각 유형별 논의에서는 각 유형에서 ±1.00이상의 표준점수를 보인 진술문들을 긍정과 부정으로 분류하여 〈표〉로 제시하고, 이 내용에서 높은 표준점수(±)들을 중심으로 해당유형의 네이밍(naming)이 작성된다. 표준점수가 높은 진술문은 해당유형에 가장 적합하게 이해하고, 가장 낮은 부정 부분의 진술문은 '반대'로 해석함으로써 해당유형을 이해한다.

나) 제1유형(N=6) : 홍보 확장형(Public-relation Extension Type)

〈표 8〉 제1유형에서 표준점수 ±1.00 이상을 보인 진술문

	Q 진 술 문	표준점수
긍정	3. 과거와 달리 20, 30대 유권자들을 위한 정치 후보자 DM홍보가 증가하였다. 14. 무엇보다도 후보자들의 도덕성이 중요하다. 8. 유권자를 위한 이벤트성 선거 DM홍보가 많아야 한다.	1.63 1.37 1.14
부정	2. 선거때마다 제공하는 정치 후보자 DM홍보에 관심이 많다. 1. 이제는 후보자 온라인 DM홍보로 개선해야 한다.	-1.14 -2.22

〈표 9〉 제1유형을 가장 잘 설명해주는 항목별 분석

Type I Item Descriptions			
Items Greater Than All Others	Z-Score	A. or N. Z	Diff.
4. 정치 후보자 DM홍보문화의 미래는 밝다. 3. 과거와 달리 20, 30대 유권자들을 위한 정치 후보자 DM홍보가 증가하였다. 14. 무엇보다도 후보자들의 도덕성이 중요하다. 7. 다른 홍보매체와 다른 창의적 선거 후보자 DM이 필요하다.	-0.509 1.628 1.373 0.881	-2.035 0.232 0.309 -0.132	1.526 1.397 1.064 1.013
Items Less Than All Others	Z-Score	A. or N. Z	Diff.
1. 이제는 후보자 온라인 DM홍보로 개선해야 한다. 9. 포장디자인에 따라 정치 후보자 DM홍보는 차이가 난다.	-2.224 -0.967	-0.925 0.559	-1.300 -1.526

(* A. or N. Z : Average Or Nearest Z / * Differences = ±1.0 이상)

위의 〈표 8〉, 〈표 9〉을 보면, 제1유형에 속한 6명은 위 [표 4]에서 분석된 바와 같이 인자가중치가 1을 넘은 응답자의 수가 4명으로, 3번[과거와 달리 20, 30대 유권자들을 위한 정치 후보자 DM홍보가 증가하였다(Z-score=1.63).] Q진술문에 가장 긍정적 일치를 보이고 있고, 9번[포장디자인에 따라 정치 후보자 DM홍보는 차이가 난다(Z-score=-2.22)] Q진술문에 가장 부정적

일치를 보였다. 이 점을 분석해 볼 때, 6명의 응답자들은 향후 DM홍보의 확대와 후보자들의 덕목 또한 높아야 한다는 점에 좀 더 높은 인식의 일치를 하고 있음을 알 수 있다.

따라서 제1유형은 정치 후보자 DM홍보의 확대와 도덕적 잣대에 관심을 보이는 "홍보 확장형(Public-relation Extension Type)"으로 분석된다. 또한 1유형을 가장 잘 설명해주는 진술문을 보면, 4번(정치 후보자 DM홍보문화의 미래는 밝다. : Diff.=1.526), 9번(포장디자인에 따라 정치 후보자 DM홍보는 차이가 난다. : Diff.=-1.526)의 진술들로 분석되었다.

나) 제2유형(N=6) : 홍보 중심형(Public-relation Core Type)

〈표 10〉 제2유형에서 표준점수 ±1.00 이상을 보인 진술문

	Q 진 술 문	표준점수
긍정	9. 포장디자인에 따라 정치 후보자 DM홍보는 차이가 난다.	1.61
	10. 선거 후보자들의 DM홍보내용은 진실해야 한다.	1.08
	8. 유권자를 위한 이벤트성 선거 DM홍보가 많아야 한다.	1.05
부정	1. 이제는 후보자 온라인 DM홍보로 개선해야 한다.	-1.10
	11. 정치 후보자 DM홍보 자체를 싫어한다.	-1.16
	5. 잘 제작된 정치 후보자 DM홍보물을 보면 투표하고 싶다.	-1.54
	4. 정치 후보자 DM홍보문화의 미래는 밝다.	-2.08

〈표 10〉과 〈표 11〉에서 보듯이, 제2형에 속한 6명은 위 [표 4]에서 분석된 바와 같이 인자가중치가 1을 넘은 응답자의 수가 2명으로, '5(Z-score=1.97)'번 Q진술문에 가장 긍정적 일치를 보이고 있고, '35(Z-score=-2.03)'번 Q진술문에 가장 부정적 일치를 보였다. 이 점을 분석해 볼 때, 6명의 응답자들은 DM홍보내용의 포장디자인의 개선과 홍보의 진실성, 그리고 즐거움을 줄 수 있는 이벤트성이 높아야 한다는 점에 좀 더 높은 인식의 일치를 하고 있음을 알 수 있다.

〈표 11〉 제2유형을 가장 잘 설명해주는 항목별 분석

Type II Item Descriptions			
Items Greater Than All Others	Z-Score	A. or N. Z	Diff.
9. 포장디자인에 따라 정치 후보자 DM홍보는 차이가 난다.	1.613	-0.731	2.343
6. 맞춤형 정치 후보자 DM홍보정책이 필요하다.	0.564	-0.543	1.107
2. 선거때마다 제공하는 정치 후보자 DM홍보에 관심이 많다.	0.157	-0.907	1.063
Items Less Than All Others	Z-Score	A. or N. Z	Diff.
16. 정치 현상을 쉽게 인식할 수 있는 DM홍보기법이 부족하다.	0.038	1.167	-1.129
11. 정치 후보자 DM홍보 자체를 싫어한다.	-1.155	0.289	-1.444
3. 과거와 달리 20, 30대 유권자들을 위한 정치 후보자 DM홍보가 증가하였다.	-0.296	1.194	-1.490

(* A. or N. Z : Average Or Nearest Z / * Differences = ±1.0 이상)

따라서 제2유형은 정치 후보자 DM홍보가 내용에서도 알차고, 겉포장에서도 충분히 호감을 줄 수 있는 것이 필요하다는 "홍보 중심형(Public-relation Core Type)"으로 분석된다. 또한 2유형을 가장 잘 설명해주는 진술문을 보면, 9번(포장디자인에 따라 정치 후보자 DM홍보는 차이가 난다. : Diff.=2.343), 3번(과거와 달리 20, 30대 유권자들을 위한 정치 후보자 DM홍보가 증가하였다. : Diff.=-1.490)의 진술들로 분석되었다.

다) 제3유형(N=4) : 홍보 개선형(Public-relation Improvement Type)

〈표 12〉 제3유형에서 표준점수 ±1.00 이상을 보인 진술문

	Q 진 술 문	표준점수
긍정	16. 정치 현상을 쉽게 인식할 수 있는 DM홍보기법이 부족하다.	2.10
	12. 정치 후보자 DM홍보 관련법규가 바뀌어야 한다.	1.42
	8. 유권자를 위한 이벤트성 선거 DM홍보가 많아야 한다.	1.00
부정	5. 잘 제작된 정치 후보자 DM홍보물을 보면 투표하고 싶다.	-1.22
	4. 정치 후보자 DM홍보문화의 미래는 밝다.	-1.99

〈표 13〉 제3유형을 가장 잘 설명해주는 항목별 분석

Type III Item Descriptions			
Items Greater Than All Others	Z-Score	A. or N. Z	Diff.
16. 정치 현상을 쉽게 인식할 수 있는 DM홍보기법이 부족하다.	2.100	0.136	1.963
12. 정치 후보자 DM홍보 관련법규가 바뀌어야 한다.	1.418	0.389	1.029
Items Less Than All Others	Z-Score	A. or N. Z	Diff.
7. 다른 홍보매체와 다른 창의적 선거 후보자 DM이 필요하다.	-0.585	0.601	-1.186
14. 무엇보다도 후보자들의 도덕성이 중요하다.	-0.222	1.106	-1.328

(* A. or N. Z : Average Or Nearest Z / * Differences = ±1.0 이상)

위의 〈표 12〉, 〈표 13〉을 보면, 제3유형에 속한 4명은 위 [표 4]에서 분석된 바와 같이 인자가중치가 1을 넘은 응답자의 수가 2명으로, 16번[정치 현상을 쉽게 인식할 수 있는 DM홍보기법이 부족하다(Z-score=2.10). Q진술문에 가장 긍정적 일치를 보이고 있고, 4번[정치 후보자 DM홍보문화의 미래는 밝다(Z-score=-1.99)] Q진술문에 가장 부정적 일치를 보였다. 이 점을 분석해 볼 때, 4명의 응답자들은 다양한 DM홍보기법과 관련 법규가 개선되어야 한다는 점에 좀 더 높은 인식의 일치를 하고 있음을 알 수 있다.

따라서 제3유형에서는 후보자들의 도덕성이나 창의적 DM홍보보다도 홍보기법과 법규의 변화가 필요하다는 데 동의를 보이는 "홍보 개선형(Public-relation Improvement Type)"으로 분석된다. 또한 3유형을 가장 잘 설명해주는 진술문을 보면, 16번(정치 현상을 쉽게 인식할 수 있는 DM홍보기법이 부족하다. : Diff.=1.963), 14번(무엇보다도 후보자들의 도덕성이 중요하다. : Diff.=-1.328)의 진술들로 분석되었다.

나. 유형간 차이 분석

각 유형간 차이 분석은 각 유형별 차별성을 긍정적(+), 부정적(-) 의견으로 비교 제시함으로써 그 차별성(독특성)을 설명해주는 작업이다. 즉, '차이'

항목의 수치가 크면 클수록 해당 유형에 더 접근된 진술문이다. 본 내용에서는 각 유형간 차이점수가 가장 높은 긍정 및 부정 의견을 중심으로 각 유형의 특성을 확인해 보고자 한다.

가) 제1, 2유형간 차이 분석

〈표 14〉 제1유형과 제2유형간 차이 분석

ITEM DESCRIPTIONS	Z-SCORES		Diff.
	TYPES 1	TYPES 2	
3. 과거와 달리 20, 30대 유권자들을 위한 정치 후보자 DM홍보가 증가하였다.	1.628	-0.296	1.924
11. 정치 후보자 DM홍보 자체를 싫어한다.	0.460	-1.155	1.615
4. 정치 후보자 DM홍보문화의 미래는 밝다.	-0.509	-2.079	1.570
1. 이제는 후보자 온라인 DM홍보로 개선해야 한다.	-2.224	-1.100	-1.124
2. 선거 때마다 제공하는 정치 후보자 DM홍보에 관심이 많다.	-1.137	0.157	-1.294
6. 맞춤형 정치 후보자 DM홍보정책이 필요하다.	-0.768	0.564	-1.331
9. 포장디자인에 따라 정치 후보자 DM홍보는 차이가 난다.	-0.967	1.613	-2.580

위 〈표 14〉에서 보는 바와 같이, 제1유형(N=6)[홍보 확장형(Public-relation Extension Type)]과 제2유형(N=6)[홍보 중심형(Public-relation Core Type)] 간에는 크게 2가지 진술문 측면에서 차이양상이 뚜렷하였다. 즉, "3. 과거와 달리 20, 30대 유권자들을 위한 정치 후보자 DM홍보가 증가하였다(Differences = 1.924). 9. 포장디자인에 따라 정치 후보자 DM홍보는 차이가 난다(Differences = -2.580)." 등으로 분석되었다. 즉, 3번에 있어서는 적극적인 일치점을 보이고 있으나, 9번에 있어서는 서로 다른 양상의 부정적 이견을 나타내고 있다.

나) 제1, 3유형간 차이 분석

다음 〈표 15〉에서 보는 바와 같이, 제1유형(N=6)[홍보 확장형(Public-relation Extension Type)]과 제3유형(N=4)[홍보 개선형(Public-relation Improvement Type)]

간에는 크게 2가지 진술문 측면에서 차이양상이 뚜렷하였다. 즉, "14. 무엇보다도 후보자들의 도덕성이 중요하다(Differences = 1.595). 16. 정치 현상을 쉽게 인식할 수 있는 DM홍보기법이 부족하다(Differences = -1.865)." 등으로 분석되었다. 즉, 14번에 있어서는 적극적인 일치점을 보이고 있으나, 16번에 있어서는 서로 다른 양상의 부정적 이견을 나타내고 있다.

〈표 15〉 제1유형과 제3유형간 차이 분석

ITEM DESCRIPTIONS	Z-SCORES		Diff.
	TYPES 1	TYPES 3	
14. 무엇보다도 후보자들의 도덕성이 중요하다.	1.373	-0.222	1.595
4. 정치 후보자 DM홍보문화의 미래는 밝다.	-0.509	-1.991	1.482
7. 다른 홍보매체와 다른 창의적 선거 후보자 DM이 필요하다.	0.881	-0.585	1.466
15. 전자매체에 비해 홍보 설득력이 부족한 편이다.	0.143	0.858	-0.714
12. 정치 후보자 DM홍보 관련법규가 바뀌어야 한다.	0.066	1.418	-1.352
1. 이제는 후보자 온라인 DM홍보로 개선해야 한다.	-2.224	-0.749	-1.475
16. 정치 현상을 쉽게 인식할 수 있는 DM홍보기법이 부족하다.	0.234	2.100	-1.865

다) 제2, 3유형간 차이 분석

〈표 16〉 제2 유형과 제3유형간 차이 분석

ITEM DESCRIPTIONS	Z-SCORES		Diff.
	TYPES 2	TYPES 3	
9. 포장디자인에 따라 정치 후보자 DM홍보는 차이가 난다.	1.613	-0.494	2.107
14. 무엇보다도 후보자들의 도덕성이 중요하다.	0.840	-0.222	1.062
3. 과거와 달리 20, 30대 유권자들을 위한 정치 후보자 DM홍보가 증가하였다.	-0.296	0.759	-1.056
15. 전자매체에 비해 홍보 설득력이 부족한 편이다.	-0.348	0.858	-1.206
11. 정치 후보자 DM홍보 자체를 싫어한다.	-1.155	0.118	-1.273
16. 정치 현상을 쉽게 인식할 수 있는 DM홍보기법이 부족하다.	0.038	2.100	-2.061

위 〈표 16〉에서 보는 바와 같이, 제2유형(N=6)[홍보 중심형(Public-relation Core Type)]과 제3유형(N=4)[홍보 개선형(Public-relation Improvement Type)]간에

는 크게 2가지 진술문 측면에서 차이양상이 뚜렷하였다. 즉, "9. 포장디자인에 따라 정치 후보자 DM홍보는 차이가 난다(Differences = 3.366). 16. 정치현상을 쉽게 인식할 수 있는 DM홍보기법이 부족하다(Differences = -2.061)." 등으로 분석되었다. 즉, 9번에 있어서는 적극적인 일치점을 보이고 있으나, 16번에 있어서는 서로 다른 양상의 부정적 이견을 나타내고 있다.

다. 일치하는 항목별 분석

〈표 17〉 각 유형간 일치항목(Consensus Items)과 비중치

Q 진 술 문	표준점수
8. 유권자를 위한 이벤트성 선거 DM홍보가 많아야 한다.	1.07
10. 선거 후보자들의 DM홍보내용은 진실해야 한다.	0.55
13. 정치 후보자 DM홍보물의 정책을 믿을 수 없다.	0.06
5. 잘 제작된 정치 후보자 DM홍보물을 보면 투표하고 싶다.	-1.23

(* CRITERION = ±1.000)

본 연구의 일치하는 항목분석에서 관동대학교 대학원생 대상으로 Q방법론으로 조사된 내용에서는 3개의 유형{제1유형(N=6)[홍보 확장형(Public- relation Extension Type)], 제2유형(N=6)[홍보 중심형(Public-relation Core Type)], 제3유형(N=4)[홍보 개선형(Public-relation Improvement Type)]}이 긍정적으로 동의한 Q진술문 총 3개[8. 유권자를 위한 이벤트성 선거 DM홍보가 많아야 한다(Z-score=1.07). 10. 선거 후보자들의 DM홍보내용은 진실해야 한다(Z-score=0.55). 13. 정치 후보자 DM홍보물의 정책을 믿을 수 없다(Z-score=0.06).], 부정적으로 동의한 Q진술문 1개[5. 잘 제작된 정치 후보자 DM홍보물을 보면 투표하고 싶다(Z-score=-1.23).] 항목으로 나타났다.

이처럼 각 응답자들 간의 일치하는 항목이 도출된 Q분석에서는 일치하는 항목 4개가 발견된 점은 '컴퓨터와 인터넷에 대한 관심 때문인 것으로 보인다. 구체적으로 살펴보면, 응답자들이 경영학 전공 대학원생으로 타 전공에 비해 미디어, 즉 컴퓨터나 인터넷에 상대적으로 적극적 참여 측면에

많은 의견의 일치를 보인 것으로 나타난 것이라고 볼 수 있겠다.

(5) 결 론

본 연구에서는 선거 후보자의 DM홍보 개선 방안에 관하 관동대학교 경영대학 대학원생들을 대상으로 주관적 성향을 살펴보기 위해서 Q방법론을 이용하였다. 이 논문에서 제기한 연구문제는 크게 세 가지이다. 우선, 연구문제 1: 정치 후보자 DM홍보의 개선방안에 대한 연구참여자들의 생각은 어떻게 유형화되는가? 연구문제 2: 정치 후보자 DM홍보의 개선방안에 대한 연구참여자들의 심리적 유형들은 상호간 이질적인 특성과 함의는 무엇인가? 연구문제 3: 연구참여자들의 정치 후보자 DM홍보의 개선방안에 대한 유형들 간의 동질적인 특성과 그 함의는 무엇인가? 하는 점이 그것이다.

이러한 연구문제에 기초하여 유형분석을 한 결과 총 3가지의 유형이 도출되었다. 구체적으로 살펴보면, 우선 제1유형(N=6)[홍보 확장형(Public-relation Extension Type)], 제2유형(N=6)[홍보 중심형(Public-relation Core Type)], 제3유형(N=4)[홍보 개선형(Public-relation Improvement Type)]으로서, 각 유형마다 독특한 특징이 있는 것으로 분석되었다. 이와 같은 네 가지 유형별 결과를 분석한 결과, 대부분의 응답자들은 과거에 비해 선거 후보자의 DM홍보라는 것이 생소한 개념은 아니었으나, 지금까지와 다른 학습 측면보다는 '변화, 적응, 확대'라는 커뮤니케이션 전달변혁 문제에서 다양한 의견 표출을 보여주었다.

마지막으로 연구문제와 연관된 일치하는 항목에 대한 분석에서는 16명(석·박사과정)을 대상으로 한 Q분석에서 '4(긍정 3/부정 1)'개의 일치도를 보였다. 특히, 응답자들은 경영학 전공 대학원생으로 타 전공에 비해 미디어, 즉 컴퓨터나 인터넷에 상대적으로 적극적 참여 측면에 많은 의견의 일치를 보인 것으로 분석되었다.

이 연구는 일반적인 선거에 나타난 DM홍보 인식사례를 선택함으로써 다양한 사례와의 비교 분석이 이루어지지 못했다는 한계가 있다. 그럼에도 다양한 연구참여자의 참여경험을 연구해 나가기 위한 사전 단계로서 보다 심층적이고 특수한 연구를 위한 기초자료를 제시하는 데 의의가 있는 것으로 판단된다. 향후 후속연구에서는 보다 세밀한 Q방법론의 질문항목과 분석방법을 개발하여 응답자들의 다각화와 객관화 분석을 점진적으로 시도하고자 한다. 이 연구에서 행한 대학원 학습자의 인식은 후속 연구를 위한 토대로서 활용하고자 한다.

후속 연구를 위해 무엇보다 고려해야 할 문제는 향후 선거 후보자들의 DM홍보의 개선과 활성화에 대한 의미있는 분석잣대에 대한 고민이다. 과연 DM홍보는 누구를 위한 것이고, 일반대중들은 어떠한 내용들에 참여하고 경험하게 되는가? 주체의 문제를 중심에 둘 경우, 이 문제는 중요한 DM홍보의 확장과 개선이다. 물론 그렇다고 유권자(일반대중)들의 프라이버시를 무시하는 것은 아니다. 중요한 것은 DM홍보에 대한 전달방법들을 보다 세분화해서 다양한 계층들을 위한 맞춤형 의사전달이 이루어져야 한다는 점이다. 예컨대, 18세 이상의 유권자들에 대한 고려가 제도와 정치사회 영역을 횡단할 필요가 있다.

마지막으로, 그간의 DM홍보와 관련하여 대중의 사회적, 심리적 특성이나 라이프스타일 유형화 등을 중심으로 연구가 이루어져 왔고, 다양한 문화 수용과 평가에 따른 타깃별 대중의 유형화 작업은 다양하게 연구되지 못했다는 점에서 앞으로 많은 개선책을 제시할 수 있겠다. 따라서 추후 발전된 연구방향은 DM홍보에 대한 구체적인 이용자들의 인식 특성과 행태를 연결하여 분석하는 것이 요청된다고 볼 수 있겠다.

♣ 생각해 봅시다
▶ 정치인들의 홍보 매체의 종류는 무엇이 있으며, 그 차이는 어떠한지에 대해서 이야기합시다.

7) 2012 정치인 이미지

(1) 개관

현대 정보화사회에서 이미지정치란 미디어의 산물으로, 정책비전이나 능력보다 미디어로 전달되는 정치인의 성격, 용모, 말씨나 정당의 이미지를 통해 유권자에 어필하는 것을 말하곤 한다. 우리나라 이미지정치의 시작은 1987년 대선에서 '보통 사람'이라는 이미지를 통해 집권에 성공한 노태우를 꼽는데, 이 '보통 사람'의 이미지는 다양한 여론조사를 바탕으로 한 철저한 선거기획의 산물이라고 볼 수 있다. 2002년 새로 도입된 대통령 후보경선과 '노무현을 사랑하는 모임(노사모)'과 같은 정치 팬클럽의 등장은 미디어중심의 선거행태를 만들었고, 17대 총선의 합동연설회 폐지와 현수막 사용제한 등 많은 규제는 후보자와 유권자의 직접적 접촉을 차단함으로써 언론이 후보자와 유권자를 연결하는 미디어중심선거의 촉매제로 작용하였다. 또한 대선자금수사와 탄핵 등으로 인해 기존 정치권에 대한 혐오가 극에 달하면서 새로운 이미지 제공의 중요성이 커져서 이미지정치가 선거운동의 핵심으로 등장하게 된다. 한 정치인이나 정당의 이미지는 기업의 '브랜드'와 같은 것으로 브랜드가치를 높이기 위한 이미지정치는 그만큼 더 중요해지고 강화될 것이다.

이처럼, 본 논문에서는 최근 급변하는 선거환경 속에서, 얼마 전 치러진 2012년 18대 대통령선거에 후보자로 나섰던 안철수 전 대선후보의 이미지를 확인함으로써 향후 정치인의 이미지에 관한 효율적인 역할을 가늠할 수 있는 의미가 있다고 볼 수 있다. 이에 대학의 구성원 중의 하나인 일반인들이 체감하고 인지하는 의견들은 어떠하며, 그 유형들은 어떻게 구분되고 있는지에 관하여 분석하고자 한다. 이러한 정치인 이미지에 관한 유형을 살펴보는 것은 정치, 경제, 사회, 문화적 이슈의 중심에서 바라볼 수 있는 다각적 논의 차원에서 중요한 연구방향이며, 향후 관련 연구의 발전을 위해서

의미있는 작업이라고 볼 수 있겠다.

다시 말해서, 이 논문에서는 안철수 전 대선후보의 이미지에 관한 일반인들의 주관성 유형을 구조화하고 유형별 특성을 파악, 기술하고 설명하는데 좀 더 발견적이고 가설생성적인 Q방법론[93]을 활용하고자 한다. 즉, 일반인들의 심리적 주관성을 유형화하는 것이다.

무엇보다도, 안철수 전 대선후보의 이미지에 관한 수용행태 유형에 대해서는 기존의 계량적 방법론(R방법론)으로 객관적 통계분석이 가능하겠으나, Q방법론[94]적 분석논문은 수용자, 즉 일반인들의 자아구조(schema) 속에 있는 요인들까지 파악할 수 있다는 점에서 통찰력 있는 분석이 도출될 수 있다.

따라서 안철수 전 대선후보의 이미지에 관한 수용행태 유형에 대한 일반인들의 일상적인 이미지와 성향들을 토대로 한 이 논문에서는 이들의 주관적인 인식에 대한 유형화 작업을 시도하였다. 즉, 이 연구는 기존의 이론에서 연역적인 가설을 도출하는 종래의 연구방법과는 달리, 사람들이 일상적으로 갖게 되는 주관적 이미지에 의하여 새로운 가설을 발견(hypothesis abduction)하려는 목적을 가지고 있다.[95] 이 논문에서는 안철수 전 대선후보

---

93) Q방법론이란 인간의 다양한 주관성을 탐구하는 가설발견의 논리를 갖는 이해의 방법론으로서 다양한 문화집단에서 어떤 현상에 대한 태도, 신념, 관습에 관한 자료를 수집, 분석하는데 독특한 가능성을 제공한다. 여기에서의 주관성은 신비로운 것도 로맨틱한 것도 아니며, 단순히 타인 혹은 자기 자신에게 이야기 할 수 있는 어떤 것이다. 또한 Q방법론은 어떤 주제나 문제점에 대한 다양한 의견들을 진술한 진술문을 이용한 심층적인 의견조사방법이다. 특히 이 방법론은 개인의 시각, 가치, 신념 및 태도 등은 모두 자기중심적이라는 전제하에, 이들을 서열화해서 측정 한다. ; 김흥규(1992). "주관성 연구를 위한 Q방법론의 이해". 『간호학 논문집』 6(1). pp.1~11. ; Simmon, S. J.(1989). "Health: A Concept Analysis". Int. J. Nurs. Study 26(2). pp.155~161. ; Stephenson, W.(1954). The Study of Behavior : Q-Technique and Its Methodology. Chicago, IL : University of Chicago Press. pp.14~27. ; Stephenson, W.(1968). "Consciousness Out-Subjectivity". In, The Psychological Record. p.18.

94) Q방법론(Q-Methodology)이 가지는 장점중의 하나는 탐사적 연구로서의 후속연구를 위한 길잡이 기능에 있다.

95) 선우동훈(1991). "Q방법론에 의한 소비자행동 연구". 『광고연구』 여름호(제11호). 한

의 이미지에 관한 수용행태 유형의 특성과 이에 따른 함의를 알아보고, 이에 따른 효용적 가치를 제안하는데 그 목적이 있다.

(2) 이론적 논의

가. 정치인 이미지

디지털시대에 접어들면서, 국내에서의 어떤 특정의 정치인[96]이 유권자에게 자신의 이미지를 심어 주려면, 또는 자신에 대하여 좋은 이미지를 갖게 하려면, 그 정치인은 적극적인 활동과 접촉을 통하여 유권자들에게 좋은 정보나 자극을 제공하여야 한다. 이와 같은 정보나 자극은 다양하여야 하면서, 동시에 독특하거나 강한 것 일수록 좋다. 그러한 정보나 자극들은 유권자의 마음속에 자리하게 된다고 볼 수 있다. 또 그 정보나 자극의 양이 많아서 더 많은 요소들을 구성하게 된다.[97] 또한 보다 중요한 정보나 자극은 유권자들이 오래 기억하게 하고 또 강력하게 간직되도록 하여야 한다. 이것이 왜 활동이 적은 정치인이나 매체에 잘 노출되지 않은 정치인이 유권자에게 강한 이미지를 심어줄 수 없고, 쉽게 잊혀 지는가 하는 이유일 것이고, 동시에 정치인들이 매체에 매달리는 이유를 설명해준다.[98]

이처럼 정치이미지라는 것은 유권자와 밀접한 관계를 지니며 시대와 환경에 따라 변화되어 왔으며, 이에 따라 정치인 이미지는 유권자의 주관적인 평가와 후보자 전하는 메시지에 근거한 유권자의 정치인에 대한 지각[99]으

국방송광고공사. p.7.

96) 여기에서 '정치인'은 정치적인 모든 행위의 실체자라고 할 수 있다. 그러나 일반적으로 통치권력을 놓고 국가의 크고 작은 문제에 관하여 여, 야간의 입장 대립을 조율하며 궁극적으로 대중의 지지로써 통치권력을 획득하는 사람이다.
 : http://www.doosan.com/politic 참조
97) 김영수(2000). "정치인 이미지에 관한 연구 : 정치인 이미지연구를 중심으로". 고려대학교 신문방송학과 대학원 박사논문. p.50.
98) 최미경(2003). "정치인의 이미지가 미디어상에 나타난 연구". 한성대학교 예술대학원 패션예술학과 분장예술학전공 석사논문. p.13.

로 볼 수 있으며, 선거에 출마한 인물의 지도자로서의 역량, 자질, 신뢰성, 쟁점, 외모, 목소리, 인상에 관해 유권자가 머릿속에 갖는 상이라고 할 수 있겠다.100)

지금까지 국내에서의 대선에서 두드러진 특징 중 하나는 특정의 이미지를 형성하여 유권자의 감성에 호소하는 이른바 '이미지 선거와 정치'가 효과를 거두었다는 사실이다.

이제 이러한 경향은 이른바 '정보 홍수'의 시대에 들어서면서, 각종 텍스트와 영상 정보들이 인터넷과 방송, 종이 매체로부터 쏟아져 나오면서 입력되는 정보가 적정량을 넘어서게 되었고, 사람은 자신도 모르게 대개 더 이상 정보를 받아들이지 않게 되었다. 넘쳐나는 정보가 오히려 사람들의 판단 기준을 혼란스럽게 만들고 있고, 그 순간부터 정보보다 '이미지'가 더 중요해지며, '실제 내용'이 아닌, '느낌'으로 판단을 내리는 사람이 많다. 또한 정치도, 마케팅도 이미지가 중요해졌고, 2002년 대통령 선거와 2004년 국회의원 선거 모두 이런 이미지 정치 추세가 더욱 강해졌다. 대통령 후보나 국회의원 후보에 대한 정보가 인터넷이나 인쇄매체에 넘쳐나고 있지만, 자신들의 생각, 비전, 지식, 열정은 있지만 대부분의 대중들은 그런 구체적인 정보보다는 그의 '이미지'에 투표를 하는 것이다.

현재까지 '정치와 이미지' 관련 국내외 학자들의 논의를 정리하면 다음과 같다. 우선, 최영재(2005)는 현대 정치에서 이미지의 중요성이 더 이상 강조하지 않아도 될 만큼101) 그 영향력은 확대되고 있다고 보고 있고, 정치인들 또한 이제 이미지를 중요한 정치적 자산으로 여기며 관리의 대상으로

---

99) Nimmo, D.(1974). "'Image and voters' decision-making processes". *Advances in Consumer Research*. p.1.

100) Siegel, R. S.(1964). "Effect of partisanship on the perception of political candidates". *Public Opinion Quarterly*. p.28.

101) 최영재(2005). "정치인의 비언어적 행위와 이미지 형성". 『한국방송학보』 19-2. 사단법인 한국방송학회. p.311.

삼는다고 분석한 바 있다.[102] 또한 와텐버그(Wattenberg)는 대중매체 중심적인 정치가 도래하면서 미국의 전통적인 정당중심의 정치과정이 후보자의 개인 이미지 중심으로 바뀌었다고 지적하고 있다.[103] 이와 함께 해커(Hacker)는 정치 이미지는 유권자가 정치적 문제에 대해 가지는 인지적 재현[104]이라고 보고 있다.

이처럼 정치에서의 이미지는 선거에서 중요한 변수로 작용해 왔고, 몇 년 전 국내의 16대 대선에서 이회창, 노무현 후보를 중심으로 중요성이 부각되면서 선거의 판세를 좌우할 만큼 정치인이나 유권자에게 중요한 영향력을 끼치기 시작했다.[105] 그러나 이러한 현상을 구체적으로 설명할 수 있는 연구는 거의 없었으며 현실적으로 정치이미지에 대해서는 시대 유행의 흐름과 시시각각 변화하는 민심의 흐름에 반응하고 의지할 수밖에 없는 불안정한 상황일 뿐이다. 또한 정치 분야에서 정치인들의 이미지는 쉽게 조작할 수 있기 때문에 '옳고 그름'에 관한 규범적 논란의 대상이 되기도 한다.[106] 따라서 이러한 정치 분야의 이미지 변화는 유권자가 정치인에 대한 여러 가지 새로운 정보를 접함에 따라서 다르게 나타나는 현상으로 설명할

---

102) 최영재(2006). "정치인의 이미지 관리". 『한국언론학보』 50-1. 사단법인 한국언론학회. p.379.

103) Wattenberg, M. P.(1992). *The Rise of Candidate Centered Politics : Presidential Elections of the 1980s.* Cambridge: Harvard Univ. Press. ; Wattenberg, M. P. (1994). *The Decline of American Political Parties, 1952~1992.* Cambridge: Harvard Univ. Press.

104) Hacker, K. L.(1986). "Political image formulation in non-mediated communication". Ph. D. Dissertation, Department of Speech, Univ. of Oregon. ; 정성호(2006). "정치커뮤니케이션이 후보자 이미지 형성과 태도변화에 미치는 영향에 관한 연구". 『커뮤니케이션학 연구』 14-3. 사단법인 한국커뮤니케이션학회. p.68.

105) 정수연(2007). "매스미디어를 통한 정치인 이미지 형성 노력이 유권자에게 미치는 영향에 관한 연구". 호서대학교 벤처전문대학원 정보경영학과 정보경영전공 박사논문. p.11.

106) 최영재(2004). "정치인의 이미지 형성에 관한 실험 연구". 『언론과 사회』 12-4. 사단법인 한국언론학회.

수 있다. 다시 말해서, 정치 분야에서의 이미지는 시대 흐름에 따라 변화하면서 유권자의 여러 속성에 영향을 미치고 이에 따라 정치 이미지가 달라지는 상호작용 관계에 있음을 알 수 있다.[107]

이러한 점에서 볼 때, 정치이미지란 억지로 허상을 만들면서 유권자를 속인다는 의미보다는 정치인 자신들의 이미지 장단점을 알고 그것을 수정하면서 유권자에게 호감도와 정서의 친밀감을 주는 것이 동반되어야 한다. 마찬가지로 국내 정치인들도 유권자에게 좋은 이미지를 주는 것이 투표율과 연결이 되기에 자신의 정치이미지를 차별화하여 향상시켜야 하는 것이 현실이다.[108] 정치 분야에서의 좋은 이미지란 근본적으로 당선되고자 하는 정책을 잘 담당할 수 있는 능력과 자질이 있다는 것을 유권자들에게 확신시키는데서 나온다고 볼 수 있다.[109] 또한 유권자들이 바라는 능력과 자질에 대한 욕구를 충족시키고 확산시키는데서 형성된다.

나. Q방법론의 의미 및 적용

사회과학 분야에 있어서 과학성 제고를 위한 노력과 경향은 오랜 기간 계속되었다. 행태주의라는 학문적 풍조는 사회과학의 과학성 제고에는 기여한 바가 컸으나 사회과학이 사회가 요구하는 가치를 제공하는 데에는 실패했다는 비판이 제기되었다. 후기행태주의, 탈행태주의, 현상학의 등장은 이러한 비판을 기초로 하고 있다.

행태주의에 대한 비판과 더불어 우리의 관심을 끌었던 방법론 중의 하나가 Q방법론이다.[110] 1930년대에 최초로 발표되었음에도 학자들의 많은 관

---

107) Funk, C. L.(1999). "Bringing the Candidate into Models of Candidate Evaluation", *The Journal of Politics, 61(3)*.
108) 박양신(2008). 『정치인 이미지메이킹』. 도서출판 새빛. p.23.
109) 김영수. 앞의 논문. p.53.
110) Brown, S.(1980). *Political Subjectivity: Applications of Q Methodology*. New Haven: Yale University Press.

심을 끌지 못하다가 후기 행태주의의 등장으로 새로운 방법론으로 인식되면서 활발히 논의되기 시작하였다.

한국의 경우 1970년대에 미국에서 유학한 학자들이 국내에 소개한 이후 신문방송학, 광고학, 정치행정학, 정신분석학, 간호학 분야에서 사용되고 있다. 그러나 국내에 발표된 논문들을 분석하면 Q방법론에 대한 정확한 이해 없이 사용된 예가 많다.

Q방법론은 연구 대상자의 자아참조(Self-reference)에 따라 행태와 태도를 결정하며, 변수의 선험적 의미가 주어지지 않는다. 연구 대상자의 내적 관점에 따라 행태와 태도가 결정되는 특징을 갖고 있다.

최근 Q방법론의 효용성은 전통적 행태주의 접근방법에 대한 회의와 비판이 가속화되는 상황에서 확인되었다. 행태주의적 접근방법에 충실한 R방법론에 의한 연구는 대부분 과학적 지식의 창출이라는 명분하에 지식의 성격에 초점을 맞추었다.

그러나 R방법론에 의한 지식은 2가지 측면에서 비판의 대상이 되었다. 첫째, R방법론에 의한 사회과학적 지식은 사회 구성원 가운데 권력을 가진 계층에 적합한 지식으로 사회의 소외 계층에는 적용될 수 없다는 비판이 1960년대에 제기되었다. R방법론에 의한 지식은 기존의 정치권력 구조를 강화하는 데에 이용된다는 것이다.

둘째의 비판은 첫째의 비판과 밀접하게 관련되어 있다. R방법론에 기초한 지식은 사회의 현상과 상황에 적절하지 못한 잘못된 정보를 제공함으로써 정치·행정의 정책과정에 오류를 낳게 한다.

이러한 비판과 함께 정치·행정학에 있어서 Q방법론의 활용은 실용적, 철학적 측면에서 효용성을 갖고 있다.[111] 정치·행정가들은 R방법론이 추구하

---

111) Brown, S., D. During and S. Selden.(1999). *Q Methodology*. In G. Miller and M. Whicker, eds., Handbook of Research Methods in Public Administration. New York: Marcel Dekker.

는 바와 같은 지식의 성격보다는 그들이 어떻게 그들의 업무를 수행하고 있는가하는 실용적 측면에 보다 많은 시간을 소요하고 있다. 정치·행정가들은 정책과정에 다양한 가치의 발견에 보다 관심을 갖고 있다. 이러한 상황을 감안할 때 Q방법론이 실용적 측면에서 효용성이 있다고 할 수 있다.

정치·행정가들의 근무환경과 특성을 감안할 때 Q방법론의 효용성은 더욱 커진다. 정치·행정가들이 객관적 가설, 과학적 지식을 믿고 있지만 그들은 과학적 방법에 익숙하지 않을 뿐만 아니라 과학적 방법에 관심도 적은 편이다. 정치·행정가들의 문제 접근방식이 현상학적이라는 사실도 정치·행정학 분야에 있어서 Q방법론의 효용을 높이고 있다.

실제의 정책과정을 보면 다양한 가치와 의견, 견해들이 대립되는 것이 일반적이다. 이러한 다양한 의견, 견해, 가치 등을 발견하는데 Q방법론의 효용성이 있다. 끝으로 Q방법론이 효율적, 경제적이라는 점도 Q방법론의 매력이다. 적은 수의 연구 대상을 중심으로 연구가 가능하기 때문에 R방법론에 비교하여 적은 비용과 시간이 소요된다.

정치·행정철학적 관점에서도 Q방법론의 효용성을 확인할 수 있다. 행태주의적 접근방법에 대한 비판은 1960년대, 1970년대 신행정학의 흐름을 낳았다. 후기 행태주의로 특징되는 신행정학의 견해와 Q방법론은 서로 양립이 가능하다. 신행정학의 견해에 따르면 정책과정이 현상학적, 이념적, 해석적이라고 보기 때문이다.

정치학적 관점에서도 후기 행태주의자들은 행태주의적 접근방법은 잘못된 지식을 낳을 뿐만 아니라, 사회의 불평등을 악화시키고 있다고 비판하였다.[112] 다양한 이익집단에 의한 자유민주주의는 특권층을 옹호하는 경향이 있기 때문에 그 대안으로 다양한 주장이 개진될 수 있는 대중적 민주주의(Discursive)를 옹호하는 관점도 Q방법론의 효용성을 인정하고 있다.

---

112) Dryzek, John S.(1990), *Discursive Democracy: Politics, Policy, and Political Science*, Cambridge, UK; Canbridge University Press.

반면, 실증주의자들은 지식의 가장 두드러진 특징을 그것의 검증가능성에 있다고 보며, 과학의 경험적 기초는 공적으로 관찰될 수 있는 사물이나 현상을 지칭하는 진술들로 이루어져 있는 것으로 파악했다. 그러나 최근 이러한 실증주의는 많은 비판에 직면해 있다. 특히 인간의 주관성을 강조하는 인문학적 전통의 학자들에 의해 많은 비판을 받고 있는 것이다(김흥규, 1996, p.22).

Q방법론의 철학은 이러한 문제로부터 출발, 논리 실증주의 방법에 대한 비판과 그 대안으로 발전되었다. 첫째, 자연현상에는 가치구조가 개입되지 않지만 사회 안에서의 인간은 특수한 의미와 적합성의 구조를 가지므로 인간의 주관성을 배제해서는 인간의 본질과 사회현상을 제대로 연구할 수 없다는 것이다. 둘째, 논리 실증주의에서 바라보는 사회적 사실은 자연현상과 마찬가지로 이미 구성된(pre-constituted) 것으로 간주하지만 사회적 현실은 의미적으로 구성되어지기(constructed) 때문에 의미의 해석을 통한 이해(understanding)의 방법이 필요한 것이라는 주장이다.

즉, Q방법론은 '외부로부터 설명'하는 방법이 아니라 '내부로부터 이해'하는 접근방법임을 의미한다. 이는 연구자의 조작적 정의(operational definition)가 아닌 응답자 스스로 그들의 의견과 의미를 만들어 가는 operant definition 의 개념을 중요하게 여긴다. 따라서 여기에 사용되는 진술문(Q-statement)은 모두 응답자의 자아 창조적 의견 항목으로 구성되어있다.

물론 Stephenson은 경험주의 방법론이 갖는 한계와 오류를 극복하기 위해 이해의 방법으로 Q방법론을 주창하고 있지만 해석학이나 현상학에서 제시하는 것처럼 다소 애매모호하고 주관적인 해석방법과는 거리를 두고 있다.[113]

다음으로, Q방법론 관련 논의사항을 살펴보면, 1950년대까지 Q방법론과 이를 적용하는 연구가 활발히 이루어져 왔다. 지난 50여 년 동안 Q방법론

---

113) 김흥규(1996). "Q방법론의 유용성 연구". 한국Q학회 창립기념 학술발표논문.

은 일반원리, 생리 지각학습(학습, 기억, 사고), 행동(행동, 욕구, 의지, 감정, 정서), 발달, 특수교육, 임상(임상, 검사, 상담, 조언), 사회(사회, 집단, 문화, 산업), 직업지도 등 분야의 연구에 활용되어 왔다.[114] 그 이후 주로 이론검증, 특성의 유형화 연구, 심리치료 및 상담 전문의 변화연구, 심리검사의 타당화 등의 교육과 심리의 분야뿐만 아니라 정치학, 사회학, 경영학, 언론, 광고 등의 분야에도 널리 적용되어 왔다.

Q방법론에 관련된 연구는 1996년까지 'ERIC'과 'PPSYINFO'에 수록된 것을 모두 합하면 850여 편이나 된다.[115] 이들 연구물은 그 대상과 주제 및 내용이 매우 다양하다. 이건인(1996)의 분석에 따르면 이들 연구물들은 주로 '방법론으로서의 Q방법론의 특징, Q-SET의 개발과 그 타당성, 사람의 군집 유형, 인간관계 및 의사소통, 지도성 유형, 부모의 양육태도와 애착 유형, 학교풍토와 학교와 지역사회와의 협력 양성, 교사의 행동, 태도, 교수형태와 학생의 학업성적, 아동과 청소년의 사회성, 학습과 훈련 프로그램의 효과 및 유행, 소비자 행동과 관리 경영행동, 간호사의 행동과 간호 행동, 병의 진단, 인성 및 자아개념, 스트레스와 적응, 상담행동과 상담 효과, 기타' 등에 관한 것이라고 한다. ERIC에 수록된 Q방법론과 관련 연구들의 분석에 따르면,[116] Q연구물이 1996년 4월까지 303편이 수록되어 있다. 이들은 1960년대의 것이 46편, 1970년대의 것이 114편, 1980년대의 것이 98편 그리고 1996년 4월까지의 것이 45편이다. 이들의 내용은 1) Q-set의 개발과 타당도, 2) 유아 및 아동교육, 3) 교과교육, 4) 교육과정 개발 및 설계, 5) 교수 및 학습, 그리고 6) 직업 및 진로 교육 등에 관한 것이다.

---

114) 菊池章夫, 齊藤耕二 共編(1979). 『社會化の理論 : 人間形成の心理學』. 有斐閣.

115) 李建仁(1995). "Q 方法論에 對한 理論的 考察". 『敎育硏究』 14. 圓光大學校敎育問題硏究所. p.30.

116) 백용덕·김성수(1998). Q-방법론의 연구 경향. 『仁荷敎育硏究』 제4호. 仁荷大學校教育硏究所. pp.44~71.

지금까지 국내의 연구는 상당히 미흡하다고 볼 수 있다. 교육과 심리, 보건 및 의료, 언론과 소비자 등과 관련하여 다양한 분야로 연구되어 왔다. 그러나 '리서치'중심의 연구와 달리 Q연구의 부진 이유 2가지는 Q방법론에 관한 이해가 확산되지 못한 것과 Q방법론의 이론과 그 적용의 어려움이라고 할 수 있을 것이다. Q방법론은 연구대상의 특정 변인을 규정하고 그 변인을 대표하는 진술문을 수집 또는 작성하여, 그 특정 변인의 구조에 적합하다고 여겨지는 적은 대상자로 하여금 준비한 진술문을 대상자가 주관적으로 정한 기준에 따라 정상 또는 준 정상분포가 되도록 분류하게 하고, 이를 상관분석, 변량분석, 요인분석과 요인정렬의 순서로 통계 처리한다. 변량분석과 요인분석 등의 통계적 처리 능력 없이는 Q방법론적 연구가 제약을 받는다.

다음으로, Q방법론의 개념적 측면을 살펴보면 다음과 같다. 윌리엄 스티븐슨에 의하면,[117] Q방법론은 개인을 연구하기 위한 일련의 철학적, 심리학적, 통계학적, 심리측정학적 관념이라고 한다. 그리고 Q방법론을 이행하는데 사용되는 일련의 절차를 Q기법이라고 한다.[118] 맥키온과 토마스에 의하면,[119] Q방법론은 상관관계와 요인분석 등의 통계적 방법을 적용하여 인간의 주관성(human subjectivity)을 체계적으로 그리고 엄밀한 수량적 방법으로 연구하는 독특한 심리측정학적 조작적 원리라고 한다. 여기서 주관성은 개인적으로 또는 사회적으로 중요한 것에 대한 사적 견해(an individual point of view)를 말한다. 주관성, 곧 사적 견해는 체계적으로 그리고 정밀하고 깐깐하게 연구될 수 없는 것으로 여겨 왔는데,[120] Q방법론의 대두가 이 같은

---

117) Stephenson, W.(1953). *The Study of Behavior: Q Technique and Its Methodology*. Chicago: University of Chicago Press.

118) Kerlinger, F. N.(1986). *Foundations of behavioral Research(3rd ed)*. New York : Holt. Rinehart & Winston. p.507.

119) Mckeown, R. & Thomas, D.(1988). *Q methodology*, Newbury Park, CA: SAGE. p.7.

고정관념을 바꾸어 놓았다.

  Q방법론은 개인의 주관성을 과학적으로 연구하는 심리측정학적 조작적 원리로서 연구하는 하나의 연구방법론이다. Q방법론에서 말하는 주관성은 소통할 수 있는 것(communicable)이며, 항상 자기 조회(self-reference)에 의한다는 두 가지 전제에 바탕을 두고 있다. 주관적 의사소통(subjective communication)은 객관적 분석과 이해가 가능하다. 그리고 이 같은 소통을 연구하는 분석적 방법은 그 과정에서 자기 조회의 본질을 파괴하거나 변형하지 않는다. Q방법론의 주된 관심은 자기 조회가 연구자에 의해 타협되거나 연구자에 의한 외적 조회 체제와 혼란되지 않고 잘 보존되도록 하는 것이다.[121] 개인의 주관성은 그 자신의 견해에 불과하다. 일상생활에서 흔히 말하는 "내가 관계하는 한...(as for as I'm concerned)" 또는 "내 생각으로는...(in my opinion)"등과 같은 것이다.[122]

  종합하자면, Q방법론의 장·단점을 감안할 때 Q방법론으로 처리할 수 없는 부분은 R방법론에 의하여 보완하고, R방법론으로 해결할 수 없는 영역은 Q방법론으로 해결할 수 있을 것이다. 따라서 Q방법론과 R방법론은 상호 배타적이라기보다는 상호보완적으로 사회과학의 발전에 기여할 수 있을 것이다.

  이러한 논의를 중심으로 본 연구에서는 이전의 설문조사 방식에서 면밀히 분석하지 않고 간과하기 쉬운 개인의 사고나 느낌 같은 주관적 행위를 객관적으로 측정할 수 있는 Q방법론을 도입하여 살펴보고자 한다. Q방법론은 안철수 전 대선후보의 이미지 관련 내용들을 구조화하고 유형별 특성을 파악, 기술하고 설명하는데 좀 더 발견적이고 가설생성적이며, 의사소통

---

120) Mckeown, R. & Thomas, D, 위의 논문.
121) Mckeown, R. & Thomas, D, 앞의 논문.
122) Brown, S.(1980). *Political Subjectivity: Applications of Q Methodology*. New Haven: Yale University Press. p.46.

자간의 자아구조(schema) 속에 있는 요인들까지 파악할 수 있다는 장점이 있다.

다. 연구문제

본 논문에서는 안철수 전 대선후보의 이미지에 관하여 이미 사용되어 온 기능적 수량분석에서 한 걸음 나아가 보다 심층적이고 본질적인 의미에 접근할 수 있는 질적 분석방법의 하나가 되는 Q연구방법을 활용하여 연구하고자 한다.

본 연구는 안철수 전 대선후보의 이미지에 대한 이해에서 최근의 균형있는 선거 캠페인의 효용성의 발전을 꾀함으로써, 변화하고 있는 선거환경에 따른 올바른 모델 또는 전략에의 제언 수립에 도움을 줄 수 있으며, 일반인들과의 인터뷰와 문헌연구를 통한 Q방법론적 유형화를 중심으로 새로운 선거환경에 의해 창출되는 규모와 이러한 규모에 영향을 미칠 수 있는 요인들 및 이에 대한 쟁점요소들을 살펴보는 좋은 계기를 마련하고자 한다.

본 연구에서는 먼저 안철수 전 대선후보의 이미지에 대한 이전의 연구 및 문헌분석을 통하여 정리하고 고찰하고자 한다. 아울러 본 연구는 안철수 전 대선후보의 이미지에 대한 실증적이고 심층적 Q 분석을 통해 다각적인 규명을 실시하고자 하며, 이러한 연구는 안철수 전 대선후보의 이미지에 대한 인식제고에 도움이 될 것으로 기대한다. 이에 본 연구에서는 위에서 제기된 사항들의 해답을 얻기 위하여 주관성연구 분석방법을 활용하며, 이에 따른 연구문제를 아래와 같다.

연구문제 1 : 안철수 전 대선후보의 이미지에 대한 일반인들의 수용 유형은 어떠한가?

연구문제 2 : 이들 각 유형들 간의 동질적인 특성과 그 함의는 무엇인가?

(3) 연구방법론
가. 연구설계

안철수 전 대선후보의 이미지에 대한 문헌분석은 객관적인 가치 분석이 가능하여, 최근 안철수 전 대선후보의 이미지를 보다 효과적으로 이해하는 데 기여할 수 있다. 또한 안철수 이미지에 대한 이와 같은 평가는 객관적인 가치규명뿐만 아니라, 안철수 전 대선후보의 이미지 전략과 활용방법을 제시한다는 차원에서 유도할 수 있다. 이 과정에서 시도되는 구체적인 연구방법은 다양한 국내외 자료를 단계별로 정리하여 다각적인 사례연구들로 진행되었다. 조사범위는 현재 국내에서 가능한 모든 문헌을 대상으로 실시하고자 한다. 조사 기간은 모든 관련 자료들을 중심으로 이루어졌다.

추가로 본 연구에서는 일반인들[123]을 대상으로 Q심층조사를 실시하였다. 정치인 안철수 이미지와 관련된 관점을 심층적으로 이해하기 위해 일반인들 대상으로 인터뷰를 수행하였다. 질적 연구의 한 분야로서 Q 심층조사 분석은 Grand Tour Technique[124] 방식을 채용해 실시할 예정이므로 공통의 분야와 개별 분야로 나뉘어 연구주제들이 제기될 필요가 있다. 다음의 연구 주제들은 현재 연구 수행 전의 단계에서 확정된 것들이며, 인터뷰를 진행해 나가면서 질적 연구방법의 특성을 살린 진화적 설계(Evolving Design) 방식에 따라 추가적인 연구문제가 포함되었다.

전술한 바와 같이 Q 심층조사에서는 정치인 안철수 이미지에 관한 일반인들의 의견을 청취하게 될 것이므로 초기 인터뷰의 결과가 그 이후의 인터뷰 내용에 영향을 미치는 구조를 띠게 된다. 때문에, 위에 열거한 인터뷰

---

[123] 본 논문에서 일반인들을 선정한 이유는 선거권을 지니고 있는 유권자이고, 관련된 선거캠페인에 자신의 의사를 개진하고, 좀 더 신선한 의견(진술문)을 도출하고 분석할 수 있다고 가정하였기 때문이다.

[124] 소수의 구체적인 사항에 대해서 테마를 찾아가는 방식인 Laddering과 달리 가장 근본적인 사항에서부터 점진적으로 구체적인 부분까지 파악하는 방식으로써 대상자의 경험과 생각에 따라 전혀 다른 인터뷰 진행이 실시되는 비구조적 인터뷰임.

의 항목들이 현재 제안서 단계에서 확정적인 것은 아니며, 최초 3~4회 정도의 인터뷰를 거치면서 보다 집중적인 이슈들로 진술문 정리가 되는 과정을 거쳤다. 인터뷰의 과정은 리쿠르팅에서부터 코딩 분석까지 설계되었으며, 실제 리쿠르팅은 본 연구팀에서 대행할 것이다. 본 연구에서는 정치인 안철수 이미지에 관한 일반인들에 대한 인터뷰, 분석의 두 가지 일을 수행하였다.

나. 연구방법

본 논문에서는 R방법론에서 도출된 다양한 의견과 각각의 유형을 구조화하고 유형별 특성을 파악, 기술하고 설명하는데 좀 더 발견적이고 가설생성적인 Q방법론[125] 분석결과를 토대로 좀 더 다각적인 평가와 전망을 제시하고자 한다.

무엇보다도, 정치인 안철수 이미지에 관한 연구에 대해서는 기존의 계량적 방법론(R방법론)으로 객관적 통계분석이 주로 이용되어 왔으나, Q방법론[126]적 분석논문은 기존의 이론에서 연역적인 가설을 도출하는 종래의 연구방법과는 달리, 사람들이 일상적으로 갖게 되는 주관적 이미지에 의하여 새로운 가설을 발견(hypothesis abduction)하려는 목적을 가지고 있다.[127] 이는 Q방법론이 행위자의 관점에서 출발하며 인간 개개인마다 다른 주관성 구조에 따른 서로 다른 유형에 대한 이해와 설명이 가능하기 때문이다. 연

---

[125] 김흥규(1992). "주관성 연구를 위한 Q방법론의 이해". 『간호학 논문집』. 6(1). pp.1-11. ; Stephenson, W.(1953). *The Study of Behavior: Q Technique and Its Methodology*. Chicago: University of Chicago Press. ; Dryzek, John S.(1990), *Discursive Democracy: Politics, Policy, and Political Science*, Cambridge, UK; Canbridge University Press.

[126] Brown, S.(1980). *Political Subjectivity: Applications of Q Methodology*. New Haven: Yale University Press. ; Brown, S., D. During and S. Selden.(1999). *Q Methodology*. In G. Miller and M. Whicker, eds., Handbook of Research Methods in Public Administration. New York: Marcel Dekker.

[127] 선우동훈(1991). "Q방법론에 의한 소비자행동 연구". 『광고연구』 여름호(제11호). 한국방송광고공사. p.7.

구자는 정치인 안철수 이미지에 관한 사항을 심도있게 측정하기 위해서는 기존의 방법으로는 어느 정도 한계성이 있다고 생각하여, Q방법론적 접근을 시도하였다. 이를 위해 분석작업은 진술문 형태의 카드를 분류하는 방법으로 행해졌다. 이 진술문 작성을 위하여 연구자는 본 논문과 관련된 국내 문헌, 그리고 일반대중들의 인터뷰를 통하여 Q모집단(concourse)을 구성하고, 이를 통하여 진술문(Q-statement)을 작성한 후, P샘플을 선정, 분류작업(sorting) 과정을 거쳐 얻게 되는 Q-sort를 PC QUANL 프로그램을 이용, Q요인분석(Q-factor analysis)을 통해 분석하였다.

가) Q표본(Q-sample)과 P표본(P-sample)

이 연구를 위한 Q표본은 정치인 안철수 이미지에 관한 수용행태 유형에 관한 가치체계로 구성된 진술문으로 구성되었다. 이 연구는 정치인 안철수 이미지에 대해서 일반인들이 지니고 있는 전반적인 관념들과 느낌, 의견, 가치관 등을 종합적으로 얻기 위해 이 연구와 관련된 전문서적, 학술서적, 저널 등의 관련문헌 연구를 포함하여 일반인들을 대상으로 심층인터뷰를 통하여 두 정치인에 대해서 약 40개의 Q-population(concourse)을 추출하였다. 또한 Q-population에 포함된 진술문 중 주제에 관한 대표성이 가장 크다고 여겨지는 진술문을 임의로 선택하는 방법을 사용하여, 최종적으로 각각 30개의 진술문 표본을 선정하였다. 여기에서 선택된 각각의 30개 진술문은 전체적으로 모든 의견들을 포괄하고, 긍정, 중립, 부정의 균형을 이룰 수 있도록 구성하였다(표 1).

Q방법론은 개인 간의 차이(inter-individual differences)가 아니라 개인 내의 중요성의 차이(intra-individual difference in significance)를 다루는 것이므로 P샘플의 수에 아무런 제한을 받지 않는다.[128] 또한 Q연구의 목적은 표본의 특성으로부터 모집단의 특성을 추론하는 것이 아니기 때문에 P표본의 선정도

---

128) 김홍규(1990). 『Q방법론의 이해와 적용』. 서강대 언론문화연구소. p.45.

확률적 표집방법을 따르지 않는다. 따라서 이 연구에서는 위에서 제시한 기준에 의거하여 성별, 연령, 직업 등 인구학적 특성을 적절히 고려하는 R방법과 달리, 본 연구와 관련하여 사전 연락을 통해 조사작업에 동의를 구한 P표본(응답자)들을 중심으로 최종 14명[129]을 P샘플로 선정하여 조사되었다.

나) Q분류작업(Q-sorting)과 자료의 처리

Q표본과 P표본의 선정이 끝나게 되면 P표본으로 선정된 각 응답자(Q-sorter)에게 일정한 방법으로 Q샘플을 분류시키는데 이를 Q분류작업(Q-sorting)이라 부른다.

[그림 1] 각 진술문의 긍정 및 부정의견 점수 분포방식

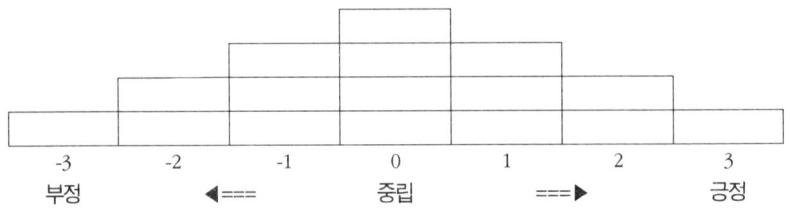

[표 1] 분포별 점수 및 진술문 수

분포	-3	-2	-1	0	1	2	3
점수	1	2	3	4	5	6	7
진술문 수	1	2	3	4	3	2	1

이러한 Q분류작업은 개인이 복잡한 주제나 이슈 또는 상황에 관한 자신의 마음의 태도를 스스로 모형화하는 것으로서 각 응답자는 진술문을 읽은 후, 그것들을 일정한 분포 속에 강제적으로 분류하였다.

[그림 1]에서 보듯이, 이 연구에서의 Q분류의 절차는 Q표본으로 선정된 각각의 진술문이 적힌 카드를 응답자가 읽은 후 긍정(+), 중립(0), 부정(-)으

---

129) 본 연구내용을 잘 이해한 학생들로 최종 선정되었음.

로 크게 3개의 그룹으로 분류한 다음 긍정 진술문 중에서 가장 긍정하는 것을 차례로 골라서 바깥에서부터(+3) 안쪽으로 분류를 진행하여 중립부분에서 정리하였다. 마찬가지의 방법으로 부정 진술문들을 분류하고, 이때 양끝에 놓여진 1개의 진술문에 대해서는 각각의 코멘트(심층인터뷰)를 받아 두도록 한다. 이것은 Q-factor 해석에 유용한 정보를 제공해 주기 때문이다.

이어서 P표본에 대한 조사가 완료된 후 수집된 자료를 점수화하기 위하여 Q표본 분포도에서 가장 부정적인 경우 (-3)를 1점으로 시작하여 2점(-2), 3점(-1), 4점(0), 5점(+1), 6점(+2), 그리고 가장 긍정적인 경우 7점(+3)을 부여하여 점수화 하도록 한다([표 1]). 이 부여된 점수를 진술문 번호순으로 코딩하고, 이러한 자료를 PC용 QUANL 프로그램으로 처리하여 그 결과를 얻는다.

[표 2] Q진술문의 유형별 표준점수 : 안철수

Q진술문(Q-Statements)	유형별 표준점수			
	I (N=6)	II(N=4)	III(N=3)	IV(N=1)
1. 온화한 성격일 것이다.	1.1	-1.8	1.4	-0.5
2. 학벌이 좋아 보인다.	1.7	1.3	1.0	0.0
3. 집안이 좋을 것이다.	0.8	1.8	0.9	1.5
4. 자신의 기업을 잘 이끌었다.	1.1	0.3	0.7	-1.5
5. 국민과의 교감이 뛰어나다.	1.5	-0.3	1.0	0.0
6. 타 정당인과 화합을 잘 이루었다.	0.6	-1.1	0.8	1.0
7. 엘리트 이미지다.	0.9	1.0	-0.7	-1.0
8. 젊은 감각이 있어 보인다.	1.4	0.1	0.3	0.5
9. 젊은 층에게 인기가 많다.	0.7	0.1	0.3	-0.5
10. 국제적 인지도가 높다.	0.6	0.5	0.4	-2.0
11. 적이 없을 것이다.	0.4	-1.6	-0.3	-1.0
12. 돈이 많을 것이다.	1.2	1.1	-1.4	2.0
13. 정책에 있어서 확실한 계획이 있다.	0.4	-1.8	-0.9	0.0
14. 후원회 결성이 잘 될 것이다.	-0.0	-0.9	-1.5	1.0
15. 대인관계가 원만하다.	0.1	-1.0	-0.7	1.5
16. 정치인 이미지는 잘 안어울린다.	-0.5	1.2	-0.0	-0.5
17. 겉과 속이 다를 것이다.	-1.6	1.1	2.2	-1.5
18. 화이트칼라 출신으로 서민들을 잘 이해하지 못할 것 같다.	0.2	1.3	-0.0	1.5
19. 사업가적 이미지가 크다.	0.2	1.8	0.4	0.5
20. 학자 이미지가 크다.	-0.3	0.6	1.4	-1.5

21. 우유부단할 것 같다.	-1.7	0.2	-0.0	0.0
22. 경제적 부유층에 대해서 쓴 소리를 할 수 있을 것이다.	-1.6	-0.3	0.4	0.5
23. 혈연관계에 약할 것이다.	-0.8	-0.6	-1.3	1.0
24. 정치 기반이 약하다.	-0.4	-0.3	-1.5	-1.0
25. 향후 정치적 위기로 인기가 하락할 것이다.	-0.9	-0.2	-0.8	0.0
26. 대선이후, 정치를 하지 않을 것이다.	-0.8	-0.3	-1.2	-0.5
27. 지지율이 높아질 것이다.	-1.1	-0.4	0.8	-1.0
28. 장년층의 지지가 낮다.	-0.3	-0.1	0.4	0.0
29. 정치경험이 짧다.	-1.1	-0.6	-1.9	0.5
30. 참모진이 약하다.	-1.6	-0.9	-0.2	1.0

[표 3] 조사대상의 인구학적 특성 및 유형별 인자가중치 : 안철수

유형	ID	성별	연령	직업	인자가중치
TYPE I (N=6)	1	남	20대	대학 3년	2.0352
	3	남	20대	대학 2년	1.4696
	8	남	40대	신방과 교수	0.8332
	10	남	40대	정치인	3.6087
	11	남	20대	대학 1년	0.7658
	13	남	50대	시청공무원	0.6586
TYPE II (N=4)	2	남	20대	대학 4년	1.4817
	5	여	40대	가정주부	2.0531
	7	남	50대	정외과 교수	0.5730
	14	남	40대	시청공무원	1.5355
TYPE III (N=3)	4	남	40대	버스기사	0.0564
	6	남	40대	대학교직원	0.2281
	12	여	20대	시청공무원	0.7254
TYPE IV (N=1)	9	남	40대	정치인	1.0049

(4) 연구결과

정치인 안철수 이미지에 관한 주관성 유형을 알아보기 위해서, Q요인분석(factor analysis)을 한 결과, 각각 4개의 유형이 나타났다. QUANL 프로그램을 실시해 본 결과, 전체변량의 약 56(0.5597)%를 설명하고 있는 4개의

유형에는 6명, 4명, 3명, 1명이 속하였는데, 여기서 인원수의 의미는 없다. 또한 인자가중치가 1.0이상인 사람이 3명, 3명, 0명, 1명이 속해 있어, 1, 2 유형이 가장 큰 인자임을 알 수 있다. 아래의 [표 4]는 안철수 이미지 유형의 변량 크기를 나타내는 대표적 아이겐 값(eigen value)을 확인할 수 있다. 이 프로그램은 주인자분석(principal components factor matrix)을 행하고, 회전은 직각회전(varimax rotation)을 시행하였다.

[표 4] 대표적 유형별 아이겐 값(eigen value)과 변량의 백분율 : 안철수

	제1유형	제2유형	제3유형
아이겐 값	4.5530	2.2688	1.0139
전체변량 백분율	0.3252	0.1621	0.0724
누적 빈도	0.3252	0.4873	0.5597

[표 5] 전체 유형간의 상관관계 : 안철수

	제1유형	제2유형	제3유형	제4유형
제1유형	1.000	-	-	-
제2유형	0.136	1.000	-	-
제3유형	0.164	0.269	1.000	-
제4유형	0.052	0.004	-0.356	1.000

위 [표 5]는 전체 유형간의 상관계수를 나타내 주는데, 이는 각 유형간의 관계정도를 보여주는 것으로, 제2유형과 제3유형간의 상관계수는 0.269로, 정적(定績) 상관간계, 제3유형과 제4유형간의 상관계수는 -0.356으로, 부적(不適) 상관간계를 가지고 있음을 확인할 수 있다. 앞의 [표 3]은 각 유형에 속한 사람들의 인구사회학적 특성과 인자가중치(factor weight)를 제시한 것이다. 각각의 유형 내에서 인자가중치(factor weight)가 높은 사람일수록 그가 속한 유형에 있어 대표할 수 있는 전형적인 사람임을 나타낸다.

가. 유형별 논의

가) 제1유형(N=6) : 학자적 소통형(Scholar's communication Type)

[표 6] 제1유형에서 표준점수 ±1.00 이상을 보인 진술문

	Q 진 술 문	표준점수
긍정	2. 학벌이 좋아 보인다.	1.75
	5. 국민과의 교감이 뛰어나다.	1.52
	8. 젊은 감각이 있어 보인다.	1.43
	12. 돈이 많을 것이다.	1.16
	1. 온화한 성격일 것이다.	1.11
	4. 자신의 기업을 잘 이끌었다.	1.10
부정	27. 지지율이 높아질 것이다.	-1.08
	29. 정치경험이 짧다.	-1.11
	22. 경제적 부유층에 대해서 쓴 소리를 할 수 있을 것이다.	-1.58
	30. 참모진이 약하다.	-1.62
	17. 겉과 속이 다를 것이다.	-1.64
	21. 우유부단할 것 같다.	-1.70

위의 〈표 6〉을 보면, 제1유형에 속한 6명은 위 [표 4]에서 분석된 바와 같이 인자가중치가 1을 넘은 응답자의 수가 3명으로, 2번[학벌이 좋아 보인다(Z-score=1.75).] Q진술문에 가장 긍정적 일치를 보이고 있고, 21번[우유부단할 것 같다(Z-score=-1.70)] Q진술문에 가장 부정적 일치를 보였다.

나) 제2유형(N=4) : 기업가적 이미지형(enterpriser image Type)

[표 7] 제2유형에서 표준점수 ±1.00 이상을 보인 진술문

	Q 진 술 문	표준점수
긍정	3. 집안이 좋을 것이다.	1.84
	19. 사업가적 이미지가 크다.	1.82
	18. 화이트칼라 출신으로 서민들을 잘 이해하지 못할 것 같다.	1.31
	2. 학벌이 좋아 보인다.	1.30
	16. 정치인 이미지는 잘 안 어울린다.	1.16
	12. 돈이 많을 것이다.	1.07
	17. 겉과 속이 다를 것이다.	1.06
	7. 엘리트 이미지다.	1.01
부정	6. 타 정당인과 화합을 잘 이루었다.	-1.08
	11. 적이 없을 것이다.	-1.63
	1. 온화한 성격일 것이다.	-1.80
	13. 정책에 있어서 확실한 계획이 있다.	-1.80

위의 〈표 7〉을 보면, 제2유형에 속한 4명은 위 [표 4]에서 분석된 바와 같이 인자가중치가 1을 넘은 응답자의 수가 3명으로, 3번[집안이 좋을 것이다(Z-score=1.84).] Q진술문에 가장 긍정적 일치를 보이고 있고, 13번[정책에 있어서 확실한 계획이 있다(Z-score=-1.80)] Q진술문에 가장 부정적 일치를 보였다.

다) 제3유형(N=3) : 비검증 이미지형(Non-verification image Type)

[표 8] 제3유형에서 표준점수 ±1.00 이상을 보인 진술문

	Q 진 술 문	표준점수
긍정	17. 겉과 속이 다를 것이다.	2.21
	1. 온화한 성격일 것이다.	1.43
	20. 학자 이미지가 크다.	1.40
	5. 국민과의 교감이 뛰어나다.	1.05
부정	26. 대선이후, 정치를 하지 않을 것이다.	-1.15
	23. 혈연관계에 약할 것이다.	-1.27
	12. 돈이 많을 것이다.	-1.44
	14. 후원회 결성이 잘 될 것이다.	-1.52
	24. 정치 기반이 약하다.	-1.55
	29. 정치경험이 짧다.	-1.85

위의 〈표 8〉을 보면, 제3유형에 속한 3명은 위 [표 4]에서 분석된 바와 같이 인자가중치가 1을 넘은 응답자의 수가 0명으로, 17번[겉과 속이 다를 것이다(Z-score=2.21).] Q진술문에 가장 긍정적 일치를 보이고 있고, 29번[정치경험이 짧다(Z-score=-1.85)] Q진술문에 가장 부정적 일치를 보였다.

라) 제4유형(N=1) : 부유한 이미지형(Well image Type)

다음 〈표 9〉를 보면, 제4유형에 속한 1명은 위 [표 4]에서 분석된 바와 같이 인자가중치가 1을 넘은 응답자의 수가 1명으로, 12번[돈이 많을 것이다(Z-score=1.95).] Q진술문에 가장 긍정적 일치를 보이고 있고, 10번[국제적 인지도가 높다(Z-score=-1.95)] Q진술문에 가장 부정적 일치를 보였다.

[표 9] 제4유형에서 표준점수 ±1.00이상을 보인 진술문

	Q 진 술 문	표준점수
긍정	12. 돈이 많을 것이다.	1.95
	3. 집안이 좋을 것이다.	1.46
	15. 대인관계가 원만하다.	1.46
	18. 화이트칼라 출신으로 서민들을 잘 이해하지 못할 것 같다.	1.46
부정	17. 겉과 속이 다를 것이다.	-1.46
	4. 자신의 기업을 잘 이끌었다.	-1.46
	20. 학자 이미지가 크다.	-1.46
	10. 국제적 인지도가 높다.	-1.95

나. 일치하는 항목분석

[표 10] 일치하는 항목과 평균 표준점수(Consensus Items And Average Z-Scores) : 안철수

Item Description	Average Z-Score
28. 장년층의 지지가 낮다.	-0.01
25. 향후 정치적 위기로 인기가 하락할 것이다.	-0.48
26. 대선이후, 정치를 하지 않을 것이다.	-0.69

(* CRITERION = ±1.000)

[표 10]에서 보듯이, 이 연구에서 도출된 4개의 유형이 비슷하게 동의한 Q진술문은 총 3개 항목으로 부정적 항목 3개로 나타났다. 전체적으로 제1유형[(N=6) : 학자적 소통형(Scholar's communication Type)], 제2유형[(N=4) : 기업가적 이미지형(enterpriser image Type)], 제3유형[(N=3) : 비검증 이미지형(Non-verification image Type)], 제4유형[(N=1) : 부유한 이미지형(Well image Type)] 등의 의견에 일치된 분석을 보여주었다. 여기에서 피응답자들은 '28(-0.01), 25(-0.48), 26(-0.69)'번의 진술문에 대체적으로 부정적 동의를 보였다. 즉, 조사 응답자(일반인)들은 좀 더 이해하기 쉬운 측면이 강한 내용을 중심으로 이미지 쇄신을 해야 하며, 장년층의 지지가 의외 낮지는 않으며, 향후 정치적인 인기가 높아질 것이라는데 의견의 일치를 보이고 있다.

(5) 결 론

본 연구는 안철수 전 대선후보의 이미지에 관한 일반인들의 주관적 성향을 살펴보기 위해서 Q방법론을 이용하였다.

분석한 결과, 총 4가지의 유형으로 분류되었는데, 1유형[(N=6) : 학자적 소통형(Scholar's communication Type)], 제2유형[(N=4) : 기업가적 이미지형(enterpriser image Type)], 3유형[(N=3) : 비검증 이미지형(Non-verification image Type)], 제4유형[(N=1) : 부유한 이미지형(Well image Type)]으로서, 각 유형마다 독특한 특징이 있는 것으로 파악되었다. 그 외에도 일치하는 항목에 대한 분석에 대해서 다각도로 알아보았다.

지금까지 분석된 4가지 유형별 결과에서 보면, 대부분의 응답자들은 과거에 비해 안철수 전 대선후보의 이미지에 대해서 생소한 개념은 아니었으나, 지금까지 효과 측면보다는 이미지 홍보의 확대와 이해 차원에서 다양한 의견 표출을 보여주었다. 이처럼 안철수 전 대선후보의 이미지는 어쩌면 사회, 문화, 경제, 문화 등 다양한 분야에서 이해되어져야 할 부분이며, 향후 훨씬 더 개선의 여지가 필요한 분야라고 볼 수 있다.

문제는 디지털 시대이자 21세기라는 급변하는 선거환경 속에서 안철수 전 대선후보의 이미지를 접하는 소비자들에게 좀 더 친숙하게 다가갈 수 있는 가능성을 제공하는 것일 것이다. 또한 이에 공감할 수 있는 홍보효과 측면에 대한 긍정적, 부정적 향방 논의는 한층 더 논의되어야 할 것으로 보인다.

결과적으로, 본 논문에서는 안철수 전 대선후보의 이미지에 관하여 일반인들은 그 수용에 있어서 그 장단점에 관심을 갖기 보다는 다양한 활용성과 참여성에 더 깊이 인지하고, 다각적인 홍보효과에 관심을 갖는 것으로 분석되었다. 특히, 유형별 차이에서 확인하였듯이 각 유형별로 안철수 전 대선후보의 이미지에 대해서 긍정적으로 이해하고 있는 것으로 파악되었다.

지금까지 주요 연구방법으로 쓰여 왔던 R방법론(설문지 조사 및 내용분석)과는 달리 질적연구인 Q방법론(주관성연구측정방법),[130]을 도입하여 조사 및 분석된 본 연구는 보다 세밀하지 못했다는 점에서 연구의 한계를 갖는다. 향후 연구에서는 보다 다양한 부문의 안철수 전 대선후보의 이미지와 좀 더 세밀한 제작, 그리고 고관여와 저관여의 구분을 통한 다양화를 통하여 발전을 기할 수 있으리라 본다. 또 본 연구에서 분석한 내용은 그 중요도를 생각한다면 안철수 전 대선후보의 이미지에 대한 다각적인 검토와 의식이 활성화된다면 보다 효과적이고 창의적인 정치인 이미지 정책을 개발하는데 일조할 것으로 본다.

이와 함께 본 연구에서 분석된 내용을 토대로 향후 안철수 전 대선후보의 이미지에 대한 활성화 및 개선책을 제시하면, 우선 안철수 전 대선후보의 이미지 분야는 과학화, 전문화, 투명화가 필수적이다. 또한 소비자 측면에서는 비 선택적 매체로써 항상 가정 이외의 장소에서 접촉할 수 있다. 이러한 안철수 전 대선후보의 이미지에 대한 다각적인 방향에서의 정책적 방안의 모색이 필요하다. 구체적으로, 보다 다양한 표현방법에 대한 연구와 기술적 발전이 요구되며, 차별적으로 선거환경과 잘 조화되는 홍보물의 보완이 필요하다.

지금까지 안철수 전 대선후보의 이미지와 관련하여 대중의 사회적, 심리적 특성이나 라이프스타일 유형화 등을 중심으로 연구가 이루어져 왔고, 다양한 문화 수용과 평가에 따른 타깃별 대중의 유형화 작업은 다양하게 연구되지 못했다는 점에서 앞으로 많은 개선책을 제시할 수 있겠다. 따라서 추후 발전된 연구방향은 안철수 전 대선후보의 이미지에 대한 구체적인 선

---

[130] Brown, S. R., 앞의 책, pp.158-178. 아울러, 이러한 Q방법론을 통한 연구를 통해 여론, 태도, 집단, 역할, 문화, 사회화, 의사결정, 선전, 가치, 신념, 퍼스낼리티, 커뮤니케이션, 문학, 이미지, 아이디어 등 자아가 포함된 모든 영역에서 유용하게 활용될 수 있음을 확인하였는데, 이는 다양한 방법론적인 접근과 다각적이고도 체계적인 연구 작업이 또한 필요할 것이다.

거 유권자들의 인식 특성과 행태와 연결하여 심층적으로 분석하는 것이 요청된다.

♣ 생각해 봅시다

▶ 스마트미디어시대에서의 정치인 이미지는 과거 아날로그 시대와는 어떠한 차이점을 갖고 있는지에 대해서 토론합시다.

8) 2012 여성 대선후보 정치인 이미지

(1) 개관

과거 오랜 시간 동안, 여성은 정치의 영역에서 주변인이었다. 과거 여성은 정치의 가장 기본적인 조건이라 할 수 있는 선거권조차 주어지지 않았으며, 그것이 여성의 기본인권으로 받아들여진 것은 오랜 정치의 역사에서 불과 몇 년 되지 않았다. 그러한 여성 정치의 암흑기를 벗어나, 현대 사회에선 여성정치인의 모습이 점차 나타나고 있는 실정이다. 이제까지 여성들은 정치에 대하여 권력 획득을 위한 경쟁이나 투쟁으로 생각하거나 국방, 외교, 국가 재정 등 범국가적인 큰일만을 정치적인 것으로 간주하는 경향이 있었다. 그러나 사회가 변화하면서 정치는 권력 투쟁보다는 일반 국민들이 삶의 질을 향상시키기 위한 정치 세력 사이의 경쟁과 노력으로 재정의 되고 있다. 또한 우리의 삶과 직접적 연관이 있는 환경, 교육, 보건, 복지 등의 문제를 포함하여 확대되고 있다. 이러한 문제들은 실질적으로 여성들이 더 깊은 관심을 가지고 지역에서 활동하고 있는 분야이기도 하다. 여성들은 자신도 모르는 사이에 정치적인 활동에 개입되어 있는 것이다. 다만 자원봉사 등처럼 표면에 정치적인 것으로 부각이 되지 않았을 뿐이다.

여성들의 관심사도 계층에 따라 연령에 따라 지역에 따라 달라진다. 근로 여건이나 탁아문제 등은 근로 여성들의 복지와 관련이 있으며 중년 주부들은 자녀의 교육 정책이 가장 큰 관심사가 될 것이다. 또한 고령화 사회로 변화해 가는 과정에서 노인 부양 문제, 병간호, 노인의 경제적 독립 문제 등은 새로운 정치적 과제로 떠오르고 있다. 여성들에게 영향을 미치는 문제를 정치 마당에서 다루게 하기 위해서는 여성의 의사를 정책 결정 과정에 반영시켜야 하고 이는 정치 참여를 통해 그 효과를 거두게 된다. 여성들이 말하고 싶은 문제를 남성 정치인이 대변해 주리라 기대할 수는 없다. 그들이 원하는 것을 여성처럼 파악도 하지 못할 뿐 아니라 관심의 영역도 다르다. 여성들이 여성 대표를 정책 결정을 담당하는 위치로 진출시켜야 진정한 여성의 목소리가 전달되는 것이기도 하다. 민주주의 정치는 그 사회를 구성하고 있는 다양한 계층의 구성원들의 요구와 의견을 수렴하고 다수의 사람들에게 혜택과 이익이 돌아갈 수 있는 보편적인 가치를 채택한다. 따라서 노동자, 농부, 전문직 종사자, 노인, 청년, 여성 등 다양한 의견을 낼 수 있는 대표자들로 구성 된 의회를 이루는 것이 바람직하다. 여성들의 적극적 정치 참여는 여성 의견을 대변하는 것 뿐 아니라 우리나라 민주주의 정치를 궤도에 올려놓는데 기여하는 것이기도 하다.

우리나라의 경우 여성의 지위는 법 앞의 형식적인 평등일 뿐이고 실질적 평등은 사회전반에 관철되어 있지 못한 실정이다. 여성이 가정 내에서 또 사회의 각 분야에서 여성이라는 이유로 겪고 있는 성차별은 여전하다. 몇몇 실험연구에서는 후보자의 이미지에 후보자의 성에 입각한 체계적인 성 역할 편견이 작용한다는 것이 검증되기도 하였다.[131] 이렇게 불평등한 관계의 한쪽 당사자를 국가가 제도적으로 지원하는 것은 오늘날 민주사회가 갖는 중요한 국가의 의무이기도 하다. 실질적으로 여성의 정치적 평등을 보장하기 위해서는 제도적 장치가 필요하다. 여성의 평등이 보장된다는 것은 남성에게도 진정한 평등을 보장하는 의미가 된다. 또 여성의 정치 참여는 오늘날 정치가 노출하고 있는 문제점을 상당부분 개선할 수 있을 뿐 아니라 정치 발전의 대안이 될 수 있다는 점에서도 그 정당성을 확보하고 있다. 남

---

131) Johns, R. & Shephard, M.(2007). Gender, Images, and Electoral Preference. *British Journal of Politics & International Relations*, 9(3), pp.434~460. ; Kahn, K. F.(1994). Does Gender Make a Difference? An Experimental Examination of Sex Stereotypes and Press Patterns in Statewide Campaigns. *American Journal of Political Science* 38, pp.162~195. ; Leeper, M. S.(1991). The Impact of Prejudice on Female Candidates: An Experimental Look at Voter Inference. *American Politics Quarterly*, 19(2), pp.248~261. ; Matland, R. E.(1994). Putting Scandinavian Equality to the Test: An Experimental Evaluation of Gender Stereotyping of Political Candidates in a Sample of Norwegian Voters. *British Journal of Political Science*, 24(2), pp.272~292.

성지배의 정치는 가부장적 정치구조와 권력 나눠 먹기 식의 패거리정치를 가져왔고 이로 인해발생하고 있는 각종의 정치적 부패와 비민주성, 비윤리성의 문제점은 여성의 정치참여 확대에 의해서 상당부분 해소 될 수 있다는 것이다. 그러므로 여성의 정치 참여는 민주주의 이론의 규범적 측면뿐 아니라 남성과 다른 여성 자신의 이익을 반영하고 정치발전을 지향한다는 실증적 측면에서도 그 당위성을 확보하고 있다. 성 고정관념의 변화를 살펴보면, 미국 사회의 경우, 1960년대 중반 이후 남성과 여성의 차별적 권리와 역할을 주장하는 전통적 가치관이 많이 약화되고 있었다.[132]

20세기를 남성성에, 21세기를 여성성에 비유하는 경우가 있다. 이미 10여명의 현역 여성이 대통령이나 수상으로 활약하고 있는, 세계적으로 여성 지도자 시대를 개막한 시대에 접어들었기 때문이다. 미국, 독일 등에선 여성 후보가 차기대권주자로 거론되고 있으며 한국도 예외는 아니다. 여성 국회의원의 경우, 2000년에 5.9%에 불과하던 것에서 계속 증가하는 추세에 있다. 여학생의 대학 진학률은 급증해 고학력자가 늘고 있으며 전공 분야에 있어서도 남녀의 성 전유물이란 개념이 완화되면서 사회, 공학계열 등으로 다양한 진로를 모색해 온 긍정적 결과이다. 공평한 가사분담은 대세가 되었으며, 법조계나 정계로 진출하는 우먼파워가 급속도로 강화하면서 여성들이 진출하고 있는 조직에서의 조직문화도 바뀌어가는 추세이다. 전체 여성이 선거권을 얻게 되기까지의 길고 길었던 여정에서 볼 때 한국에서 여성의 정치세력화의 진전은 획기적인 전기를 마련한 것처럼 보이기도 하다. 그러나 전형적인 남성적 영역으로 여겨졌던 정치와 여성 사이를 좁혔다고 하더라도 여전히 여성의 동선은 가족과 가내 생활이라는 사적 영역에 머물러 있는 경우가 많다. 금희조 외(2008)는 한국의 문화적 맥락 속에서 실제로 현

---

[132] Thornton, A., Alwin, D. F. & Camburn, D.(1983). Causes and consequences of sex-role attitudes and attitude change. *American Sociological Review*, 48. pp.211~227.

재 대통령 선거 경선에 출마한 유력 여성 정치 후보자에 대한 유권자들의 성 도식적 태도 형성을 확인한 바 있다.133) 특히, 사회적 역할 차원에서 남성의 역할에 큰 변화가 없어지고, 여성의 성 역할에는 뚜렷한 변화의 조짐이 시작되었다.134)

이처럼, 본 논문에서는 최근 급변하는 선거환경 속에서, 얼마 전 치러진 2012년 18대 대통령선거에 후보자로 나섰던 여성 대선후보 정치인 이미지를 확인함으로써 향후 정치인의 이미지에 관한 효율적인 역할을 가늠하는 데 그 의미가 있다고 볼 수 있다. 이에 일반인들이 체감하고 인지하는 의견들은 어떠하며, 그 유형들은 어떻게 구분되고 있는지에 관하여 분석하고자 한다. 이러한 정치인 이미지에 관한 유형을 살펴보는 것은 정치, 경제, 사회, 문화적 이슈의 중심에서 바라볼 수 있는 다각적 논의 차원에서 중요한 연구방향이며, 향후 관련 연구의 발전을 위해서 의미있는 작업이라고 볼 수 있겠다.

다시 말해서, 이 논문에서는 여성 대선후보 정치인 이미지에 관한 일반인들의 주관성 유형을 구조화하고 유형별 특성을 파악, 기술하고 설명하는 데 좀 더 발견적이고 가설생성적인 Q방법론135)을 활용하고자 한다. 즉, 일

---

133) 금희조 외 1인(2008). 전통적 성 고정관념과 여성 정치인에 대한 평가 : 미디어 이용의 역할을 중심으로. 『한국방송학보』 22-1. 한국방송학회. p.35

134) Eagly, A. H. & Karau, S. J.(2002). Role congruity theory of prejudice toward female leader. *Psychological Review*, 109, pp.573~598.

135) Q방법론이란 인간의 다양한 주관성을 탐구하는 가설발견의 논리를 갖는 이해의 방법론으로서 다양한 문화집단에서 어떤 현상에 대한 태도, 신념, 관습에 관한 자료를 수집, 분석하는데 독특한 가능성을 제공한다. 여기에서의 주관성은 신비로운 것도 로맨틱한 것도 아니며, 단순히 타인 혹은 자기 자신에게 이야기 할 수 있는 어떤 것이다. 또한 Q방법론은 어떤 주제나 문제점에 대한 다양한 의견들을 진술한 진술문을 이용한 심층적인 의견조사방법이다. 특히 이 방법론은 개인의 지각, 가치, 신념 및 태도 등은 모두 자기중심적이라는 전제하에, 이들을 서열화해서 측정 한다. ; 김흥규(1992). "주관성 연구를 위한 Q방법론의 이해". 『간호학 논문집』 6(1). pp.1~11. ; Simmon, S. J.(1989). "Health: A Concept Analysis". Int. J. Nurs. Study 26(2). pp.155~161. ; Stephenson, W.(1954). The Study of Behavior :

반인들의 심리적 주관성을 유형화하는 것이다.

무엇보다도, 여성 대선후보 정치인 이미지에 관한 수용행태 유형에 대해서는 기존의 계량적 방법론(R방법론)으로 객관적 통계분석이 가능하겠으나, Q방법론136)적 분석논문은 수용자, 즉 일반인들의 자아구조(schema) 속에 있는 요인들까지 파악할 수 있다는 점에서 통찰력 있는 분석이 도출될 수 있다.

따라서 여성 대선후보 정치인 이미지에 관한 수용행태 유형에 대한 일반인들의 일상적인 이미지와 성향들을 토대로 한 이 논문에서는 이들의 주관적인 인식에 대한 유형화 작업을 시도하였다. 즉, 이 연구는 기존의 이론에서 연역적인 가설을 도출하는 종래의 연구방법과는 달리, 사람들이 일상적으로 갖게 되는 주관적 이미지에 의하여 새로운 가설을 발견(hypothesis abduction)하려는 목적을 가지고 있다.137) 이 논문에서는 여성 대선후보 정치인 이미지에 관한 수용행태 유형의 특성과 이에 따른 함의를 알아보고, 이에 따른 효용적 가치를 제안하는데 그 목적이 있다.

(2) 이론적 논의
가. 정치와 이미지

우리나라에서 지방자치가 본격적으로 도입된 지도 벌써 10년이 되었다. 한국의 지방자치는 짧은 역사 속에서 주민들의 정치참여 확대, 지방 정부의 행정서비스 제고 등 긍정적인 측면을 보여 온 면도 있지만, 아직까지 지역발전에 기여하는 정도는 지극히 미약하고, 오히려 상당한 폐단만이 속출되고 있는 실정이다. 한국의 지방자치에 대한 부정적인 평가는 다양한 요인에

Q-Technique and Its Methodology. Chicago, IL : University of Chicago Press. pp.14~27. ; Stephenson, W.(1968). "Consciousness Out-Subjectivity. In, The Psychological Record. p.18.

136) Q방법론(Q-Methodology)이 가지는 장점중의 하나는 탐사적 연구로서의 후속연구를 위한 길잡이 기능에 있다.

137) 선우동훈(1991). "Q방법론에 의한 소비자행동 연구". 『광고연구』 여름호(제11호). 한국방송광고공사. p.7.

의해 설명될 수 있지만, 간과할 수 없는 중요한 이유는 생활정치와 풀뿌리 민주정치의 핵심이 되어야 할 여성들이 철저하게 소외되고 있기 때문이라고 생각된다. 정치는 집단과 개인들을 권력의 장 안에 합리적으로 배치하는 기술이며 사회 모든 영역의 구조적 인간관계를 집약하는 핵심 공간이기도 하다. 또한 질서 있는 사회에서 안정을 확보하면서 인간다운 삶을 누리려고 하는 최소한의 사회적 활동이기도 하다. 복잡하고 유동적이면서도 불확정성을 지닌 정치의 현상을 모두 관찰하고 설명한다는 것은 매우 어려운 일이다. 현대 한국 정치는 외재요인에 주목하지 않으면 설명할 수 없는 부분이 너무 많기 때문이다. 또한 이러한 정치 현상은 보는 자의 시각이나, 시대에 따라서 혹은 사회에 따라서 달리 나타나기도 한다.

또한, 현대 정보화사회에서 이미지정치란 미디어의 산물로, 정책비전이나 능력보다 미디어로 전달되는 정치인의 성격, 용모, 말씨나 정당의 이미지를 통해 유권자에 어필하는 것을 말하곤 한다. 우리나라 이미지정치의 시작은 1987년 대선에서 '보통 사람'이라는 이미지를 통해 집권에 성공한 노태우를 꼽는데, 이 '보통 사람'의 이미지는 다양한 여론조사를 바탕으로 한 철저한 선거기획의 산물이라고 볼 수 있다. 2002년 새로 도입된 대통령 후보경선과 '노무현을 사랑하는 모임(노사모)'과 같은 정치 팬클럽의 등장은 미디어중심의 선거행태를 만들었고, 17대 총선의 합동연설회 폐지와 현수막 사용제한 등 많은 규제는 후보자와 유권자의 직접적 접촉을 차단함으로써 언론이 후보자와 유권자를 연결하는 미디어중심선거의 촉매제로 작용하였다. 또한 대선자금수사와 탄핵 등으로 인해 기존 정치권에 대한 혐오가 극에 달하면서 새로운 이미지 제공의 중요성이 커져서 이미지정치가 선거운동의 핵심으로 등장하게 된다. 한 정치인이나 정당의 이미지는 기업의 '브랜드'와 같은 것으로 브랜드가치를 높이기 위한 이미지정치는 그만큼 더 중요해지고 강화될 것이다.

현대 정치에 있어서, 국내에서의 어떤 특정한 정치인[138]이 유권자에게 자신의 이미지를 심어 주려면, 또는 자신에 대하여 좋은 이미지를 갖게 하려면, 그 정치인은 적극적인 활동과 접촉을 통하여 유권자들에게 좋은 정보나 자극을 제공하여야 한다. 이와 같은 정보나 자극은 다양하여야 하면서, 동시에 독특하거나 강한 것 일수록 좋다. 그러한 정보나 자극들은 유권자의 마음속에 자리하게 된다고 볼 수 있다. 또 그 정보나 자극의 양이 많아서 더 많은 요소들을 구성하게 된다.[139] 또한 보다 중요한 정보나 자극은 유권자들이 오래 기억하게 하고 또 강력하게 간직되도록 하여야 한다. 이것이 왜 활동이 적은 정치인이나 매체에 잘 노출되지 않은 정치인이 유권자에게 강한 이미지를 심어줄 수 없고, 쉽게 잊혀 지는가 하는 이유일 것이고, 동시에 정치인들이 매체에 매달리는 이유를 설명해준다.[140]

이제 이러한 경향은 이른바 '정보 홍수'의 시대에 들어서면서, 각종 텍스트와 영상 정보들이 인터넷과 방송, 종이 매체로부터 쏟아져 나오면서 입력되는 정보가 적정량을 넘어서게 되었고, 사람은 자신도 모르게 대개 더 이상 정보를 받아들이지 않게 되었다. 넘쳐나는 정보가 오히려 사람들의 판단 기준을 혼란스럽게 만들고 있고, 그 순간부터 정보보다 '이미지'가 더 중요해지며, '실제 내용'이 아닌, '느낌'으로 판단을 내리는 사람이 많다. 또한 정치도, 마케팅도 이미지가 중요해졌고, 2002년 대통령 선거와 2004년 국회의원 선거 모두 이런 이미지 정치 추세가 더욱 강해졌다. 대통령 후보나 국

---

[138] 여기에서 '정치인'은 정치적인 모든 행위의 실체자라고 할 수 있다. 그러나 일반적으로 통치권력을 놓고 국가의 크고 작은 문제에 관하여 여, 야간의 입장 대립을 조율하며 궁극적으로 대중의 지지로써 통치권력을 획득하는 사람이다.
: http://www.doosan.com/politic 참조
[139] 김영수(2000). "정치인 이미지에 관한 연구 : 정치인 이미지연구를 중심으로". 고려대학교 신문방송학과 대학원 박사논문. p.50.
[140] 최미경(2003). "정치인의 이미지가 미디어상에 나타난 연구". 한성대학교 예술대학원 패션예술학과 분장예술학전공 석사논문. p.13.

회의원 후보에 대한 정보가 인터넷이나 인쇄매체에 넘쳐나고 있지만, 자신들의 생각, 비전, 지식, 열정은 있지만 대부분의 대중들은 그런 구체적인 정보보다는 그의 '이미지'에 투표를 하는 것이다.

이처럼 정치이미지라는 것은 유권자와 밀접한 관계를 지니며 시대와 환경에 따라 변화되어 왔으며, 이에 따라 정치인 이미지는 유권자의 주관적인 평가와 후보자 전하는 메시지에 근거한 유권자의 정치인에 대한 지각[141]으로 볼 수 있으며, 선거에 출마한 인물의 지도자로서의 역량, 자질, 신뢰성, 쟁점, 외모, 목소리, 인상에 관해 유권자가 머릿속에 갖는 상이라고 할 수 있겠다.[142]

지금까지 국내에서의 대선에서 두드러진 특징 중 하나는 특정의 이미지를 형성하여 유권자의 감성에 호소하는 이른바 '이미지 선거와 정치'가 효과를 거두었다는 사실이다.

현재까지 '정치와 이미지' 관련 국내외 학자들의 논의를 정리하면 다음과 같다. 우선, 최영재(2005)는 현대 정치에서 이미지의 중요성이 더 이상 강조하지 않아도 될 만큼[143] 그 영향력은 확대되고 있다고 보고 있고, 정치인들 또한 이제 이미지를 중요한 정치적 자산으로 여기며 관리의 대상으로 삼는다고 분석한 바 있다.[144] 또한 와텐버그(Wattenberg)는 대중매체 중심적인 정치가 도래하면서 미국의 전통적인 정당중심의 정치과정이 후보자의 개인 이미지 중심으로 바뀌었다고 지적하고 있다.[145] 이와 함께 해커(Hacker)

---

141) Nimmo, D.(1974). "Image and voters' decision-making processes". *Advances in Consumer Research*. p.1.

142) Siegel, R. S.(1964). "Effect of partisanship on the perception of political candidates". *Public Opinion Quarterly*. p.28.

143) 최영재(2005). "정치인의 비언어적 행위와 이미지 형성". 『한국방송학보』 19-2. 사단법인 한국방송학회. p.311.

144) 최영재(2006). "정치인의 이미지 관리". 『한국언론학보』 50-1. 사단법인 한국언론학회. p.379.

는 정치 이미지는 유권자가 정치적 문제에 대해 가지는 인지적 재현[146]이라고 보고 있다.

이처럼 정치에서의 이미지는 선거에서 중요한 변수로 작용해 왔고, 몇 년 전 국내의 16대 대선에서 이회창, 노무현 후보를 중심으로 중요성이 부각되면서 선거의 판세를 좌우할 만큼 정치인이나 유권자에게 중요한 영향력을 끼치기 시작했다.[147] 그러나 이러한 현상을 구체적으로 설명할 수 있는 연구는 거의 없었으며 현실적으로 정치이미지에 대해서는 시대 유행의 흐름과 시시각각 변화하는 민심의 흐름에 반응하고 의지할 수밖에 없는 불안정한 상황일 뿐이다. 또한 정치 분야에서 정치인들의 이미지는 쉽게 조작할 수 있기 때문에 '옳고 그름'에 관한 규범적 논란의 대상이 되기도 한다.[148] 따라서 이러한 정치 분야의 이미지 변화는 유권자가 정치인에 대한 여러 가지 새로운 정보를 접함에 따라서 다르게 나타나는 현상으로 설명할 수 있다. 다시 말해서, 정치 분야에서의 이미지는 시대 흐름에 따라 변화하면서 유권자의 여러 속성에 영향을 미치고 이에 따라 정치 이미지가 달라지는 상호작용 관계에 있음을 알 수 있다.[149]

---

145) Wattenberg, M. P.(1992). *The Rise of Candidate Centered Politics : Presidential Elections of the 1980s*. Cambridge: Harvard Univ. Press. ; Wattenberg, M. P.(1994). *The Decline of American Political Parties, 1952~1992*. Cambridge: Harvard Univ. Press.

146) Hacker, K. L.(1986). "Political image formulation in non-mediated communication". Ph. D. Dissertation, Department of Speech, Univ. of Oregon. ; 정성호(2006). "정치커뮤니케이션이 후보자 이미지 형성과 태도변화에 미치는 영향에 관한 연구". 『커뮤니케이션학 연구』 14-3. 사단법인 한국커뮤니케이션학회. p.68.

147) 정수연(2007). "매스미디어를 통한 정치인 이미지 형성 노력이 유권자에게 미치는 영향에 관한 연구". 호서대학교 벤처전문대학원 정보경영학과 정보경영전공 박사논문. p.11.

148) 최영재(2004). "정치인의 이미지 형성에 관한 실험 연구". 『언론과 사회』 12-4. 사단법인 한국언론학회.

149) Funk, C. L.(1999). "Bringing the Candidate into Models of Candidate Evaluation", *The Journal of Politics, 61(3)*.

이러한 점에서 볼 때, 정치이미지란 억지로 허상을 만들면서 유권자를 속인다는 의미보다는 정치인 자신들의 이미지 장단점을 알고 그것을 수정하면서 유권자에게 호감도와 정서의 친밀감을 주는 것이 동반되어야 한다. 마찬가지로 국내 정치인들도 유권자에게 좋은 이미지를 주는 것이 투표율과 연결이 되기에 자신의 정치이미지를 차별화하여 향상시켜야 하는 것이 현실이다.[150] 정치 분야에서의 좋은 이미지란 근본적으로 당선되고자 하는 정책을 잘 담당할 수 있는 능력과 자질이 있다는 것을 유권자들에게 확신시키는데서 나온다고 볼 수 있다.[151] 또한 유권자들이 바라는 능력과 자질에 대한 욕구를 충족시키고 확산시키는데서 형성된다.

나. Q방법론과 그 의미

행태주의에 대한 비판과 더불어 우리의 관심을 끌었던 방법론 중의 하나가 Q방법론이다.[152] 1930년대에 최초로 발표되었음에도 학자들의 많은 관심을 끌지 못하다가 후기 행태주의의 등장으로 새로운 방법론으로 인식되면서 활발히 논의되기 시작하였다.

사회과학 분야에 있어서 과학성 제고를 위한 노력과 경향은 오랜 기간 계속되었다. 행태주의라는 학문적 풍조는 사회과학의 과학성 제고에는 기여한 바가 컸으나 사회과학이 사회가 요구하는 가치를 제공하는 데에는 실패했다는 비판이 제기되었다. 후기행태주의, 탈행태주의, 현상학의 등장은 이러한 비판을 기초로 하고 있다.

한국의 경우 1970년대에 미국에서 유학한 학자들이 국내에 소개한 이후 신문방송학, 광고학, 정치행정학, 정신분석학, 간호학 분야에서 사용되고 있다. 그러나 국내에 발표된 논문들을 분석하면 Q방법론에 대한 정확한 이해

---

150) 박양신(2008). 『정치인 이미지메이킹』. 도서출판 새빛. p.23.

151) 김영수. 앞의 논문. p.53.

152) Brown, S.(1980). *Political Subjectivity: Applications of Q Methodology*. New Haven: Yale University Press.

없이 사용된 예가 많다.

Q방법론은 연구 대상자의 자아참조(Self-reference)에 따라 행태와 태도를 결정하며, 변수의 선험적 의미가 주어지지 않는다. 연구 대상자의 내적 관점에 따라 행태와 태도가 결정되는 특징을 갖고 있다.

최근 Q방법론의 효용성은 전통적 행태주의 접근방법에 대한 회의와 비판이 가속화되는 상황에서 확인되었다. 행태주의적 접근방법에 충실한 R방법론에 의한 연구는 대부분 과학적 지식의 창출이라는 명분하에 지식의 성격에 초점을 맞추었다. 그러나 R방법론에 의한 지식은 2가지 측면에서 비판의 대상이 되었다. 첫째, R방법론에 의한 사회과학적 지식은 사회 구성원 가운데 권력을 가진 계층에 적합한 지식으로 사회의 소외 계층에는 적용될 수 없다는 비판이 1960년대에 제기되었다. R방법론에 의한 지식은 기존의 정치권력 구조를 강화하는 데에 이용된다는 것이다. 둘째의 비판은 첫째의 비판과 밀접하게 관련되어 있다. R방법론에 기초한 지식은 사회의 현상과 상황에 적절하지 못한 잘못된 정보를 제공함으로써 정치·행정의 정책과정에 오류를 낳게 한다.

이러한 비판과 함께 정치·행정학에 있어서 Q방법론의 활용은 실용적, 철학적 측면에서 효용성을 갖고 있다.[153] 정치·행정가들은 R방법론이 추구하는 바와 같은 지식의 성격보다는 그들이 어떻게 그들의 업무를 수행하고 있는가하는 실용적 측면에 보다 많은 시간을 소요하고 있다. 정치·행정가들은 정책과정에 다양한 가치의 발견에 보다 관심을 갖고 있다. 이러한 상황을 감안할 때 Q방법론이 실용적 측면에서 효용성이 있다고 할 수 있다.

정치·행정가들의 근무환경과 특성을 감안할 때 Q방법론의 효용성은 더욱 커진다. 정치·행정가들이 객관적 가설, 과학적 지식을 믿고 있지만 그들

---

153) Brown, S., D. During and S. Selden.(1999). *Q Methodology*. In G. Miller and M. Whicker, eds., Handbook of Research Methods in Public Administration. New York: Marcel Dekker.

은 과학적 방법에 익숙하지 않을 뿐만 아니라 과학적 방법에 관심도 적은 편이다. 정치·행정가들의 문제 접근방식이 현상학적이라는 사실도 정치·행정학 분야에 있어서 Q방법론의 효용을 높이고 있다.

실제의 정책과정을 보면 다양한 가치와 의견, 견해들이 대립되는 것이 일반적이다. 이러한 다양한 의견, 견해, 가치 등을 발견하는데 Q방법론의 효용성이 있다. 끝으로 Q방법론이 효율적, 경제적이라는 점도 Q방법론의 매력이다. 적은 수의 연구 대상을 중심으로 연구가 가능하기 때문에 R방법론에 비교하여 적은 비용과 시간이 소요된다.

정치·행정철학적 관점에서도 Q방법론의 효용성을 확인할 수 있다. 행태주의적 접근방법에 대한 비판은 1960년대, 1970년대 신행정학의 흐름을 낳았다. 후기 행태주의로 특징되는 신행정학의 견해와 Q방법론은 서로 양립이 가능하다. 신행정학의 견해에 따르면 정책과정이 현상학적, 이념적, 해석적이라고 보기 때문이다.

정치학적 관점에서도 후기 행태주의자들은 행태주의적 접근방법은 잘못된 지식을 낳을 뿐만 아니라, 사회의 불평등을 악화시키고 있다고 비판하였다.[154] 다양한 이익집단에 의한 자유민주주의는 특권층을 옹호하는 경향이 있기 때문에 그 대안으로 다양한 주장이 개진될 수 있는 대중적 민주주의(Discursive)를 옹호하는 관점도 Q방법론의 효용성을 인정하고 있다.

반면, 실증주의자들은 지식의 가장 두드러진 특징을 그것의 검증가능성에 있다고 보며, 과학의 경험적 기초는 공적으로 관찰될 수 있는 사물이나 현상을 지칭하는 진술들로 이루어져 있는 것으로 파악했다. 그러나 최근 이러한 실증주의는 많은 비판에 직면해 있다. 특히 인간의 주관성을 강조하는 인문학적 전통의 학자들에 의해 많은 비판을 받고 있는 것이다(김흥규, 1996, p.22).

Q방법론의 철학은 이러한 문제로부터 출발, 논리 실증주의 방법에 대한

---

154) Dryzek, John S.(1990), *Discursive Democracy: Politics, Policy, and Political Science*, Cambridge, UK; Cambridge University Press.

비판과 그 대안으로 발전되었다. 첫째, 자연현상에는 가치구조가 개입되지 않지만 사회 안에서의 인간은 특수한 의미와 적합성의 구조를 가지므로 인간의 주관성을 배제해서는 인간의 본질과 사회현상을 제대로 연구할 수 없다는 것이다. 둘째, 논리 실증주의에서 바라보는 사회적 사실은 자연현상과 마찬가지로 이미 구성된(pre-constituted) 것으로 간주하지만 사회적 현실은 의미적으로 구성되어지기(constructed) 때문에 의미의 해석을 통한 이해(understanding)의 방법이 필요한 것이라는 주장이다. 즉, Q방법론은 '외부로부터 설명'하는 방법이 아니라 '내부로부터 이해'하는 접근방법임을 의미한다. 이는 연구자의 조작적 정의(operational definition)가 아닌 응답자 스스로 그들의 의견과 의미를 만들어 가는 operant definition의 개념을 중요하게 여긴다. 따라서 여기에 사용되는 진술문(Q-statement)은 모두 응답자의 자아 창조적 의견 항목으로 구성되어있다.

물론 Stephenson은 경험주의 방법론이 갖는 한계와 오류를 극복하기 위해 이해의 방법으로 Q방법론을 주창하고 있지만 해석학이나 현상학에서 제시하는 것처럼 다소 애매모호하고 주관적인 해석방법과는 거리를 두고 있다.[155]

다음으로, Q방법론 관련 논의사항을 살펴보면, 1950년대까지 Q방법론과 이를 적용하는 연구가 활발히 이루어져 왔다. 지난 50여 년 동안 Q방법론은 일반원리, 생리 지각학습(학습, 기억, 사고), 행동(행동, 욕구, 의지, 감정, 정서), 발달, 특수교육, 임상(임상, 검사, 상담, 조언), 사회(사회, 집단, 문화, 산업), 직업지도 등 분야의 연구에 활용되어 왔다.[156] 그 이후 주로 이론검증, 특성의 유형화 연구, 심리치료 및 상담 전문의 변화연구, 심리검사의 타당화 등의 교육과 심리의 분야뿐만 아니라 정치학, 사회학, 경영학, 언론, 광고 등의 분야에도 널리 적용되어 왔다.

---

155) 김홍규(1996). "Q방법론의 유용성 연구". 한국Q학회 창립기념 학술발표논문.
156) 菊池章夫, 齊藤耕二 共編(1979). 『社會化の理論 : 人間形成の心理學』. 有斐閣.

Q방법론에 관련된 연구는 1996년까지 'ERIC'과 'PPSYINFO'에 수록된 것을 모두 합하면 850여 편이나 된다.[157] 이들 연구물은 그 대상과 주제 및 내용이 매우 다양하다. 이건인(1996)의 분석에 따르면 이들 연구물들은 주로 '방법론으로서의 Q방법론의 특징, Q-SET의 개발과 그 타당성, 사람의 군집유형, 인간관계 및 의사소통, 지도성 유형, 부모의 양육태도와 애착 유형, 학교풍토와 학교와 지역사회와의 협력 양성, 교사의 행동, 태도, 교수형태와 학생의 학업성적, 아동과 청소년의 사회성, 학습과 훈련 프로그램의 효과 및 유행, 소비자 행동과 관리 경영행동, 간호사의 행동과 간호 행동, 병의 진단, 인성 및 자아개념, 스트레스와 적응, 상담행동과 상담 효과, 기타' 등에 관한 것이라고 한다. ERIC에 수록된 Q방법론과 관련 연구들의 분석에 따르면,[158] Q연구물이 1996년 4월까지 303편이 수록되어 있다. 이들은 1960년대의 것이 46편, 1970년대의 것이 114편, 1980년대의 것이 98편 그리고 1996년 4월까지의 것이 45편이다. 이들의 내용은 1) Q-set의 개발과 타당도, 2) 유아 및 아동교육, 3) 교과교육, 4) 교육과정 개발 및 설계, 5) 교수 및 학습, 그리고 6) 직업 및 진로 교육 등에 관한 것이다.

지금까지 국내의 연구는 상당히 미흡하다고 볼 수 있다. 교육과 심리, 보건 및 의료, 언론과 소비자 등과 관련하여 다양한 분야로 연구되어 왔다. 그러나 '리서치'중심의 연구와 달리 Q연구의 부진 이유 2가지는 Q방법론에 관한 이해가 확산되지 못한 것과 Q방법론의 이론과 그 적용의 어려움이라고 할 수 있을 것이다. Q방법론은 연구대상의 특정 변인을 규정하고 그 변인을 대표하는 진술문을 수집 또는 작성하여, 그 특정 변인의 구조에 적합하다고 여겨지는 적은 대상자로 하여금 준비한 진술문을 대상자가 주관적

---

[157] 李建仁(1995). "Q 方法論에 對한 理論的 考察". 『教育研究』 14. 圓光大學校教育問題研究所. p.30.

[158] 백용덕·김성수(1998). Q-방법론의 연구 경향. 『仁荷教育研究』 제4호. 仁荷大學校教育研究所. pp.44~71.

으로 정한 기준에 따라 정상 또는 준 정상분포가 되도록 분류하게 하고, 이를 상관분석, 변량분석, 요인분석과 요인정렬의 순서로 통계 처리한다. 변량분석과 요인분석 등의 통계적 처리 능력 없이는 Q방법론적 연구가 제약을 받는다.

다음으로, Q방법론의 개념적 측면을 살펴보면 다음과 같다. 윌리엄 스티븐슨에 의하면,[159] Q방법론은 개인을 연구하기 위한 일련의 철학적, 심리학적, 통계학적, 심리측정학적 관념이라고 한다. 그리고 Q방법론을 이행하는데 사용되는 일련의 절차를 Q기법이라고 한다.[160] 맥키온과 토마스에 의하면,[161] Q방법론은 상관관계와 요인분석 등의 통계적 방법을 적용하여 인간의 주관성(human subjectivity)을 체계적으로 그리고 엄밀한 수량적 방법으로 연구하는 독특한 심리측정학적 조작적 원리라고 한다. 여기서 주관성은 개인적으로 또는 사회적으로 중요한 것에 대한 사적 견해(an individual point of view)를 말한다. 주관성, 곧 사적 견해는 체계적으로 그리고 정밀하고 깐깐하게 연구될 수 없는 것으로 여겨 왔는데,[162] Q방법론의 대두가 이 같은 고정관념을 바꾸어 놓았다.

Q방법론은 개인의 주관성을 과학적으로 연구하는 심리측정학적 조작적 원리로서 연구하는 하나의 연구방법론이다. Q방법론에서 말하는 주관성은 소통할 수 있는 것(communicable)이며, 항상 자기 조회(self-reference)에 의한다는 두 가지 전제에 바탕을 두고 있다. 주관적 의사소통(subjective communication)은 객관적 분석과 이해가 가능하다. 그리고 이 같은 소통을 연구하는 분석

---

[159] Stephenson, W.(1953). *The Study of Behavior: Q Technique and Its Methodology*. Chicago: University of Chicago Press.

[160] Kerlinger, F. N.(1986). *Foundations of behavioral Research(3rd ed)*. New York : Holt. Rinehart & Winston. p.507.

[161] Mckeown, R. & Thomas, D.(1988). *Q methodology*, Newbury Park, CA: SAGE. p.7.

[162] Mckeown, R. & Thomas, D, 위의 논문.

적 방법은 그 과정에서 자기 조회의 본질을 파괴하거나 변형하지 않는다. Q방법론의 주된 관심은 자기 조회가 연구자에 의해 타협되거나 연구자에 의한 외적 조회 체제와 혼란되지 않고 잘 보존되도록 하는 것이다.[163] 개인의 주관성은 그 자신의 견해에 불과하다. 일상생활에서 흔히 말하는 "내가 관계하는 한…(as for as I'm concerned)" 또는 "내 생각으로는…(in my opinion)"등과 같은 것이다.[164]

종합하자면, Q방법론의 장·단점을 감안할 때 Q방법론으로 처리할 수 없는 부분은 R방법론에 의하여 보완하고, R방법론으로 해결할 수 없는 영역은 Q방법론으로 해결할 수 있을 것이다. 따라서 Q방법론과 R방법론은 상호 배타적이라기보다는 상호보완적으로 사회과학의 발전에 기여할 수 있을 것이다.

이러한 논의를 중심으로 본 연구에서는 이전의 설문조사 방식에서 면밀히 분석하지 않고 간과하기 쉬운 개인의 사고나 느낌 같은 주관적 행위를 객관적으로 측정할 수 있는 Q방법론을 도입하여 살펴보고자 한다. Q방법론은 여성 대선후보 정치인 이미지 관련 내용들을 구조화하고 유형별 특성을 파악, 기술하고 설명하는데 좀 더 발견적이고 가설생성적이며, 의사소통자간의 자아구조(schema) 속에 있는 요인들까지 파악할 수 있다는 장점이 있다.

다. 연구문제

본 논문에서는 여성 대선후보 정치인 이미지에 관하여 이미 사용되어 온 기능적 수량분석에서 한 걸음 나아가 보다 심층적이고 본질적인 의미에 접근할 수 있는 질적 분석방법의 하나가 되는 Q연구방법을 활용하여 연구하고자 한다.

---

163) Mckeown, R. & Thomas, D, 앞의 논문.
164) Brown, S.(1980). *Political Subjectivity: Applications of Q Methodology*. New Haven: Yale University Press. p.46.

본 연구는 여성 대선후보 정치인 이미지에 대한 이해에서 최근의 균형있는 선거 캠페인의 효용성의 발전을 꾀함으로써, 변화하고 있는 선거환경에 따른 올바른 모델 또는 전략에의 제언 수립에 도움을 줄 수 있다. 또한 일반인들과의 인터뷰와 문헌연구를 통한 Q방법론적 유형화를 중심으로 새로운 선거환경에 의해 창출되는 규모와 이러한 규모에 영향을 미칠 수 있는 요인들 및 이에 대한 쟁점요소들을 살펴보는 좋은 계기를 마련하고자 한다.

본 연구에서는 먼저 여성 대선후보 정치인 이미지에 대한 이전의 연구 및 문헌분석을 통하여 정리하고 고찰하고자 한다. 아울러 본 연구는 여성 대선후보 정치인 이미지에 대한 실증적이고 심층적 Q 분석을 통해 다각적인 규명을 실시하고자 하며, 이러한 연구는 여성 대선후보 정치인 이미지에 대한 인식제고에 도움이 될 것으로 기대한다. 이에 본 연구에서는 위에서 제기된 사항들의 해답을 얻기 위하여 주관성연구 분석방법을 활용하며, 연구문제는 아래와 같다.

연구문제 1 : 여성 대선후보 정치인 이미지에 대한 일반인들의 수용 유형은 어떠한가?

연구문제 2 : 이들 각 유형들 간의 동질적인 특성과 그 함의는 무엇인가?

(3) 연구방법론
가. 연구설계

여성 대선후보 정치인 이미지에 대한 문헌분석은 객관적인 가치 분석이 가능하여, 최근 여성 대선후보 정치인 이미지를 보다 효과적으로 이해하는 데 기여할 수 있다. 또한 여성 대선후보 정치인 이미지에 대한 이와 같은 평가는 객관적인 가치규명뿐만 아니라, 여성 대선후보 정치인 이미지 전략과 활용방법을 제시한다는 차원에서 유도할 수 있다. 이 과정에서 시도되는 구체적인 연구방법은 다양한 국내외 자료를 단계별로 정리하여 다각적인 사례연구들로 진행되었다. 조사범위는 현재 국내에서 가능한 모든 문헌을 대상으로 실시하고자 한다.

추가로 본 연구에서는 일반인들[165]을 대상으로 Q심층조사를 실시하였다. 여성 대선후보 정치인 이미지와 관련된 관점을 심층적으로 이해하기 위해 일반인들 대상으로 인터뷰를 수행하였다. 질적 연구의 한 분야로서 Q 심층조사 분석은 Grand Tour Technique[166] 방식을 채용해 실시할 예정이므로 공통의 분야와 개별 분야로 나뉘어 연구주제들이 제기될 필요가 있다. 다음의 연구 주제들은 현재 연구 수행 전의 단계에서 확정된 것들이며, 인터뷰를 진행해 나가면서 질적 연구방법의 특성을 살린 진화적 설계(Evolving Design) 방식에 따라 추가적인 연구문제가 포함되었다.

전술한 바와 같이 Q 심층조사에서는 여성 대선후보 정치인 이미지에 관한 일반인들의 의견을 청취하게 될 것이므로 초기 인터뷰의 결과가 그 이후의 인터뷰 내용에 영향을 미치는 구조를 띠게 된다. 때문에, 위에 열거한 인터뷰의 항목들이 현재 제안서 단계에서 확정적인 것은 아니며, 최초 3~4회 정도의 인터뷰를 거치면서 보다 집중적인 이슈들로 진술문 정리가 되는 과정을 거쳤다. 인터뷰의 과정은 리쿠르팅에서부터 코딩 분석까지 설계되었으며, 실제 리쿠르팅은 본 연구팀에서 대행하였다. 본 연구에서는 일반인들에 대한 인터뷰, 분석의 두 가지 일을 수행하였다.

나. 연구방법

본 논문에서는 R방법론에서 도출된 다양한 의견과 각각의 유형을 구조화하고 유형별 특성을 파악, 기술하고 설명하는데 좀 더 발견적이고 가설생성

---

[165] 본 논문에서 일반인들을 선정한 이유는 선거권을 지니고 있는 유권자이고, 관련된 선거캠페인에 자신의 의사를 개진하고, 좀 더 신선한 의견(진술문)을 도출하고 분석할 수 있다고 가정하였기 때문이다.

[166] 소수의 구체적인 사항에 대해서 테마를 찾아가는 방식인 Laddering과 달리 가장 근본적인 사항에서부터 점진적으로 구체적인 부분까지 파악하는 방식으로써 대상자의 경험과 생각에 따라 전혀 다른 인터뷰 진행이 실시되는 비구조적 인터뷰임

적인 Q방법론167) 분석결과를 토대로 좀 더 다각적인 평가와 전망을 제시하고자 한다.

무엇보다도, 여성 대선후보 정치인 이미지에 관한 연구에 대해서는 기존의 계량적 방법론(R방법론)으로 객관적 통계분석이 주로 이용되어 왔으나, Q방법론168)적 분석논문은 기존의 이론에서 연역적인 가설을 도출하는 종래의 연구방법과는 달리, 사람들이 일상적으로 갖게 되는 주관적 이미지에 의하여 새로운 가설을 발견(hypothesis abduction)하려는 목적을 가지고 있다.169) 이는 Q방법론이 행위자의 관점에서 출발하며 인간 개개인마다 다른 주관성 구조에 따른 서로 다른 유형에 대한 이해와 설명이 가능하기 때문이다. 연구자는 여성 대선후보 정치인 이미지에 관한 사항을 심도있게 측정하기 위해서는 기존의 방법으로는 어느 정도 한계성이 있다고 생각하여, Q방법론적 접근을 시도하였다. 이를 위해 분석작업은 진술문 형태의 카드를 분류하는 방법으로 행해졌다. 이 진술문 작성을 위하여 연구자는 본 논문과 관련된 국내문헌, 그리고 일반대중들의 인터뷰를 통하여 Q모집단(concourse)을 구성하고, 이를 통하여 진술문(Q-statement)을 작성한 후, P샘플을 선정, 분류작업(sorting) 과정을 거쳐 얻게 되는 Q-sort를 PC QUANL 프로그램을 이용, Q요인분석(Q-factor analysis)을 통해 분석하였다.

---

167) 김홍규(1992). "주관성 연구를 위한 Q방법론의 이해". 『간호학 논문집』. 6(1). pp. 1~11. ; Stephenson, W.(1953). *The Study of Behavior: Q Technique and Its Methodology*. Chicago: University of Chicago Press. ; Dryzek, John S.(1990), *Discursive Democracy: Politics, Policy, and Political Science*, Cambridge, UK; Canbridge University Press.

168) Brown, S.(1980). *Political Subjectivity: Applications of Q Methodology*. New Haven: Yale University Press. ; Brown, S., D. During and S. Selden.(1999). *Q Methodology*. In G. Miller and M. Whicker, eds., Handbook of Research Methods in Public Administration. New York: Marcel Dekker.

169) 선우동훈(1991). "Q방법론에 의한 소비자행동 연구". 『광고연구』 여름호(제11호). 한국방송광고공사. p.7.

가) Q표본(Q-sample)과 P표본(P-sample)

이 연구를 위한 Q표본은 여성 대선후보 정치인 이미지에 관한 수용행태 유형에 관한 가치체계로 구성된 진술문으로 구성되었다. 이 연구는 여성 대선후보 정치인 이미지에 대해서 일반인들이 지니고 있는 전반적인 관념들과 느낌, 의견, 가치관 등을 종합적으로 얻기 위해 이 연구와 관련된 전문서적, 학술서적, 저널 등의 관련문헌 연구를 포함하여 일반인들을 대상으로 심층인터뷰를 통하여 두 정치인에 대해서 약 40개의 Q-population(concourse)을 추출하였다. 또한 Q-population에 포함된 진술문 중 주제에 관한 대표성이 가장 크다고 여겨지는 진술문을 임의로 선택하는 방법을 사용하여, 최종적으로 각각 30개의 진술문 표본을 선정하였다. 여기에서 선택된 각각의 30개 진술문은 전체적으로 모든 의견들을 포괄하고, 긍정, 중립, 부정의 균형을 이룰 수 있도록 구성하였다([표 1]).

Q방법론은 개인간의 차이(inter-individual differences)가 아니라 개인 내의 중요성의 차이(intra-individual difference in significance)를 다루는 것이므로 P샘플의 수에 아무런 제한을 받지 않는다.[170] 또한 Q연구의 목적은 표본의 특성으로부터 모집단의 특성을 추론하는 것이 아니기 때문에 P표본의 선정도 확률적 표집방법을 따르지 않는다. 따라서 이 연구에서는 위에서 제시한 기준에 의거하여 성별, 연령, 직업 등 인구학적 특성을 적절히 고려하는 R방법과 달리, 본 연구와 관련하여 사전 연락을 통해 조사작업에 동의를 구한 P표본(응답자)들을 중심으로 최종 14명[171]을 P샘플로 선정하여 조사되었다.

나) Q분류작업(Q-sorting)과 자료의 처리

Q표본과 P표본의 선정이 끝나게 되면 P표본으로 선정된 각 응답자(Q-sorter)에게 일정한 방법으로 Q샘플을 분류시키는데 이를 Q분류작업(Q-

---

170) 김홍규(1990). 『Q방법론의 이해와 적용』. 서강대 언론문화연구소. p.45.
171) 본 연구내용을 잘 이해한 일반인들로 최종 선정되었음.

sorting)이라 부른다.

[그림 1] 각 진술문의 긍정 및 부정의견 점수 분포방식

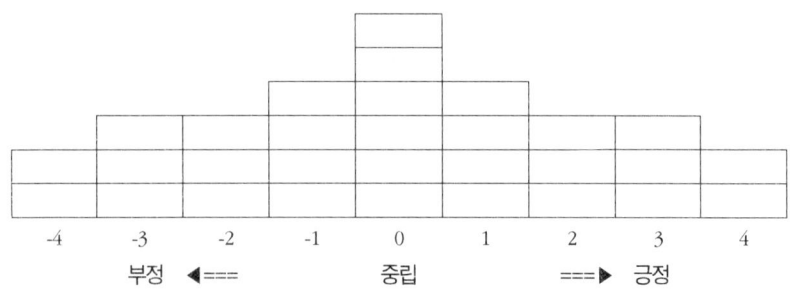

[표 1] 분포별 점수 및 진술문 수

분포	-4	-3	-2	-1	0	1	2	3	4
점수	1	2	3	4	5	6	7	8	9
진술문 수	2	3	3	4	6	4	3	3	2

이러한 Q분류작업은 개인이 복잡한 주제나 이슈 또는 상황에 관한 자신의 마음의 태도를 스스로 모형화하는 것으로서 각 응답자는 진술문을 읽은 후, 그것들을 일정한 분포 속에 강제적으로 분류하였다.

[그림 1]에서 보듯이, 이 연구에서의 Q분류의 절차는 Q표본으로 선정된 각각의 진술문이 적힌 카드를 응답자가 읽은 후 긍정(+), 중립(0), 부정(-)으로 크게 3개의 그룹으로 분류한 다음 긍정 진술문 중에서 가장 긍정하는 것을 차례로 골라서 바깥에서부터(+3) 안쪽으로 분류를 진행하여 중립부분에서 정리하였다. 마찬가지의 방법으로 부정 진술문들을 분류하고, 이때 양 끝에 놓여진 1개의 진술문에 대해서는 각각의 코멘트(심층인터뷰)를 받아 두도록 한다. 이것은 Q-factor 해석에 유용한 정보를 제공해 주기 때문이다.

이어서 P표본에 대한 조사가 완료된 후 수집된 자료를 점수화하기 위하여 Q표본 분포도에서 가장 부정적인 경우 (-4)를 1점으로 시작하여 2점(-3),

3점(-2), 4점(-1), 5점(0), 6점(+1), 7점(+2), 8점(+3) 그리고 가장 긍정적인 경우 9점(+4)을 부여하여 점수화 하도록 한다([표 1]). 이 부여된 점수를 진술문 번호순으로 코딩하고, 이러한 자료를 PC용 QUANL 프로그램으로 처리하여 그 결과를 얻는다.

[표 2] Q진술문의 유형별 표준점수

Q진술문(Q-Statements)	유형별 표준점수			
	I (N=4)	II(N=3)	III(N=4)	IV(N=3)
1. 현명하다.	1.7	2.2	1.3	-1.4
2. 카리스마가 넘친다.	1.2	1.6	0.5	-1.3
3. 의지가 강할 것이다.	0.0	1.3	0.6	-2.0
4. 공사가 확실하다.	-0.2	0.1	-0.7	-0.7
5. 지적이다.	1.0	1.4	0.9	-1.2
6. 좋은 정치인이다.	-1.6	1.0	-0.4	-0.2
7. 당당하다.	-0.2	0.8	0.5	-1.2
8. 허약해 보인다.	-0.1	-0.4	0.3	0.2
9. 진실해 보인다.	-2.1	0.1	-1.2	-0.5
10. 책임감이 있다.	-0.6	0.4	0.4	0.5
11. 리더쉽이 있다.	-0.0	0.8	-0.6	-1.0
12. 깨끗해 보인다.	0.7	0.9	1.4	-0.6
13. 정직하다.	1.0	1.0	1.8	-1.4
14. 위기대처가 뛰어나 보인다.	-0.4	-0.0	-0.9	-0.4
15. 현실적이다.	0.5	0.7	-0.2	-0.3
16. 겉과 속이 다르다.	0.6	-0.0	0.2	0.4
17. 인간미가 있다.	1.4	-0.1	0.4	1.2
18. 비현실적이다.	-0.9	-0.8	1.4	0.8
19. 아날로그적이나.	0.9	-0.3	-0.0	-0.0
20. 여성스럽다.	0.1	-1.0	0.0	1.1
21. 착할 것 같다.	0.4	-1.7	-1.3	1.2
22. 꼼꼼할 것이다.	1.6	-1.4	0.7	0.1
23. 비리가 많을 것이다.	1.1	-0.2	-0.2	1.5
24. 자기관리가 소홀할 것이다.	-1.1	-1.2	-0.4	0.9
25. 대외업무 관리가 철저하다.	-0.3	-1.6	-1.1	0.1
26. 고집이 있다.	-0.3	-1.2	-1.6	1.2
27. 신체가 부실하다.	-1.1	-0.6	-0.8	1.8
28. 적대적일 것 같지 않다.	0.1	-0.4	-0.6	1.3
29. 냉정해 보인다.	-1.7	-1.1	2.0	0.7
30. 대인관계가 좋을 것이다.	-1.5	0.1	-2.2	-0.8

[표 3] 조사대상의 인구학적 특성 및 유형별 인자가중치

유형	ID	성별	연령	직업	인자가중치
TYPE Ⅰ (N=4)	5	여	40대	가정주부	1.3417
	6	남	40대	대학교직원	1.3813
	8	남	40대	신방과 교수	0.5682
	9	남	40대	정치인	1.2851
TYPE Ⅱ (N=3)	2	남	20대	대학 4년	0.7171
	11	남	20대	대학 1년	1.0213
	13	남	50대	시청공무원	1.5648
TYPE Ⅲ (N=4)	1	남	20대	대학 3년	1.3081
	3	남	20대	대학 2년	0.7755
	4	남	40대	버스기사	1.5558
	12	여	20대	시청공무원	0.6262
TYPE Ⅳ (N=3)	7	남	50대	정외과 교수	0.8829
	10	남	40대	정치인	0.6060
	14	남	40대	시청공무원	1.4430

(4) 연구결과

여성 대선후보 정치인 이미지에 관한 주관성 유형을 알아보기 위해서, Q 요인분석(factor analysis)을 한 결과, 각각 4개의 유형이 나타났다. QUANL 프로그램을 실시해 본 결과, 전체변량의 약 50(0.5019)%를 설명하고 있는 4개의 유형에는 4명, 3명, 4명, 3명이 속하였는데, 여기서 인원수의 의미는 없다. 또한 인자가중치가 1.0이상인 사람이 3명, 2명, 2명, 1명이 속해 있어, 1유형이 가장 큰 인자임을 알 수 있다. 아래의 [표 4]는 여성 대선후보 정치인 이미지 유형의 변량 크기를 나타내는 대표적 아이겐 값(eigen value)을 확인할 수 있다. 이 프로그램은 주인자분석(principal components factor matrix)을 행하고, 회전은 직각회전(varimax rotation)을 시행하였다.

[표 4] 대표적 유형별 아이겐 값(eigen value)과 변량의 백분율

	제1유형	제2유형	제3유형
아이겐 값	4.1736	1.7748	1.0780
전체변량 백분율	0.2981	0.1268	0.0770
누적 빈도	0.2981	0.4249	0.5019

[표 5] 전체 유형간의 상관관계

	제1유형	제2유형	제3유형	제4유형
제1유형	1.000	-	-	-
제2유형	0.274	1.000	-	-
제3유형	0.377	0.368	1.000	-
제4유형	-0.165	-0.763	-0.261	1.000

위 [표 5]는 전체 유형간의 상관계수를 나타내 주는데, 이는 각 유형간의 관계정도를 보여주는 것으로, 제1유형과 제3유형간의 상관계수는 0.377[정적(定績) 관계], 제2유형과 제4유형간의 상관계수는 -0.763[부적(不適) 관계] 등으로 나타나고 있다. 앞의 [표 3]은 각 유형에 속한 사람들의 인구사회학적 특성과 인자가중치(factor weight)를 제시한 것이다. 각각의 유형 내에서 인자가중치(factor weight)가 높은 사람일수록 그가 속한 유형에 있어 대표할 수 있는 전형적인 사람임을 나타낸다.

가. 유형별 논의

가) 제1유형(N=4) : 여성 이미지형(Woman image type)

다음 〈표 6〉을 보면, 제1유형에 속한 4명은 위 [표 4]에서 분석된 바와 같이 인자가중치가 1을 넘은 응답자의 수가 3명으로, 1번[현명하다(Z-score=1.67).] Q진술문에 가장 긍정적 일치를 보이고 있고, 9번[진실해 보인다(Z-score=-2.11)] Q진술문에 가장 부정적 일치를 보였다.

[표 6] 제1유형에서 표준점수 ±1.00 이상을 보인 진술문

	Q 진 술 문	표준점수
긍정	1. 현명하다. 22. 꼼꼼할 것이다. 17. 인간미가 있다. 2. 카리스마가 넘친다. 23. 비리가 많을 것이다.	1.67 1.56 1.38 1.22 1.11
부정	24. 자기관리가 소홀할 것이다. 27. 신체가 부실하다. 30. 대인관계가 좋을 것이다. 6. 좋은 정치인이다. 29. 냉정해 보인다. 9. 진실해 보인다.	-1.05 -1.07 -1.48 -1.64 -1.72 -2.11

나) 제2유형(N=3) : 스마트 이미지형(Smart image type)

[표 7] 제2유형에서 표준점수 ±1.00 이상을 보인 진술문

	Q 진 술 문	표준점수
긍정	1. 현명하다. 2. 카리스마가 넘친다. 5. 지적이다. 3. 의지가 강할 것이다.	2.15 1.55 1.41 1.32
부정	20. 여성스럽다. 29. 냉정해 보인다. 24. 자기관리가 소홀할 것이다. 26. 고집이 있다. 22. 꼼꼼할 것이다. 25. 대외업무 관리가 철저하다. 21. 착할 것 같다.	-1.03 -1.10 -1.20 -1.24 -1.43 -1.64 -1.73

위의 〈표 7〉을 보면, 제2유형에 속한 3명은 위 [표 4]에서 분석된 바와 같이 인자가중치가 1을 넘은 응답자의 수가 2명으로, 1번[현명하다(Z-score= 2.15).] Q진술문에 가장 긍정적 일치를 보이고 있고, 21번[착할 것 같다 (Z-score=-1.73)] Q진술문에 가장 부정적 일치를 보였다.

다) 제3유형(N=4) : 철두철미한 이미지형(Thoroughly image type)

[표 8] 제3유형에서 표준점수 ±1.00 이상을 보인 진술문

	Q 진 술 문	표준점수
긍정	29. 냉정해 보인다. 13. 정직하다. 12. 깨끗해 보인다. 18. 비현실적이다. 1. 현명하다.	1.97 1.77 1.40 1.36 1.33
부정	25. 대외업무 관리가 철저하다. 9. 진실해 보인다. 21. 착할 것 같다. 26. 고집이 있다. 30. 대인관계가 좋을 것이다.	-1.11 -1.18 -1.28 -1.61 -2.24

위의 〈표 8〉을 보면, 제3유형에 속한 4명은 위 [표 4]에서 분석된 바와 같이 인자가중치가 1을 넘은 응답자의 수가 2명으로, 29번[냉정해 보인다(Z-score=1.97).] Q진술문에 가장 긍정적 일치를 보이고 있고, 30번[대인관계가 좋을 것이다(Z-score=-2.24)] Q진술문에 가장 부정적 일치를 보였다.

라) 제4유형(N=3) : 허약한 이미지형(Weakly image type)

[표 9] 제4유형에서 표준점수 ±1.00 이상을 보인 진술문

	Q 진 술 문	표준점수
긍정	27. 신체가 부실하다. 23. 비리가 많을 것이다. 28. 적대적일 것 같지 않다. 17. 인간미가 있다. 21. 착할 것 같다. 26. 고집이 있다. 20. 여성스럽다.	1.77 1.51 1.26 1.24 1.19 1.15 1.10
부정	7. 당당하다. 5. 지적이다. 2. 카리스마가 넘친다. 13. 정직하다. 1. 현명하다. 3. 의지가 강할 것이다.	-1.18 -1.18 -1.26 -1.36 -1.43 -1.95

위의 〈표 9〉를 보면, 제4유형에 속한 3명은 위 [표 4]에서 분석된 바와 같이 인자가중치가 1을 넘은 응답자의 수가 1명으로, 27번[신체가 부실하다(Z-score=1.77).] Q진술문에 가장 긍정적 일치를 보이고 있고, 3번[의지가 강할 것이다(Z-score=-1.95)] Q진술문에 가장 부정적 일치를 보였다.

나. 일치하는 항목분석

[표 10] 일치하는 항목과 평균 표준점수(Consensus Items And Average Z-Scores) : 안철수

Item Description	Average Z-Score
16. 겉과 속이 다르다.	0.30
8. 허약해 보인다.	-0.02
4. 공사가 확실하다.	-0.37
14. 위기대처가 뛰어나 보인다.	-0.44

(* CRITERION = ±1.000)

[표 10]에서 보듯이, 이 연구에서 도출된 4개의 유형이 비슷하게 동의한 Q진술문은 총 4개 항목으로 긍정적 항목 1개, 부정적 항목 3개로 나타났다. 전체적으로 제1유형[(N=4) : 여성 이미지형(Woman image type)], 제2유형[(N=3) : 스마트 이미지형(Smart image type)], 제3유형[(N=4) : 철두철미한 이미지형(Thoroughly image type)], 제4유형[(N=3) : 허약한 이미지형(Weakly image type)] 등의 의견에 일치된 분석을 보여주었다. 여기에서 피응답자들은 '16(0.30), 8(-0.02), 4(-0.37), 14(-0.44)'번의 진술문에 대체적으로 부정적 동의를 보였다. 즉, 조사 응답자(일반인)들은 좀 더 이해하기 쉬운 측면이 강한 내용을 중심으로 이미지 쇄신을 해야 하며, 향후 현대사회로 접어들면서 국내외적으로도 여성 정치인의 인기가 높아질 것이라는데 의견의 일치를 보이고 있다.

(5) 결론

본 연구는 여성 대선후보 정치인 이미지에 관한 일반인들의 주관적 성향을 살펴보기 위해서 Q방법론을 이용하였다.

분석한 결과, 총 4가지의 유형으로 분류되었는데, 제1유형[(N=4) : 여성 이미지형(Woman image type)], 제2유형[(N=3): 스마트 이미지형(Smart image type)], 제3유형(N=4) : 철두철미한 이미지형(Thoroughly image type)], 제4유형[(N=3) : 허약한 이미지형(Weakly image type)]으로서, 각 유형마다 독특한 특징이 있는 것으로 파악되었다. 그 외에도 일치하는 항목에 대한 분석에 대해서 다각도로 알아보았다.

지금까지 분석된 4가지 유형별 결과에서 보면, 대부분의 응답자들은 과거에 비해 여성 대선후보 정치인 이미지에 대해서 생소한 개념은 아니었으나, 지금까지 효과 측면보다는 이미지 홍보의 확대와 이해 차원에서 다양한 의견 표출을 보여주었다. 이처럼 여성 대선후보 정치인 이미지는 어쩌면 사회, 문화, 경제, 문화 등 다양한 분야에서 이해되어져야 할 부분이며, 향후 훨씬 더 개선의 여지가 필요한 분야라고 볼 수 있다.

문제는 디지털 시대이자 21세기라는 급변하는 선거환경 속에서 여성 대선후보 정치인 이미지를 접하는 소비자들에게 좀 더 친숙하게 다가갈 수 있는 가능성을 제공하는 것일 것이다. 또한 이에 공감할 수 있는 홍보효과 측면에 대한 긍정적, 부정적 향방 논의는 한층 더 논의되어야 할 것으로 보여진다.

결과적으로, 본 논문에서는 여성 대선후보 정치인 이미지에 관하여 일반인들은 그 수용에 있어서 그 장단점에 관심을 갖기 보다는 다양한 활용성과 참여성에 더 깊이 인지하고, 다각적인 홍보효과에 관심을 갖는 것으로 분석되었다. 특히, 유형별 차이에서 확인하였듯이 각 유형별로 여성 대선후보 정치인 이미지에 대해서 긍정적으로 이해하고 있는 것으로 파악되었다.

지금까지 주요 연구방법으로 쓰여 왔던 R방법론(설문지 조사 및 내용분석)과는 달리 질적연구인 Q방법론(주관성연구측정방법).172)을 도입하여 조사 및 분석된 본 연구는 보다 세밀하지 못했다는 점에서 연구의 한계를 갖는다. 향후 연구에서는 보다 다양한 부문의 여성 대선후보 정치인 이미지와 좀 더 세밀한 제작, 그리고 고관여와 저관여의 구분을 통한 다양화를 통하여 발전을 기할 수 있으리라 본다. 또 본 연구에서 분석한 내용은 그 중요도를 생각한다면 여성 대선후보 정치인 이미지에 대한 다각적인 검토와 의식이 활성화된다면 보다 효과적이고 창의적인 여성 정치인 이미지 정책을 개발하는데 일조할 것으로 본다.

이와 함께 본 연구에서 분석된 내용을 토대로 향후 여성 대선후보 정치인 이미지에 대한 활성화 및 개선책을 제시하면, 우선 여성 대선후보 정치인 이미지 분야는 과학화, 전문화, 투명화가 필수적이다. 즉, 여성 대선후보 정치인 이미지에 대한 다각적인 방향에서의 정책적 방안의 모색이 필요하다. 여성 정치인은 자신의 성 역할 이미지에 의해서 부과되는 제한점을 어떻게 극복할 지를 고민해야 한다.173) 구체적으로, 보다 다양한 표현방법에 대한 연구와 기술적 발전이 요구되며, 차별적으로 선거환경과 잘 조화되는 홍보물의 보완이 필요하다.

지금까지 여성 대선후보 정치인 이미지와 관련하여 대중의 사회적, 심리적 특성이나 라이프스타일 유형화 등을 중심으로 연구가 이루어져 왔고, 다양한 문화 수용과 평가에 따른 타깃별 대중의 유형화 작업은 다양하게 연

---

172) Brown, S. R.. 앞의 책. pp.158~178. 아울러, 이러한 Q방법론을 통한 연구를 통해 여론, 태도, 집단, 역할, 문화, 사회화, 의사결정, 선전, 가치, 신념, 퍼스낼리티, 커뮤니케이션, 문학, 이미지, 아이디어 등 자아가 포함된 모든 영역에서 유용하게 활용될 수 있음을 확인하였는데, 이는 다양한 방법론적인 접근과 다각적이고도 체계적인 연구 작업이 또한 필요할 것이다.

173) 박정의 외 1인(2010). 언론인의 여성 정치인에 대한 인식연구.『커뮤니케이션학 연구』 18-3. 한국커뮤니케이션학회. p.50.

구되지 못했다는 점에서 앞으로 많은 개선책을 제시할 수 있겠다. 따라서 추후 발전된 연구방향은 여성 대선후보 정치인 이미지에 대한 구체적인 선거 유권자들의 인식 특성과 행태와 연결하여 심층적으로 분석하는 것이 요청된다.

♣ 생각해 봅시다

▸ 대통령에 관한 이미지에 대해서 여러분의 처한 상황에서 차별적으로 토론하여 봅시다.
▸ 여성 정치인과 대통령후보에 관하여 개인별 관점에서 이야기해 봅시다.

9) 소통의 시대 대통령의 이미지

(1) 문제의 제기 및 연구목적

정치인이 국정의 최고 자리에 오른다는 것은 비정하고 치열한 권력에서 승리한 결과이다. 이러한 승리의 결과를 이끌어 내기 위해 정치 지도자들은 자신만의 전략으로 승부해야한다. 언제나 가변적이고 역동적인 상황에 어떻게 대처하느냐에 따라 대권싸움의 성패가 갈리기 마련이다. 비록 자질이 출중하고 상황이 유리하더라도 전략이 치졸하면 승리의 여신은 등을 돌리는 법이다. 여기서 전략이란 승부수와 쇼맨십, 권모술수와 선동, 정치조작과 대중조작, 네거티브 전략 슬로건과 유세 등 여러 가지를 말한다. 그중 가장 효과적이고 중요한 전략은 이미지 전략이다.

오늘날 선거에서는 매스미디어의 영향력이 커짐에 따라 정당 충성도나 정책대안이 선거결과에 미치는 영향력이 감소하고 대신 후보의 이미지 요인이 부각되는 변화가 나타나고 있다. 특히 TV는 정치커뮤니케이션 매체로서 중요한 위치를 차지하기 때문에 유권자에게 호소할 수 있는 독특한 이미지를 창조하는데 많은 노력을 기울이고 있는 것이다. 이와 같이 선거에서 정치지도자의 이미지는 유권자들이 지도자에 대해 같은 주관적이 느낌을 말하며 지도자의 성향은 다양하기 때문에 이미지에 대한 통일된 기준은 말하기 어렵고 유권자가 지도자의 어느 측면을 강조하느냐에 따라서 후보자의 이미지도 달라진다.

그러나 일반적으로 출중한 외모, 달변, 부드러운 미소 등은 장점이기 때문에 그 장점은 상대후보와 상대적으로 우월한 내용이므로 적절하게 활용해야 도움이 된다. 그 장점을 적절히 조화시켜 선거에 활용하는 것을 우리는 '이미지 메이킹'이라 한다.

이미지 메이킹의 유형에는 첫째, 불리한 이미지를 변신시키는 것이다. 후보자 자신에게 불리한 이미지를 청산하고 유리한 이미지를 도입하는 것이다. 또한 새로운 이미지를 창조하여 대중에게 자신의 이미지를 심어주는 것이다. 둘째, 기존의 이미지를 강화·확대하는 방법이 있다. 대중들이 갖고 있는 후보자의 희미한 이미지를 강화시켜주고 별로 중요하게 생각하지 않는 이미지를 확대하여 강조하는 것이다. 셋째, 이미지를 새롭게 만드는 작업이다. 좋은 것은 그대로 두고 낡은 것은 새로운 매력으로 부각시켜 이미지를 신선하게 만드는 것이다. 넷째는 이미지를 안정화 시키는 작업이다. 대중들에게 한번 심어준 이미지를 안정적이고, 지속적으로 강화시켜 강한 인상을 남기게 하는 것으로 이렇게 하여 고착된 하나의 이미지는 그 후보자만의 강한 이미지로 남게 된다.

그러기 위해서는 미디어를 적극적, 능동적으로 사용하여 유권자들에게 정치후보자의 호의적인 이미지를 부각시키고 그 이미지를 지속적으로 강화하여야 한다.

주기적으로 5년마다, 우리나라는 대선이라는 중요한 결정을 앞두고 있다. 매일매일 대선과 관련된 기사가 나오고, 여길 가도 저길 가도 대선후보들의 선거운동이 바쁘게 이루어지고 있는 시점에서 우리는 어떠한 사람을 우리나라의 지도자로 뽑아야 할지 갈팡질팡하고 있다. 성인이 되고 난 후의 첫 선거, 나름 의미가 색다르며 도대체 어떤 지도자가 우리나라를 위해 좋은 선택인지 하는 갈림길에 서 있다. 대통령으로서 어떠한 책임과 의무 그리고 대통령의 자질은 어떠한 것이 있는지 교재를 통해 다시 한 번 알아보고, 현재 우리나의 대선후보들 중 몇 명을 선정하여, 그들의 대통령이 될 수 있는 자질이나 정책 등을 분석함으로써 새로운 지도자를 선택하는데 도움이 되었으면 한다.

옛말에 '임금은 하늘이 내린다'는 말이 있었다. 이는 대대로 이어오던 왕권의 확립과 당위성을 높이기 위한 말이기도 하지만, 더불어 하늘이 내릴 정도로 여러 면을 고루 갖춘 완벽한 인간이라는 의미로도 해석할 수 있다. 그러나 현대에 와서 대통령은 옛날처럼 지덕체를 두루 갖춘! 전인격적 존재이기보다는 국가 최고 경영자라는 수식 없는 표현으로 설명된다. 이미 시중에는 정치와 경제권의 동향에 맞물려 대통령의 자질과 회사를 경영하는 CEO의 자질을 비교하는 책들이 많이 나와 있다. 대통령이 갖춰야 할 자질이 국가라는 거대한 기업을 성공적으로 이끌기 위한 자질에 비유된다는 것 자체가 현대 사회가 대통령에게 원하는 것이 무엇인지 알 수 있는 근거이다.

그러나 과거에도, 현대에도 지도자가 가져야 할 변함없는 자질이 있다. 국가 경영은 기본적으로 사람이 사람을 다스리는 일이고 전 분야에서 완벽한 지식을 가지고 이끌 수 있는 인간은 존재하지 않기에, 지도자가 가져야 할 자질은 따로 있다. 각 분야의 전문가들과 현명한 수뇌들을 조정하고, 이끄는 역할은 지도자에게 놓인 막중한 책임인 것이다. 이는 마치 오케스트라에서 지휘자가 모든 악기에서 최고이기에 그들을 지휘하는 게 아닌, 각 악기가 모여 만드는 화음에 대한 전체적인 이해와 곡을 이끄는 능력 때문에 앞에 설 수 있는 것과 같다.

이 논문에서는 이러한 소통의 시대 대통령의 이미지 유형에 관하여 일반인들의 의견에 관한 주관성 유형을 구조화하고 유형별 특성을 파악, 기술하고 설명하는데 좀 더 발견적이고 가설생성적인 Q방법론[174]을 활용하고자

---

[174] Q방법론이란 인간의 다양한 주관성을 탐구하는 가설발견의 논리를 갖는 이해의 방법론으로서 다양한 문화집단에서 어떤 현상에 대한 태도, 신념, 관습에 관한 자료를 수집, 분석하는데 독특한 가능성을 제공한다. 여기에서의 주관성은 신비로운 것도 로맨틱한 것도 아니며, 단순히 타인 혹은 자기 자신에게 이야기 할 수 있는 어떤 것이다. 또한 Q방법론은 어떤 주제나 문제점에 대한 다양한 의견들을 진술한 진술문을 이용한 심층적인 의견조사방법이다. 특히 이 방법론은 개인의 지각, 가치, 신념 및 태도 등은 모두 자기중심적이라는 전제하에, 이들을 서열화해서 측정 한다. ; 김홍규(1992). "주관성 연구를 위한 Q방법론의 이해". 『간호학 논문집』 6(1). pp.1~11. ; Simmon, S. J.(1989). "Health: A Concept Analysis". Int. J. Nurs. Study 26(2). pp.155-161. ; Stephenson, W.(1954). The Study of Behavior : Q-Technique and Its Methodology. Chicago, IL : University of Chicago Press.

한다. 즉, 일반인들의 심리적 주관성을 유형화하는 것이다.

무엇보다도, 소통의 시대 대통령의 이미지 유형에 관한 수용행태 유형에 대해서는 기존의 계량적 방법론(R방법론)으로 객관적 통계분석이 가능하겠으나, Q방법론175)적 분석논문은 수용자, 즉 일반대중들의 자아구조(schema) 속에 있는 요인들까지 파악할 수 있다는 점에서 통찰력 있는 분석이 도출될 수 있다.

따라서 소통의 시대 대통령의 이미지 유형에 관한 수용행태 유형에 대한 일반인들의 일상적인 이미지와 성향들을 토대로 한 이 논문에서는 이들의 주관적인 인식에 대한 유형화 작업을 시도하였다. 즉, 이 연구는 기존의 이론에서 연역적인 가설을 도출하는 종래의 연구방법과는 달리, 사람들이 일상적으로 갖게 되는 주관적 이미지에 의하여 새로운 가설을 발견(hypothesis abduction)하려는 목적을 가지고 있다.176) 이 논문에서는 소통의 시대 대통령의 이미지 유형에 관한 수용행태 유형의 특성과 이에 따른 함의를 알아보고, 이에 따른 함의를 제시하는데 그 목적이 있다.

(2) 이론적 논의

대통령은 어떤 사람이 하는 것이 좋을까? 머리가 좋고 학벌이 좋고 경험이 많고 등등 많은 조건이 있겠지만 제일 중요한 것이 사심이 없는 사람이 제일 중요한 것 같다. 왜 그러냐 하면 대한민국 그간의 대통령을 볼 적에 거의 사심이 있었다. 사심이 있으니까 거짓말을 하고 부정을 저지른다. 정정당당한 사람, 그것이 제일 중요한 요건일 것 같다.

---

pp.14~27. ; Stephenson, W.(1968). "Consciousness Out-Subjectivity". In, The Psychological Record. p.18.

175) Q방법론(Q-Methodology)이 가지는 장점중의 하나는 탐사적 연구로서의 후속연구를 위한 길잡이 기능에 있다.

176) 선우동훈(1991). "Q방법론에 의한 소비자행동 연구". 『광고연구』 여름호(제11호). 한국방송광고공사. p.7.

대강 위의 것들에 합당하면 대한민국의 대통령으로서 합당하지 않을까 생각이 든다. 흠결 없는 사람이 이디 있으랴 만은 그간의 대통령들은 너무도 흠결이 많은 사람들이 많다보니 항상 걱정과 희망이 교차하는 게 새로운 대통령이다. 그간의 대통령들을 보면 권력만 노렸지 국민의 진정한 행복을 염려하는 사람은 별로 손꼽을 수 없다는 게 사실이다.

대통령이란 봉사하는 직업이다. 자기의 사상과 식견과 아량을 펴서 국민을 행복으로 인도하는 직업이다. 대통령의 월급이 월등하게 많은 것도 아니고 다만 자기의 뜻을 펴 전 국민을 편안하게 하겠다는 괴로운 직업이다. 그런 것을 알고 대통령에 취임했다면 그 근본 의념에 충실해야 하는데 겨우 자기 측근이나 출세시키고 자기 고집이나 피운다면 어디 인물이라 할 수 있겠는가.

공화국의 대통령은 국가원수이나 실제적인 권한은 나라마다 차이가 있다. 미국을 비롯한 몇몇 국가들에서는 대통령의 직위에 막강한 권력과 책임이 부여되지만, 총리가 최고 행정책임자로 되어 있는 독일 연방공화국 등에서는 그 권한이 미약하여 의례적인 지위에 머문다.

북아메리카에서 대통령이라는 칭호가 처음 쓰였던 것은 영국 식민지의 일부 지사들에 대해서였다. 식민지의 대통령은 그를 선출한 식민지의회와 연계를 이루고 있으며, 독립혁명(1776)이 시작된 후 주정부들이 들어서자 몇몇 수반들은 대통령이라는 직함을 가지게 되었다. 원래 '미합중국 대통령'이라는 명칭은 대륙회의나 연합헌장하의 의회에서 회기를 진행하던 의장을 지칭하는 말이었다. 미합중국 헌법의 입안자들은 최고 행정책임자의 권한을 행사하는 강력한 지위를 나타내기 위하여 대통령이라는 명칭을 채택했다.

미국 헌법에 규정된 대통령의 역할·권한·책임은 비교적 간명하다(→ 미국 연방헌법). 대통령의 주된 임무는 법규범이 충실하게 집행되도록 하는 일이며 각료급 부서를 포함하는 정교한 행정체계를 통하여 임무를 수행한다. 대통령은 모든 각료와 대부분의 고위관료들을 임명한다. 또한 연방법원의 판사들을 임명하는데, 여기에는 대법원 판사들도 포함되며 이들에 대해서는 입법부인 의회의 승인을 얻어야 한다(→ 미국연방대법원). 대통령은 전시는 물론 평화시에도 군대의 통수권자이다. 대통령에게는 핵무기 사용과 육·해·공군의 이동을 지휘할 무제한적인 권한이 부여되어 있다. 대통령은 상원의 승인을 조건으로 외국 정부와 조약을 체결할 수도 있다. 마지막으로 대통령은 의회를 통과한 법안들에 대하여 거부권을 행사할 수 있다(→ 미국의회). 의회는 2/3의 찬성으로 거부법안을 재가결할 수 있다. 미국 대통령은 이상하게도 직접선거를 통하지 않고 선거인단에 의한 간접적인 방법으로 선출된다. 그렇지만 선거인단의 구성은 기본적으로 일반투표를 반영하고 있다. 임기는 4년이고 2번 이상 연임할 수 없다.

대통령제는 남아메리카·중앙아메리카·아프리카와 그밖의 세계 여러 나라에서도 나타나며, 정당하게 선출된 공무원으로서 민주주의적 전통에 합당하게 역할을 수행하지만, 어떤 민선 대통령들은 비상사태를 구실삼아 헌법상의 임기가 끝난 뒤에도 집권을 계속하여 왔다. 한편 군장교들이 권력을 장악하고 그후 대통령직에 오름으로써 통치를 합법화하려는 경우도 있었고, 어떤 대통령들은 군대나 강력한 경제세력의 후원을 받으면서 꼭두각시 노릇을 하기도 했다. 제3세계 국가에서 민주적 절차에 따라 낭선된 대통령들은 통상 미국대통령과 유사한 헌법적 권한을 보유하지만, 물리적 강제력이나 쿠데타를 통하여 집권한 경우에는 독재권력을 행사할 때가 많다(신대통령제). 예외가 전혀 없지는 않으나 유럽의 대통령은 유명무실한 존재이고 의례적인 국가원수에 불과할 뿐이다.

남·북아메리카와는 대조적으로 서유럽의 국가들은 의회에 책임을 지는 내각에 행정권을 부여함으로써 대통령의 권력을 약화시킨다. 이 경우 최고 행정책임자는 내각의 수반이자 의회 다수당의 당수인 총리이다. 대통령의 선출은 직접선거나 선거인단을 통하여 이루어질 수도 있고 의회에서의 투표에 따르기도 한다. 동유럽 등 공산국가에서도 의례상의 국가원수를 대통령이라고 부른다.

프랑스 제5공화정 헌법(1958)은 대통령에게 막대한 행정권을 부여했다. 국민에 의하여 선출된 대통령이 총리를 지명하지만, 야당 총리를 영입해야 할 경우에는 외교와 국방을 대통령의 고유권한으로 한 상태에서 양자가 행정상의 책무를 분담하게 된다. 한국의 대통령제 역시 미국의 원형으로부터 일탈된 '신대통령제'의 모습을 보이고 있다. 입법부·사법부에 대한 우월성을 향유하면서 대통령은 긴급명령권, 헌법개정제안권, 국민투표부의권 등의 비상적 권한들을 행사하여왔다. 통치구조상 한국에 대통령제가 처음으로 등장한 것은 3·1운동을 계기로 탄생한 상해 임시정부에서이며 1948년 8월 15일 대한민국 정부가 공식 출범한 이후 현재에 이르기까지 꾸준히 명맥을 유지하고 있다. 그동안 정부형태가 바뀔 때마다 대통령의 헌법상 지위에도 변화가 거듭되었는데, 제1공화국의 대통령은 권력의 통합을 추진함으로써 독재적 지배를 자행했고 제2공화국의 경우 의원내각제하의 국가원수로서 상징적인 지위에 머물렀으며 5·16군사정변 후의 제3공화국 대통령제는 행정권의 안정과 강화에 역점을 두고 있었다. 제4공화국의 유신헌법은 '조국의 평화적 통일과 한국적 민주주의의 토착화'라는 기본이념에 따라 대통령에게 영도자로서의 지위를 부여했다. 제5공화국 헌법은 신대통령제의 전형이라고 일컬어졌던 제4공화국 정부 형태에 대한 반성으로 국회관여권과 법원관여권을 대폭 축소시켰으며 건국 이래 처음으로 평화적인 정권교체가 이루어졌다. 제6공화국의 대통령은 임기 5년의 단임을 조건으로 직접선거에 의해 선출되었다. 유신체제 이후의 국회해산권은 삭제되었고 대법관의 임명에 있어 대법원장의 재청 외에 국회의 동의가 필요하게 되었다. 제6공화국 대통령은 법률안제출권과 비상조치권을 보유하는 점에서 미국의 대통령제와 두드러진 차이를 보인다.[177]

(3) 연구문제 및 연구설계
가. 연구문제

본 연구에서는 소통의 시대 대통령의 이미지 유형에 대해서 일반인들이 지니고 있는 주관적 경향을 살펴보기 위해 Q방법론을 도입하여 살펴보았다.

앞서 제기한 내용과 선행연구에서 검토된 내용과 관련하여 이 논문에서는 다음과 같은 연구문제를 선정하였다.

첫째, 소통의 시대 대통령의 이미지 수용 유형은 어떻게 분류되는가?

이 연구문제에서는 소통의 시대 대통령의 이미지에 관한 수용 유형들은 어떠한 유형으로 분류되고 있으며, 이러한 각 유형들은 과연 어떠한 특성들을 지니고 있으며, 이 특성들이 함유하는 의미들은 소통의 시대 대통령의 이미지와는 어떠한 연관성을 지니고 있는지를 알아보고자 한다.

둘째, 각 유형들 간의 동질적 특성과 이질적 특성은 무엇인가?

다음으로, 두 번째 연구문제에서는 위에서 살펴본 각 유형별 특성과 달리 모든 진술문들이 각 유형들 속에서 일치하는(동질적) 특성은 무엇으로 분류되고 있는지, 또한 각 유형들간 차별적(이질적) 특성은 무엇인지에 대해서 살펴봄으로써 각 유형별로 분석된 의미늘간 어떠한 특성이 있는지 살펴봄으로써 각 유형들간의 동질성과 차별성을 확인하고자 한다. 이를 통해 Q방법론의 특성인 소수집단의 개별 응답자들이 생각하는 의향과 내면적인 주관적 이미지는 어떻게 보이고 있는지 알아보고자 한다.

위와 같은 연구 문제를 통해 이 연구는 일반인들을 중심으로 소통의 시대 대통령의 이미지에 관한 수용행태 특성을 찾고자 한다. 그리고 유형별

---

177) http://100.nate.com/dicsearch/pentry.html?s=B&i=124139&v=44

특성에 따라 어떠한 차이점이 있는지를 분석하여, 향후 소통의 시대 대통령의 이미지 유형에 관한 일반인들의 인식 변화를 가늠하고자 한다.

앞에서 제기한 연구문제, 즉 소통의 시대 대통령의 이미지에 관한 수용행태 유형에 관한 연구는 Q방법론으로 훨씬 잘 연구되어질 수 있다고 생각한다. 이는 Q방법론이 행위자의 관점에서 출발하며 인간 개개인마다 다른 주관성 구조에 따른 서로 다른 유형에 대한 이해와 설명이 가능하기 때문이다. 연구자는 소통의 시대 대통령의 이미지가 일반인들에게 미치는 영향 유형에 관한 사항을 심도 있게 측정하기 위해서는 기존의 방법으로는 어느 정도 한계성이 있다고 생각하여, Q방법론적 접근을 시도하였다. 이를 위해 분석 작업은 진술문 형태의 카드를 분류하는 방법으로 행해졌다. 이 진술문 작성을 위하여 연구자는 본 논문과 관련된 국내문헌, 그리고 주변 사람들과의 인터뷰를 통하여 Q모집단(concourse)을 구성하고, 이를 통하여 진술문(Q-statement)을 작성한 후, P샘플을 선정, 분류작업(sorting) 과정을 거쳐 얻게 되는 Q-sort를 PC QUANL 프로그램을 이용, Q요인분석(Q-factor analysis)을 통해 분석하였다.

나. 연구설계

가) Q표본(Q-sample) 및 P표본(P-sample)

이 연구를 위한 Q표본은 소통의 시대 대통령의 이미지가 일반인들에게 미치는 영향 유형에 관한 가치체계로 구성된 진술문으로 구성되었다. 이 연구는 소통의 시대 대통령의 이미지에 대한 일반인들이 지니고 있는 전반적인 관념들과 느낌, 의견, 가치관 등을 종합적으로 얻기 위해 이 연구와 관련된 전문서적, 학술서적, 저널 등의 관련문헌 연구와 주변의 일반인들을 대상으로 심층 인터뷰를 통하여 21명의 Q모집단을 추출하였다. 이어 Q모집단에 포함된 진술문 중 주제에 관한 대표성이 가장 크다고 여겨지는 진술문을 임의로 선택하는 방법을 사용하여, 최종적으로 30개의 진술문 표본178)을 선정하였다. 여기에서 선택된 30개의 진술문은 전체적으로 모든 의견들을 포괄하고, 긍정, 중립, 부정의 균형을 이룰 수 있도록 구성하였다 ([표 1]).

Q방법론은 개인 간의 차이(inter-individual differences)가 아니라 개인 내의 중요성의 차이(intra-individual difference in significance)를 다루는 것이므로 P샘플의 수에 아무런 제한을 받지 않는다.179) 또한 Q연구의 목적은 표본의 특성으로부터 모집단의 특성을 추론하는 것이 아니기 때문에 P표본의 선정도 확률적 표집방법을 따르지 않는다. 따라서 이 연구에서는 위에서 제시한 기준에 의거하여 13명을 P샘플로 선정하였다.

나) Q분류작업(Q-sorting) 및 자료의 처리

Q표본과 P표본의 선정이 끝나게 되면 P표본으로 선정된 각 응답자(Q-sorter)에게 일정한 방법으로 Q샘플을 분류시키는데 이를 Q분류작업(Q-sorting)이라 부른다. Q분류작업은 개인이 복잡한 주제나 이슈 또는 상황에 관한 자신의 마음의 태도를 스스로 모형화 하는 것으로서 각 응답자는 진술문을 읽은 후 그것들을 일정한 분포 속에 강제적으로 분류하게 된다.

이 연구에서의 Q분류의 절차는 Q표본으로 선정된 각각의 진술문이 적힌 카드를 응답자가 읽은 후 긍정(+), 중립(0), 부정(-)으로 크게 3개의 그룹으로 분류한 다음 긍정 진술문 중에서 가장 긍정하는 것을 차례로 골라서 바깥에서부터(+4) 안쪽으로 분류를 진행하여 중립부분에서 정리하도록 한다. 마찬가지의 방법으로 부정 진술문들을 분류하고, 이때 양끝에 놓여진 1개의

---

178) 본 조사분석에 활용된 30개의 진술문(이 진술문은 지난 2013 춘계 한국정치커뮤니케이션학회 발제에서 정리되고 수정된 것임)은 Q모집단 21명이 작성한 Q진술문과 연구진이 본 논의와 연관된다고 생각하는 관련 문헌에서 정리된 내용을 중심으로 작성된 Q진술문을 유사한 내용과 이해하기 어려운 문장들을 가감 정리하여 작성된 것이다.

179) 김홍규(1990). 『Q방법론의 이해와 적용』. 서강대학교 언론문화연구소. p.45.

진술문에 대해서는 각각의 코멘트(심층인터뷰)를 받아 두었다. 이것은 Q요인 해석에 유용한 정보를 제공해 주기 때문이다.

[그림 5] 각 진술문의 긍정 및 부정의견 점수 분포방식

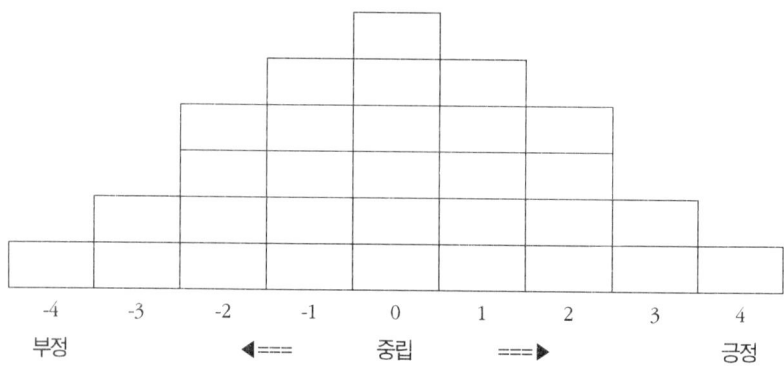

소통의 시대 대통령의 이미지가 일반인들에게 미치는 영향 유형을 분석하기 위해 P표본에 대한 조사가 완료된 후 수집된 자료를 점수화하기 위하여 Q표본 분포도에서 가장 부정적인 경우(-4)를 1점으로 시작하여 2점(-3), 3점(-2), 4점(-1), 5점(0), 6점(+1), 7점(+2), 8점(+3) 그리고 가장 긍정적인 경우 9점(+4)을 부여하여 점수화 한다([그림 5]). 이 부여된 점수를 진술문 번호순으로 코딩하고, 이러한 자료를 PC용 QUANL 프로그램으로 처리하여 그 결과를 얻고자 한다.

[표 1] 분포별 점수 및 진술문 수

분포	-4	-3	-2	-1	0	1	2	3	4
점수	1	2	3	4	5	6	7	8	9
진술문 수	1	2	4	5	6	5	4	2	1

[표 2] 조사대상의 인구학적 특성 및 유형별 인자가중치

유형	ID	성별	연령	직업	인자가중치
I (N=4)	2	남	25	석사과정	0.6264
	10	남	44	고교교사	0.7128
	12	여	22	대학 3년	5.6145
	13	남	48	버스기사	5.7202
II (N=4)	5	남	43	공무원	1.4389
	6	남	51	공무원	1.2468
	7	여	30	은행원	0.5917
	8	남	56	택시기사	1.2956
III (N=4)	1	여	42	가정주부	1.1791
	3	남	45	석사과정	0.7221
	4	여	24	대학조교	1.5327
	11	남	25	대학 3년	0.5410

[표 3] Q진술문의 유형별 표준점수

Q진술문(Q-Statements)	유형별 표준점수		
	I (N=4)	II (N=4)	III (N=4)
1. 설득력이 좋아야 한다.	1.4	1.7	1.3
2. 소박한 사람이어야 한다.	1.7	1.2	0.6
3. 일관성있는 사람이어야 한다.	1.5	0.0	0.6
4. 우유부단해야 한다.	0.0	-0.2	-0.7
5. 문학적 소양이 높아야 한다.	1.1	0.9	0.9
6. 학자이어야 한다.	1.7	-1.7	-0.4
7. 자신감이 넘쳐야 한다.	0.8	-0.3	0.5
8. 업무에 있어서 신속해야 한다.	-0.0	-0.1	0.3
9. 개인적인 비리가 없어야 한다.	0.2	-2.1	-1.2
10. 책임감과 의무감이 필요하다.	0.3	-0.6	0.4
11. 리더쉽은 불필요하다.	0.1	-0.0	-0.6
12. 깔끔한 인상이어야 한다.	1.0	0.6	1.4
13. 모범생이어야 한다.	0.8	1.0	1.8
14. 위기대처 수완이 좋아야 한다.	0.4	-0.4	-0.9
15. 현실적이어야 한다.	1.2	0.5	-0.3
16. 외유내강이어야 한다.	0.2	0.5	0.2
17. 인간미가 넘쳐야 한다.	-0.4	1.4	0.4
18. 유연해야 한다.	-0.7	-0.9	1.4
19. 학벌이 좋아야 한다.	0.1	0.9	-0.0
20. 연령대가 높아야 좋다.	-1.0	0.2	-0.0

21. 비열한 측면도 필요하다.	-0.9	0.5	-1.3
22. 친절해야 한다.	-1.5	1.5	0.7
23. 윤리적 측면에서 깨끗해야 한다.	-1.1	1.1	-0.2
24. 가정에 소홀해도 좋다.	-0.6	-1.1	-0.5
25. 사생활 관리는 허술해도 된다.	-1.8	-0.3	-1.1
26. 자신의 주장이 약해도 된다.	-1.5	-0.3	-1.6
27. 건강이 약해도 상관없다.	-0.1	-1.1	-0.7
28. 신뢰감이 없어도 된다.	-0.5	0.1	-0.6
29. 부지런해야 한다.	-1.4	-1.7	2.0
30. 아는 사람이 많아야 좋다.	-0.5	-1.5	-2.2

(4) 연구결과 및 분석

소통의 시대 대통령의 이미지에 관한 주관성 유형을 살펴보기 위해서, Q 요인분석을 한 결과 총 3개의 유형이 나타났다.

QUANL 프로그램을 통하여 일반인 13명을 대상으로 조사된 결과, 전체 변량의 약 54(0.5401)%[180]를 설명하고 있는 3개의 유형에는 각각 4명, 4명, 4명이 속하였는데, 앞에서 논의하였듯이 여기서 인원수의 의미는 없다. 또한 인자가중치가 1.0이상인 사람이 각각 2명, 3명, 2명이 속해 있어 제2유형이 가장 큰 인자임을 알 수 있다. 또한 [표 4]에서 보듯이, 각 유형의 변량 크기를 나타내는 대표적 아이겐 값(eigen value)은 각각 4.2934, 1.6825, 1.0452 등으로 나타났다.

[표 4] 아이겐 값(eigen value)과 변량의 백분율

아이겐 값	4.2934	1.6825	1.0452
전체변량 백분율	0.3303	0.1294	0.0804
누적 빈도	0.3303	0.4597	0.5401

---

180) Q분석에서는 누적빈도 30~70% 정도의 설명을 보일 때, 가장 타당한 유형별 논의와 차이 분석이 가능하다.

[표 5] 유형간의 상관관계

	제1유형	제2유형	제3유형
제1유형	1.000	-	-
제2유형	0.187	1.000	-
제3유형	0.307	0.368	1.000

[표 5]는 각 유형간의 상관계수를 나타내 주는데, 이는 각 유형간의 유사성 정도를 보여주는 것으로 제1유형과 제2유형간의 상관계수는 0.187, 그밖의 제1유형과 제3유형은 0.307, 제2유형과 제3유형은 0.368(가장 정적 관계) 등의 상관관계를 보이고 있다.

[표 2]에서 보듯이, 각 유형들은 13명의 일반인들이 30개 진술문에 주관적으로 [그림 5]의 박스안에 응답한 자신들의 의견 점수분포를 컴퓨터 프로그램으로 분류한 것이다. 또한 각 유형에 속한 사람들의 인구사회학적 특성과 인자가중치(factor weight)를 제시한 것이다. 각각의 유형 내에서 인자가중치(factor weight)가 높은 사람일수록 그가 속한 유형에 있어서 그 유형을 대표할 수 있는 전형적인 사례임을 나타낸다고 볼 수 있다. 다만, ID-2번에 해당하는 응답자는 본 분석결과에서 제외(QUANL 프로그램 분석)되어 12개 응답자들의 유형분류를 중심으로 이루어졌다.

다음으로, 분석된 주요결과([표 2] ~ [표 5])의 내용 중에서 각 유형별로 분석된 내용을 중심으로 논의하면 다음과 같다. 각 유형별 논의에서는 각 유형에서 ±1.00이상의 표준점수를 보인 진술문들을 긍정과 부정으로 분류하여 〈표〉로 제시하고, 이 내용에서 높은 표준점수(±)들을 중심으로 해당유형의 네이밍(naming)이 작성된다. 표준점수가 높은 진술문은 해당유형에 가장 적합하게 이해하고, 가장 낮은 부정 부분의 진술문은 '반대'로 해석함으로써 해당유형을 이해한다.

가. 유형별 특성 분석

가) 제1유형(N=4): 학자적 유형(Scholarly Type)

[표 6] 제1유형에서 표준점수 ±1.00 이상을 보인 진술문

	Q 진 술 문	표준점수
긍정	2. 소박한 사람이어야 한다.	1.74
	6. 학자이어야 한다.	1.67
	3. 일관성있는 사람이어야 한다.	1.51
	1. 설득력이 좋아야 한다.	1.41
	15. 현실적이어야 한다.	1.22
	5. 문학적 소양이 높아야 한다.	1.09
부정	20. 연령대가 높아야 좋다.	-1.03
	23. 윤리적 측면에서 깨끗해야 한다.	-1.13
	29. 부지런해야 한다.	-1.42
	26. 자신의 주장이 약해도 된다.	-1.48
	22. 친절해야 한다.	-1.51
	25. 사생활 관리는 허술해도 된다.	-1.80

[표 7] 제1유형을 가장 잘 설명해주는 항목별 분석

Type I Item Descriptions			
Items Greater Than All Others	Z-Score	A. or N. Z	Diff.
6. 학자이어야 한다.	1.672	-1.033	2.705
9. 개인적인 비리가 없어야 한다.	-0.176	-1.627	1.451
30. 아는 사람이 많아야 좋다.	-0.476	-1.848	1.372
3. 일관성있는 사람이어야 한다.	1.508	0.281	1.227
15. 현실적이어야 한다.	1.216	0.114	1.102
14. 위기대처 수완이 좋아야 한다.	0.419	-0.654	1.073
Items Less Than All Others	Z-Score	A. or N. Z	Diff.
20. 연령대가 높아야 좋다.	-1.032	0.075	-1.107
25. 사생활 관리는 허술해도 된다.	-1.803	-0.691	-1.113
17. 인간미가 넘쳐야 한다.	-0.445	0.891	-1.336
23. 윤리적 측면에서 깨끗해야 한다.	-1.130	0.439	-1.569
22. 친절해야 한다.	-1.515	1.127	-2.642

(* A. or N. Z : Average Or Nearest Z / * Differences = ±1.0 이상)

위의 [표 6], [표 7]을 보면, 제1유형에 속한 4명은 위 [표 2]에서 분석된 바와 같이 인자가중치가 1을 넘은 사람이 2명으로, '2번: 소박한 사람이어야 한다.(Z-score=1.74)'번 Q진술문에 가장 긍정적 일치를 보이고 있고, '25번: 사생활 관리는 허술해도 된다.(Z-score=-1.80)'번 Q진술문에 가장 부정적으로 생각하는 것으로 확인된다. 또한 1유형에 속한 4명의 응답자 가운데 인자가중치가 높은 응답자들은 12번 여성[22세, 대학 3년, Z-score=5.6145]의 경우, "요즘 대통령은 겸허하게 국민들을 잘 이해하고 소박한 분이었으면 해요..", 13번 남성[48세, 버스기사, Z-score=5.7202]의 경우, "이젠 과거 대통령과 달리, 똑똑하고 유식한 사람이 되어야 합니다." 라는 심층의견이 있었다.

나) 제2유형(N=4): **인도적 유형**(humanity Type)

[표 8] 제2유형에서 표준점수 ±1.00 이상을 보인 진술문

	Q 진 술 문	표준점수
긍정	1. 설득력이 좋아야 한다.	1.68
	22. 친절해야 한다.	1.54
	17. 인간미가 넘쳐야 한다.	1.39
	2. 소박한 사람이어야 한다.	1.22
	23. 윤리적 측면에서 깨끗해야 한다.	1.06
	13. 모범생이어야 한다.	1.02
부정	27. 건강이 약해도 상관없다.	-1.05
	24. 가정에 소홀해도 좋다.	-1.11
	30. 아는 사람이 많아야 좋다.	-1.46
	6. 학자이어야 한다.	-1.67
	29. 부지런해야 한다.	-1.71
	9. 개인적인 비리가 없어야 한다.	-2.10

[표 9] 제2유형을 가장 잘 설명해주는 항목별 분석

Type II Item Descriptions

Items Greater Than All Others	Z-Score	A. or N. Z	Diff.
22. 친절해야 한다.	1.542	-0.401	1.943
23. 윤리적 측면에서 깨끗해야 한다.	1.060	-0.656	1.716
21. 비열한 측면도 필요하다.	0.476	-1.098	1.574
17. 인간미가 넘쳐야 한다.	1.389	-0.026	1.415
26. 자신의 주장이 약해도 된다.	-0.287	-1.552	1.265
25. 사생활 관리는 허술해도 된다.	-0.307	-1.439	1.133

Items Less Than All Others	Z-Score	A. or N. Z	Diff.
3. 일관성있는 사람이어야 한다.	0.009	1.030	-1.021
18. 유연해야 한다.	-0.920	0.309	-1.228
9. 개인적인 비리가 없어야 한다.	-2.095	-0.667	-1.429
29. 부지런해야 한다.	-1.706	0.287	-1.993
6. 학자이어야 한다.	-1.671	0.638	-2.309

(* A. or N. Z : Average Or Nearest Z / * Differences = ±1.0 이상)

위의 [표 8], [표 9]를 보면, 제2유형에 속한 4명은 위 [표 2]에서 분석된 바와 같이 인자가중치가 1을 넘은 사람이 3명이며, '1번: 설득력이 좋아야 한다.(Z-score=1.68)'번 Q진술문에 가장 긍정적 일치를 보이고 있고, '9번: 개인적인 비리가 없어야 한다.(Z-score=-2.10)'번 Q진술문에 가장 부정적으로 생각하는 것으로 확인된다. 또한 2유형에 속한 4명의 응답자 가운데 인자가중치가 높은 응답자들은 5번 남성[43세, 공무원, Z-score=1.4389]의 경우, "앞으로는 대통령도 친근한 인상의 분이 되었으면 합니다.", 6번 남성[51세, 공무원, Z-score=1.2468]의 경우, "외국을 자주 다니는 대통령이라면, 의사소통이 탁월해야 될 것 같습니다.", 8번 남성[56세, 택시기사, Z-score=1.2956]의 경우, "우리 기사들처럼 손님에게 하듯이 대통령은 인간적인 측면에서 좋아야 하죠." 라는 심층의견이 있었다.

다) 제3유형(N=4): 모범생 유형(Exemplary Type)

[표 10] 제3유형에서 표준점수 ±1.00 이상을 보인 진술문

	Q 진 술 문	표준점수
긍정	29. 부지런해야 한다. 13. 모범생이어야 한다. 12. 깔끔한 인상이어야 한다. 18. 유연해야 한다. 1. 설득력이 좋아야 한다.	1.99 1.76 1.42 1.36 1.30
부정	25. 사생활 관리는 허술해도 된다. 9. 개인적인 비리가 없어야 한다. 21. 비열한 측면도 필요하다. 26. 자신의 주장이 약해도 된다. 30. 아는 사람이 많아야 좋다.	-1.07 -1.16 -1.29 -1.62 -2.24

[표 11] 제3유형을 가장 잘 설명해주는 항목별 분석

Type III Item Descriptions			
Items Greater Than All Others	Z-Score	A. or N. Z	Diff.
29. 부지런해야 한다. 18. 유연해야 한다.	1.991 1.357	-1.562 -0.830	3.552 2.187
Items Less Than All Others	Z-Score	A. or N. Z	Diff.
21. 비열한 측면도 필요하다. 15. 현실적이어야 한다. 30. 아는 사람이 많아야 좋다.	-1.288 -0.282 -2.236	-0.216 0.863 -0.968	-1.071 -1.144 -1.268

(* A. or N. Z : Average Or Nearest Z / * Differences = ±1.0 이상)

위의 [표 10], [표 11]을 보면, 제3유형에 속한 4명은 위 [표 2]에서 분석된 바와 같이 인자가중치가 1을 넘은 사람이 2명으로, '29번: 부지런해야 한다.(Z-score=1.99)'번 Q진술문에 가장 긍정적 일치를 보이고 있고, '30번: 아는 사람이 많아야 좋다.(Z-score=-2.24)'번 Q진술문에 가장 부정적으로 생각하는 것으로 확인된다. 또한 3유형에 속한 4명의 응답자 가운데 인자가중치가 높은 응답자들은 1번 여성[42세, 가정주부, Z-score=1.1791]의 경우, "70,

80년대 힘든 시절 열심히 뛰었던 것처럼, 근면한 사람이 필요해요.", 4번 남성[24세, 대학조교, Z-score=1.5327]의 경우, "오랫동안 군인계통의 대통령이 많이 나왔는데요. 이제는 모든 국민들이 사랑하는 '범생이미지'의 대통령이 나왔으면 좋겠습니다." 라는 심층의견이 있었다.

나. 유형간 차이 분석

각 유형간 차이 분석은 각 유형별 차별성을 긍정적(+), 부정적(-) 의견으로 비교 제시함으로써 그 차별성(독특성)을 설명해주는 작업이다. 즉, '차이' 항목의 수치가 크면 클수록 해당 유형에 더 접근된 진술문이다. 본 내용에서는 각 유형간 차이점수가 가장 높은 긍정 및 부정 의견을 중심으로 각 유형의 특성을 확인해 보고자 한다.

(가) 제1, 2유형간 차이 분석

[표 14] 제1유형과 제2유형간 차이 분석

ITEM DESCRIPTIONS	Z-SCORES		Diff.
	TYPES 1	TYPES 2	
6. 학자이어야 한다.	1.672	-1.671	3.343
9. 개인적인 비리가 없어야 한다.	-0.176	-2.095	1.920
3. 일관성있는 사람이어야 한다.	1.508	0.009	1.499
7. 자신감이 넘쳐야 한다.	0.763	-0.269	1.032
26. 자신의 주장이 약해도 된다.	-1.485	-0.287	-1.198
20. 연령대가 높아야 좋다.	-1.032	0.198	-1.230
21. 비열한 측면도 필요하다.	-0.909	0.476	-1.384
25. 사생활 관리는 허술해도 된다.	-1.803	-0.307	-1.497
17. 인간미가 넘쳐야 한다.	-0.445	1.389	-1.834
23. 윤리적 측면에서 깨끗해야 한다.	-1.130	1.060	-2.190
22. 친절해야 한다.	-1.515	1.542	-3.057

위 [표 14]에서 보는 바와 같이, 제1유형[(N=4): 학자적 유형(Scholarly Type)]과 2유형[(N=4): 인도적 유형(humanity Type)] 간에는 크게 2가지 진술문 측면에서 차이양상이 뚜렷하였다. 즉, "6. 학자이어야 한다(Differences =

3.343). 22. 친절해야 한다(Differences = -3.057)." 등으로 분석되었다. 즉, 6번에 있어서는 적극적인 일치점을 보이고 있으나, 22번에 있어서는 서로 다른 양상의 부정적 이견을 나타내고 있다.

(나) 제1, 3유형간 차이 분석

[표 15] 제1유형과 제3유형간 차이 분석

ITEM DESCRIPTIONS	Z-SCORES		Diff.
	TYPES 1	TYPES 3	
6. 학자이어야 한다.	1.672	-0.396	2.068
30. 아는 사람이 많아야 좋다.	-0.476	-2.236	1.760
15. 현실적이어야 한다.	1.216	-0.282	1.498
14. 위기대처 수완이 좋아야 한다.	0.419	-0.914	1.333
2. 소박한 사람이어야 한다.	1.739	0.566	1.173
18. 유연해야 한다.	-0.740	1.357	-2.098
22. 친절해야 한다.	-1.515	0.713	-2.228
29. 부지런해야 한다.	-1.417	1.991	-3.408

위의 [표 15]에서 보는 바와 같이, 제1유형[(N=4): 학자적 유형(Scholarly Type)]과 제3유형[(N=4): 모범생 유형(Exemplary Type)]간에는 크게 2가지 진술문 측면에서 차이양상이 뚜렷하였다. 즉, "6. 학자이어야 한다(Differences = 2.068). 29. 부지런해야 한다(Differences = -3.408)." 등으로 분석되었다. 즉, 6번에 있어서는 적극적인 일치점을 보이고 있으나, 29번에 있어서는 서로 다른 양상의 부정적 이견을 보여 주고 있다.

(다) 제2, 3유형간 차이 분석

위의 [표 16]에서 보는 바와 같이, 제2유형[(N=4): 인도적 유형(humanity Type)]과 제3유형[(N=4): 모범생 유형(Exemplary Type)] 간에는 크게 2가지 진술문 측면에서 차이양상이 뚜렷하였다. 즉, "21. 비열한 측면도 필요하다(Differences = 1.763). 29. 냉정해 보인다(Differences = -3.697)." 등으로 분석되었다. 즉, 21에 있어서는 적극적인 일치점을 보이고 있으나, 29번에 있어서는 서로 다른 양상의 부정적 이견을 나타내고 있다.

[표 16] 제2유형과 제3유형간 차이 분석

ITEM DESCRIPTIONS	Z-SCORES		Diff.
	TYPES 2	TYPES 3	
21. 비열한 측면도 필요하다.	0.476	-1.288	1.763
26. 자신의 주장이 약해도 된다.	-0.287	-1.619	1.332
23. 윤리적 측면에서 깨끗해야 한다.	1.060	-0.183	1.243
6. 학자이어야 한다.	-1.671	-0.396	-1.275
18. 유연해야 한다.	-0.920	1.357	-2.277
29. 부지런해야 한다.	-1.706	1.991	-3.697

다. 일치하는 항목별 분석

[표 17] 각 유형간 일치항목(Consensus Items)과 그 비중치

Q 진 술 문	표준점수
1. 설득력이 좋아야 한다.	1.46
13. 모범생이어야 한다.	1.20
12. 깔끔한 인상이어야 한다.	1.02
5. 문학적 소양이 높아야 한다.	0.98
19. 학벌이 좋아야 한다.	0.34
16. 외유내강이어야 한다.	0.32
8. 업무에 있어서 신속해야 한다.	0.04
10. 책임감과 의무감이 필요하다.	0.02
11. 리더쉽은 불필요하다.	-0.16
4. 우유부단해야 한다.	-0.28
28. 신뢰감이 없어도 된다.	-0.36
27. 건강이 약해도 상관없다.	-0.63
24. 가정에 소홀해도 좋다.	-0.73

(* CRITERION = ±1.000)

[표 17]에서 보듯이, 이 연구에서 도출된 3개의 유형이 비슷하게 동의한 Q진술문은 총 13개 항목으로 긍정적 항목 8개, 부정적 항목 5개로 나타났다. 전체적으로 제1유형[(N=4): 학자적 유형(Scholarly Type)], 제2유형[(N=4): 인도적 유형(humanity Type)], 제3유형[(N=4): 모범생 유형(Exemplary Type)] 등

의 의견에 일치된 분석을 보여주었다. 여기에서 피응답자들은 '1, 13, 12, 5, 19, 16, 8, 10'번의 진술문에 대체적으로 동의를 하고 있음을 확인할 수 있으며, 특히 1번 '설득력이 좋아야 한다(1.46).'라는 의견과 13번 '모범생이어야 한다(1.20).'라는 의견에 동의를 하는 것으로 보아, 참여자들은 소통의 시대 대통령의 이미지에 대해서 '대내외적으로 설득력 있고, 모범적이어야 하는' 인상으로 많이 인지하는 것으로 의견의 일치를 보였다고 볼 수 있겠다. 이와 함께 부정적 24번 '가정에 소홀해도 좋다(-0.73)', 27번 '건강이 약해도 상관없다(-0.63)'와 같이, 이 실험에 참여한 사람들은 기본적으로 대통령의 이미지에 대해서 '대통령은 가정과 개인 건강에 철저해야 한다'라는 측면에 동의를 하는 것으로 보였다. 이러한 점들은 무엇보다도 응답자들은 한국에서의 대통령 위상과 책무라는 차원에서 볼 때, 과거의 불합리하게 보여왔던 고정된(Stereotyped) 인상에서 벗어나지 않았다는 것으로 평가된다.

(5) 결론 및 함의

본 연구는 소통의 시대 대통령의 이미지에 관한 일반인들의 주관적 성향을 살펴보기 위해서 Q방법론을 이용하였다.

분석한 결과, 총 3가지의 유형으로 분류되었는데, 제1유형[(N=4): 학자적 유형(Scholarly Type)], 제2유형[(N=4): 인도적 유형(humanity Type)], 제3유형 [(N=4): 모범생 유형(Exemplary Type)]으로서, 각 유형미다 독특한 특징이 있는 것으로 파악되었다.

분석된 3가지 유형별 결과에서 보면, 대부분의 응답자들은 과거에 비해 소통의 시대 대통령의 이미지가 과거부터 인지되어온 것으로 보인다.

궁극적으로, 향후, 소통의 시대 대통령의 이미지는 국내 정치문화에서 요구하는 역할을 수용해야 하고, 현 정치문화에서 기대되는 대통령의 역할이 그저 본 논문에서 살펴본 '이미지'적 인상보다는 대통령의 역할이나 품위유지 역할에 좀 더 높은 비중을 둔 다면, 이러한 역할에 대한 평가가 우선시

되어야 하고, 제 역할 관계에 있어서도 그 인식이 수정되어야 할 것으로 본다.

또한 지금까지 권위주의적 정치문화가 뿌리 깊게 박혀 있는 상황에서 일인의 지도자를 중심으로 이합집산에 따라 생성과 소멸이 반복되는 정당체제를 가지고 있는 우리의 경우, 신뢰받는 정치, 신임받을 수 있도록 노력과 인식의 전환이 시급하고 중요한 문제이며, 대통령을 바라보는 그 이외의 국민들의 '인물중심'의 인식도 제고되어야 한다.

결론적으로 일반인들은 소통의 시대 대통령의 이미지를 '비판적으로 인식하고, 다각적으로 선호하며, 이미지를 평가하는 것'으로 분석되었다. 이러한 분석내용은 향후 선거 및 정치 관계자들의 정치관련 운동(현장)에서 일반인들에게 '어떻게' 접근하고 이해해야 하는 지에 관한 중요한 '잣대'로 활용될 수 있다고 보인다.

마지막으로, 그간의 정치인들의 정치참여와 관련하여 대중의 사회적, 심리적 특성이나 라이프스타일 유형화 등을 중심으로 연구가 이루어져 왔고, 다양한 문화 수용과 평가에 따른 타깃별 대중의 유형화 작업은 다양하게 연구되지 못했다는 점에서 앞으로 많은 개선책을 제시할 수 있겠다. 따라서 추후 발전된 연구방향은 주제 관련 구체적인 이용자들의 인식 특성과 행태를 연결하여 분석하는 것이 필요하다고 볼 수 있겠다.

♣ 생각해 봅시다

▶ 디지털이미지가 공존하는 커뮤니케이션과 소통의 시대에서의 정치인들의 홍보 이미지는 어떻게 변화되어야 하는 지에 대해서 폭넓게 토론합시다.

4. 나오면서 : 향후, 정치문화와 이미지

이제 한국에서의 정치문화는 민주주의의 산물의 중요한 부분이 되었고, 다양한 부분에서 그 의미들이 변해져 왔다. 정치인은 물론, 정당, 이를 비판적 잣대로 바라보는 시민단체 혹은 압력단체들도 과거의 시각 차원과는 다른 양상을 보이고 있다.

이러한 상황에서 스마트시대이고, 디지털시대인 현재에서 정치문화를 보는 시민들은 그저 냉소적인 측면과 올바른 정서적 인식의 사이에서 중간 입장에 있다. 이점은 이전과는 매우 다른 부분일 것이다. 또한, 현대 정치는 과거와 다르게, 매우 다양한 이미지 차원에서 펼쳐지고 있다. 정치인뿐만 아니라, 일반인들의 정치에 관한 관심도 높아지고, 관련 선거 참여에 대한 의식도 각양각색으로 보이고 있다.

이러한 양상들은 여러 각도에서 보이고 있는 정치문화 양상에서 그 의미를 찾아 볼 수 있다. 여기에서 흔히, 정치문화(political culture)라고 하는 것은 대체로 현대적인 문화 일반 속에서 정치적 사고방식이나 행동양식을 규정하는 심적 경향을 의미하며, 루시앙(Lucian W. P.)은 현실적인 정치과정에 있어서 질서와 의미를 부여하며, 정치체계 내에서의 행동을 지배하는 기본적인 전제와 규칙(rule)을 부여하는 태도 신조 및 심정의 체계(set)라고 규정하고 있다. 한편 사무엘(Samuel H. B.)은 어떤 사회의 일반문화의 특정한 여러 가지 측면을 특히 정부는 과연 어떻게 관리되어야 할 것인가 그리고 수행하려는 것은 대체로 무엇이냐의 점에 관련하여 문화의 이런 부문을 말하며, 즉 사회구성원이 갖는 정치적인 것에 대한 가치 신조 정서적 태도의 종합이라고 언급하고 있다.

일상적으로, 정치문화는 사회적으로 전체문화의 한 분야로서 사회문화의 하위문화라고 볼 수 있다. 다시 말하자면, 정치문화는 일반문화 속에서 정치와 관계가 깊은 부분 즉 정치과정이나 정치행동에 일정한 영향을 미치는 일정한 사고, 감정 및 판단양식을 의미하는 것이다. 정치적인 것에 대한 인식 신념 가치 등을 가리킨다.

또한 정치문화는 정치적 정향(政治的 定向, political orientation)으로, 정치적인 것에 대한 관여 양식과 태도로서 정치적 인식, 감정 및 평가를 내포하고 있다.

새롭게 변화되고 있는 요즘, 스마트시대이고, 디지털시대에서의 자신의 이미지를 가꾼다는 것은 매우 차별적으로 접근해야 할 것이다. 특히, 일반인과 다르게 인식되고 있는 정치인은 무언가 유권자 혹은 일반대중들에게 자신을 효과적으로 알릴 수 있는 채널을 확보할 수 있도록 노력하여야 한다. 더구나 요즘과 같은 다양한 매체들이 즐비한 곳에서는 더욱 더 그러해야 할 것이다.

본 저서에서는 '정치인과 홍보이미지'라는 타이틀 하에 많은 부분에 관한 내용을 기술한 것은 아니다. 그러나 "과거 - 현재 - 미래"에서도 적용이 가능하고, 이해가 수월한 측면에서 수용자들에게 다각적인 차원에서 언급되어질 수 있는 '정치인 이미지'라는 분석과 연구를 소개하였다는 데 의미를 둘 수 있다고 생각한다.

일반적으로, 정치인이 좋은 이미지를 얻기 위해서는 자신의 PR에만 의존해서는 안 된다. 정치인 이미지는 그 자체의 실체와 커뮤니케이션의 함수이기 때문이다. 즉,

"P = f (x, y)"
P : 정치인 이미지
x : 정치인 실체(개성+α)
y : 커뮤니케이션 능력

으로 표현할 수 있을 것 같다. 좋은 평판없는 좋은 실체나, 좋은 실체없는 좋은 평판은 이제는 충분한 것이 아니다. 강력하고 호의적인 이미지는 정치인이 일반대중에게 진정어린 만족을 심어 주고, 이러한 사실이 다른 수용자들에게 알려졌을 때, 차곡차곡 형성될 수 있다.

끝으로, 본 저자는 향후, 정치인의 홍보이미지의 효율적인 전략적 방안으로 다음의 3가지 목표를 제안함으로써 내용을 갈음하고자 한다.

첫째, 정치인은 유권자들의 철학적 이념, 꿈(이상향) 등을 대신하는 '사람' 이미지를 제시해야 한다.

둘째, 전지역적으로(Glocally) 정치인은 자신의 목표와 행위와 관련하여 해당 지역을 잘 포괄할 수 있는 '사람' 이미지를 제공해야 한다.

셋째, 시대를 넘나드는(Age-overally) 정치인은 유권자들의 부응과 호응을 한껏 받을 수 있는 '사람' 이미지를 갖고 있어야 한다.

마지막으로, 2000년내의 정치인의 이미시는 국민의 기대를 한 몸으로 받는 총체적인 믿음의 집합체인 만큼, '책임과 의무'를 다 할 수 있어야 한다. 또한, 정치인의 홍보이미지는 말할 나위조차 없을 것이다.

5. 참고문헌

菊池章夫, 齊藤耕二 共編(1979). 『社會化の理論 : 人間形成の心理學』. 有斐閣.
권혁남(1997). 『한국언론과 선거보도』. 나남출판사. pp.125~126.
금희조 외 1인(2008). 전통적 성 고정관념과 여성 정치인에 대한 평가 : 미디어 이용의 역할을 중심으로. 『한국방송학보』 22-1. 한국방송학회. p.35
김기도 편(1987). 『정치커뮤니케이션의 실제 : 텔레비전과 이미지 그리고 선전』. 서울: 나남출판사.
김영수(2000). "정치인 이미지에 관한 연구 : 정치인 이미지연구를 중심으로". 고려대학교 신문방송학과 대학원 박사논문. p.50.
김홍규(1990). 『Q방법론의 이해와 적용』. 서강대학교 언론문화연구소. p.45.
김홍규(1992). "주관성 연구를 위한 Q방법론의 이해". 『간호학 논문집』 6(1). pp. 1~11.
김홍규(1993). Q방법론의 과학정신탐구. 『언론학보』 13, 한양대학교 언론문화연구소, pp.5~44.
김홍규(1996). "Q방법론의 유용성 연구". 한국Q학회 창립기념 학술발표논문.
김홍규(2008). 『Q방법론: 과학철학, 이론, 분석 그리고 적용』. 서울: 커뮤니케이션북스.
김홍규·김우룡(1998). 텔레비전 뉴스 수용자의 유형에 관한 연구: Q방법론적 접근. 『주관성연구』 제3호. 한국주관성연구학회. 5-36.
DNI 컨설팅(2006). "통상우편 강화를 위한 우편상품 역량진단".
문화관광부(2009). 한국방송광고공사 "2009년 광고산업 통계집". ISSN 1975-0242.
박병준(1990). 『정치마케팅: 선거운동 관리와 정치광고』. 서울: 나남출판사.
박양신(2008). 『정치인 이미지메이킹』. 도서출판 새빛. p.23.
박원기(2005). "우리나라 국회의원 보좌관 제도의 활성화 방안에 관한 연구". 전북

대학교 행정대학원 석사논문. p.5.
박정의 외 1인(2010). 언론인의 여성 정치인에 대한 인식연구. 커뮤니케이션학 연구 18-3. 한국커뮤니케이션학회. p.50.
백용덕·김성수(1998). Q-방법론의 연구 경향. 『仁荷敎育硏究』 제4호. 인하대교육연구소.
선우동훈(1991). "Q방법론에 의한 소비자행동 연구". 『광고연구』 여름호(제11호). 한국방송광고공사.
선우동훈·윤석홍(1999). 『여론조사』. 서울: 커뮤니케이션북스. pp.76~77.
선우영·이선주(1998). 『선거와 여론조사』. 서울: 지식공작소. p.67.
소순창(2000). "지방의원의 정치적 효능과 신뢰감에 관한 실증분석 : 광역의회의원을 중심으로". 한국행정학회, 『한국행정학보』 33(4). pp.411~432.
신창운(1995). "여론조사 신뢰도 제고 방안". 『신문과 방송』(95/3). p.115.
연합뉴스. 〈6.2 선거〉 ②정당들 트위터 활용 장려 - "트위터 20~30대 투표율 높이는 원동력" : 후보에겐 소통의 도구이자 뛰어난 참모. 2010.5.16.
오성태(1998). "한국 국회입법보좌관의 정책보좌기능강화에 관한 연구". 국민대학교 정치대학원 석사논문. pp.4~5.
우정사업본부, http://www.koreapost.go.kr
원희복(2000). "국회보좌관, 이제 전문직이다 : 각 분야 박사급 예사, 오랫동안 상임위 경험 가진 전문가도 많아". 뉴스메이커 378. 경향신문사. pp.34~35.
ETRI(2009). "GIS 기반의 주소 미지정 우편서비스 프로토타입 개발". 연구보고서.
李建仁(1995). "Q 方法論에 對한 理論的 考察". 『敎育硏究』 14. 圓光大學校敎育問題硏究所. p.30.
이남영(2000). "빗나간 예측보도 무엇이 문제인가". 『관훈저널』. 여름 통권 75호.
이택수(2012). "선거 여론조사의 문제점과 대응방안". 『관훈저널』 가을호 통권 124호. p.170.
이현우(2000). 사이버 선거 캠페인 : 그 가능성과 한계. 『저널리즘비평』 30호, pp.24~28.
이훈영(2002). "CRM 해법강화를 위한 Direct Marketing의 특성과 문제점 및 개선방안". 『마케팅』 4월호. pp.30~37.
임우영(1999). "우리나라 국회의원보좌관 제도의 활성화 방안". 성균관대학교 행정대학원 석사논문. p.1.

임우영(1999). "우리나라 국회의원보좌관 제도의 활성화 방안". 성균관대학교 행정대학원 석사논문. p.1.

전규식·제석동(1984). 『발달심리학』. 학문사.

정성호(2006). "정치커뮤니케이션이 후보자 이미지 형성과 태도변화에 미치는 영향에 관한 연구". 『커뮤니케이션학 연구』 14-3. 사단법인 한국커뮤니케이션학회. p.68.

정성호(2006). "정치커뮤니케이션이 후보자 이미지 형성과 태도변화에 미치는 영향에 관한 연구". 『커뮤니케이션학 연구』 14-3. 사단법인 한국커뮤니케이션학회. p.68.

정수연(2007). "매스미디어를 통한 정치인 이미지 형성 노력이 유권자에게 미치는 영향에 관한 연구". 호서대학교 벤처전문대학원 정보경영학과 정보경영전공 박사논문. p.11.

정연정(2002). 인터넷 선거운동의 쟁점과 전망. 『인터넷법연구』, 1호, pp.255~272.

조선일보. [시사 이슈로 본 논술] 2010. 6.2지방선거: 여론조사의 문제점. 조선일보 2010.07.07.

지방선거서 '60대의 힘'. 투표율 74%로 최고. 연합뉴스 2014.09.02.

최미경(2003). "정치인의 이미지가 미디어상에 나타난 연구". 한성대학교 예술대학원 패션예술학과 분장예술학전공 석사논문. p.13.

최영재(2004). "정치인의 이미지 형성에 관한 실험 연구". 『언론과 사회』 12-4. 사단법인 한국언론학회.

헌법 61-62조

홍영림(2012). "선거여론조사의 함정". 『관훈저널』 봄호. 통권 122호. p.31.

Boorstin, D. J.(1961). *The image*. New York: Athbaum.

Boulding,K.(1956). *The images*. Ann Arbor: University of Michigan Press.

Brown, S. and T. Ungs.(1970). Representativeness and the Study of Political Behavior. *Social Science Quarterly, 51*, pp.514~526.

Brown, S.(1980). *Political Subjectivity: Applications of Q Methodology*. New Haven: Yale University Press.

Brown, S., D. During and S. Selden.(1999). *Q Methodology*. In G. Miller and M. Whicker, eds., Handbook of Research Methods in Public Administration.

New York: Marcel Dekker.

Crespi, I.(1980). "Polls as Journalism". *POQ, 44.* pp.462~476.

Dryzek, John S.(1990). *Discursive Democracy: Politics, Policy, and Political Science*, Cambridge, UK: Cambridge University Press.

Eagly, A. H. & Karau, S. J.(2002). Role congruity theory of prejudice toward female leader. *Psychological Review,* 109, pp.573~598.

Funk, C. L.(1999). "Bringing the Candidate into Models of Candidate Evaluation", *The Journal of Politics, 61*(3).

Hacker, K. L.(1986). "Political image formulation in non-mediated communication". Ph. D. Dissertation, Department of Speech, Univ. of Oregon.

Hacker, K. L.(1986). "Political image formulation in non-mediated communication". Ph. D. Dissertation, Department of Speech, Univ. of Oregon.

Hammond, S. W.(1973). "Personal Staff of Members of the U. S. House of Representatives", Ph. Dissertation, Johns Hopkins University. p.228.

http://blog.naver.com/nagazaa/90001697731

http://cafe.daum.net/assemblyassistant/IJIB/23?docid=Uhej|IJIB|23|20031110082037&q=%BA%B8%C1%C2%B0%FC%20%C0%CC%B9%CC%C1%F6&srchid=CCBUhej|IJIB|23|20031110082037

http://k.daum.net/qna/view.html?qid=0BnmW

http://www.doosan.com/politic

http://www.nanumnews.com/sub_read.html?uid=18555&section=sc205&section2=영남

Johns, R. & Shephard, M.(2007). Gender, Images, and Electoral Preference. *British Journal of Politics & International Relations,* 9(3), pp.434~460.

Kahn, K. F.(1994). Does Gender Make a Difference? An Experimental Examination of Sex Stereotypes and Press Patterns in Statewide Campaigns. *American Journal of Political Science* 38, pp.162~195.

Katz D. and Kahn R(1978), The Social Psychology of Organizations John Wiley & Sons, Inc., 1966, 2nd Edition.

Kerlinger, F. N.(1986), *Foundations of behavioral Research(3rd ed),* New York: Holt, Rinehart & Winston.

L. Guyon and A. Elisseeff(2003). "Introduction to Variable and Feature Selection,"

Journal of Machine Learning Research 3. pp.1157~1182.

Leeper, M. S.(1991). The Impact of Prejudice on Female Candidates: An Experimental Look at Voter Inference. *American Politics Quarterly*, 19(2), pp.248~261.

Matland, R. E.(1994). Putting Scandinavian Equality to the Test: An Experimental Evaluation of Gender Stereotyping of Political Candidates in a Sample of Norwegian Voters. *British Journal of Political Science*, 24(2), pp.272~292.

Mckeown, R. & Thomas, D.(1988). *Q methodology*, Newbury Park, CA: SAGE.

Nimmo, D.(1974). "Image and voters' decision-making processes". *Advances in Consumer Research.* p.1.

Siegel, R. S.(1964). "Effect of partisanship on the perception of political candidates". *Public Opinion Quarterly.* p. 28.

Simmon, S. J.(1989). "Health: A Concept Analysis". Int. J. Nurs. Study 26(2). pp.155~161.

Stephenson, W.(1935). Correlating Persons Instead of Tests. Character and Personality, 4.

Stephenson, W.(1953). *The Study of Behavior: Q Technique and Its Methodology.* Chicago:

Stephenson, W.(1968). "Consciousness Out-Subjectivity". In, The Psychological Record. p.18.

Thornton, A., Alwin, D. F. & Camburn, D.(1983). Causes and consequences of sex-role attitudes and attitude change. *American Sociological Review*, 48. pp.211~227.

Wattenberg, M. P.(1992). *The Rise of Candidate Centered Politics : Presidential Elections of the 1980s.* Cambridge: Harvard Univ. Press.

Wattenberg, M. P.(1994). *The Decline of American Political Parties, 1952~1992.* Cambridge: Harvard Univ. Press.

▣ 저자 이제영

서울 배재고등학교 졸업
한국외국어대학교 인도어과 문학사
한국외국어대학교 대학원 신문방송학과 정치학 석사
한국외국어대학교 대학원 신문방송학과 정치학 박사
현) 한국정치커뮤니케이션학회 정책이사
현) 한국OOH광고학회 기획이사
현) 한국광고PR실학회 이사
현) 한국콘텐츠학회 편집위원
현) 한국주관성연구학회 편집위원
현) 가톨릭관동대학교 광고홍보학과 교수

〈저서 및 논문〉
방송규제정책론, 중국의 광고산업, 미디어와 주관성, 광고매체론, 커뮤니케이션과 미디어 등 다수
* E-mail : jylee1231@empas.com

정치인과 홍보이미지

초판인쇄	2015년 12월 28일
초판발행	2015년 12월 31일
저　　자	이제영
발 행 인	권호순
발 행 처	시간의물레
등　　록	2004년 6월 5일(제1-3148호)
주　　소	서울시 마포구 마포내로 4다길 3(1층)
전　　화	02-3273-3867
팩　　스	02-3273-3868
전자우편	timeofr@naver.com
블 로 그	http://blog.naver.com/mulretime
홈페이지	http://www.mulretime.com
I S B N	978-89-6511-143-6 (93340)
정　　가	13,000원

* 이 책의 저작권은 저자에게 출판권은 시간의물레에 있습니다.
* 잘못된 책은 바꿔드립니다.